Blueberry Guide

ブルーベリーの栽培と収穫

防鳥網をかけたブルーベリー園での収穫

整備されたブルーベリー園（島根県大田市）

収穫した熟果

収穫適期のブルーベリー

ハイブッシュブルーベリーの開花

ブルーベリーの新植（長野県信濃町

楽しいブルーベリー摘み取り園

摘みたてを試食（山形県羽黒町）

ティフブルーの熟果

粒よりの熟果を摘む（静岡県小笠町）

アメリカでの摘み取り

摘み取り作業（千葉県木更津市における日本ブルーベリー協会の現地指導）

Blueberry Guide

ブルーベリーの利用と加工

摘みたてのブルーベリー

ブルーベリーのクレープ

プレザーブタイプのオリジナルジャム

じっくり乾燥させたドライブルーベリー

ブルーベリーのパンチ

ブルーベリーパイ

左からブルーベリーシェイク、果実酒、グレープフルーツとのミックスジュース

⑪オニール
早生

ブルーベリーの主な有望品種

①～⑨は北部ハイブッシュブルーベリー、⑩は半樹高ハイブッシュブルーベリー、 ⑪～⑬は南部ハイブッシュブルーベリー、⑭～⑯はラビットアイブルーベリー

⑫ジョージアジェム　中生

⑥シェイラ　中生

①アーリーブルー　極早生

⑬ミスティ　中生

⑦バークレー　中生

②デューク
極早生

⑭クライマックス　極晩生

⑧ブルークロップ　中生

③スパータン　早生

⑮パウダーブルー　極晩生

⑨ブリジッタブルー　晩生

④ブルージェイ　早生

⑯ブライトウェル　極晩生

⑩ポラリス
早生

⑤ブルーゴールド　早生

ヘルシー果実の特性・栽培・利用加工

BLUEBERRY WORLD

ブルーベリー百科Q&A

Japan Blueberry Association

日本ブルーベリー協会 編

創森社

ブルーベリーをよく知っていただくために～序に代えて～

ブルーベリーが新しい果樹として日本に入ってきてから五〇年になりますが、魅力のある果実として知られるようになったのは最近のことです。

とくに、ブルーベリーが「眼に良い」という機能性を持つ果実であることがマスコミで報じられるようになってからは、果実やジャムなどが近くの小売店にも豊富に出回るようになり、健康にも良い新しい食品として多くの方に知ってもらえるようになったのは喜ばしいことです。

しかし、ブルーベリーは日本ではまだ歴史の新しい果実ですので、食べ方や栽培について不明な点も多く、「食べてみた」「庭先に植えてみた」「栽培に取り組んでみた」「地域特産品としてとりあげてみた」という方々から、いろいろな疑問や失敗例、これからの取り組みについての質問が日本ブルーベリー協会に数多く寄せられるようになりました。

そのため、お寄せいただいた質問にはそのつど回答してまいりましたが、専門家でないと適切な回答ができないような内容も多くありましたので、お寄せいただいた質問を整理し、これからもおいしく食べていただくこと、間違いのない栽培管理や販売に取り組んでいただくこと、ブルーベリーによる地域振興に取り組んでいただくことなどについて、回答を用意してさまざまな質問にお答えすることにしたのです。

＊

ブルーベリーは魅力ある果実です。果実は生果で食してもジャムやソースに加工してもおいしくいただけるという、まったく新しいタイプの果実です。

庭先果樹としても、春は可憐《かれん》な花が咲き、夏には次々と成熟する果実の収穫が楽しめ、秋には紅葉が待ち遠しいという素晴らしい果樹なのです。

広範囲に楽しめるというブルーベリーに将来性を感じ、新たにブルーベリー栽培に取り組まれた方も多いと存じますが、ブルーベリーは素晴らしい果実ですので周囲の方に自信を持ってお勧めください。その素晴らしい味、乳製品との相性の良さなどがすぐにわかっていただけると思います。

また、ブルーベリーは樹高が低いため管理作業がやりやすく、果実も小さいことから運搬も容易で、高齢者や女性にも取り組みやすい果樹です。そのため、収穫作業には手数がかかりますが、家族で楽しみながら取り組めるのも大きな特徴です。栽培管理面での肥料や農薬も少なくてすみ、栽培方法によっては無農薬でも可能ですので、まさしく「環境にやさしい農作物」なのです。

＊

本書は、日本ブルーベリー協会が編纂《へんさん》したブルーベリーについてのシリーズ四冊目として刊行しました。ブルーベリーの愛好者やこれから取り組みを考えている方への疑問にお答えすべく、編集と執筆には池ヶ谷、玉田、竹内、福田の四名があたりました。

今回、シリーズ四冊目の出版ができることになりましたのも、創森社の相場さんをはじめとする編集関係の方々のご尽力の賜物《たまもの》と感謝しております。

二〇〇二年四月

日本ブルーベリー協会編『ブルーベリー百科Q&A』

編纂・執筆者を代表して　**池ヶ谷良夫**

ブルーベリー百科 Q&A

目次

第1章 ブルーベリーの特性と分布——19

第2章 ブルーベリーの機能性と効用——39

第3章 ブルーベリーの栽培 49

第6章 ブルーベリーの産地形成と販売——149

第7章 ブルーベリーの庭先栽培 171

第8章 ブルーベリーの加工と利用 187

MEMO

◇栽培は関東南部、関西の平野部を基準にしています。開花・結実、果実の肥大・成熟は種類・品種、地域、気候や栽培管理法などによって違ってきます。

◇ブルーベリー品種の呼称は『ブルーベリー〜栽培から利用加工まで〜』『家庭果樹ブルーベリー〜育て方・楽しみ方〜』(いずれも日本ブルーベリー協会編、創森社刊) などを基礎にしています。

ブルーベリーの開花

●

デザイン——寺田有恒
イラストレーション——堀坂文雄(サングリーン)
編集協力——霞　四郎
写真協力——月山高原 鈴木農園、松本りんご園
(財)ふれあいの里公社モデル農場
(有)ブルーベリーオガサ
Blueberry Fields 紀伊國屋
(有)農業生産法人 神原エーデルファーム
そよ風パーク、椎名ブルーベリー園
農事組合法人 神峰園、ベリーコテージ(関塚直子)
(株)巨峰ワイン、杉中ブルーベリーファーム
(有)大関ナーセリー
野村　淳　ほか

第1章

ブルーベリーの特性と分布

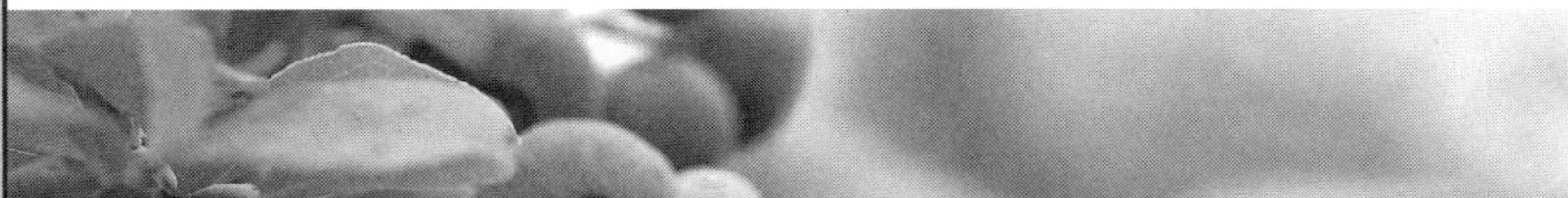

収穫直前のブルーベリーの熟果

Q1 ブルーベリーはどのような果樹ですか

ブルーベリーはツツジ科スノキ属、シアノコカス節に分類されるアメリカ原産の落葉性の低木性果樹です。

二〇世紀の初め、アメリカ農務省によって野生種から改良されて生まれた二〇世紀生まれの果樹です。

●ツツジ科スノキ属植物とは

スノキ属植物は、世界には二〇〇～三〇〇種類あるといわれています。分類上、属は一〇の節に、節は種（種類）に分けられます（図1）。

栽培と食品産業上重要な節は五つ、種は七つです。ブルーベリーとはシアノコカス節のハイブッシュブルーベリー、ラビットアイブルーベリー、ローブッシュブルーベリーの三種の総称です。同じスノキ属でも節が異なるものはブルーベリーとは呼ばれません。種には実際に栽培されている多数の品種が含まれます。

図1　スノキ属植物の植物学的分類

（科）	（属）	（節）	（代表的な種〔一般名〕）
Ericaceae ツツジ	*Vaccinium* スノキ	*Batodendron*	
		Cyanococcus（シアノコカス）	ハイブッシュブルーベリー ラビットアイブルーベリー ローブッシュブルーベリー
		Herpothamnus	
		Myrtillus	ビルベリー
		Oxycoccoides	
		Oxycoccus	クランベリー
		Polycodium	
		Pyxothamnus	
		Vaccinium	クロマメノキ
		Vitis-idaea	リンゴンベリー、コケモモ

（出所）Vander Kloet, S. P. 1988. The genus *Vaccinium* in north america. p.57-156. Canadian Government Publishing Centre Supply and Services Canada. Ottawa.

●アメリカ生まれのブルーベリー

ブルーベリーは、アメリカ北東部に自生していたハイブッシュを改良することから生まれました。ブルーベリー

ブルーベリーはアメリカ原産の落葉性・低木性果樹

野生種の栽培は、かなり以前からあったとされますが、現在、経済栽培されているハイブッシュは、一九〇六年にアメリカ農務省の試験場に植え付けられ、一九〇八年から品種改良が始められた新しい果樹なのです。

ラビットアイはアメリカ南部の野生種を改良したものです。野生種の栽培は古くから行われ、一八八七年には優良な品種を選抜して苗木を増やし、植栽して各種の管理が行われました。

品種改良は一九二五年にジョージア州沿岸平原試験場で始まり、一九四〇年にはこの試験場とアメリカ農務省との協力によって育種の研究が始まりました。

このように、ハイブッシュとラビットアイの品種改良は、アメリカ農務省を中心に国家的事業として進められ、今日でも行われています。

●ブルーベリーは「命の恩人」

ブルーベリーはどうしてアメリカで生まれたのでしょう。野生のブルーベリーは、アメリカでは古くから原住民によって生果実や乾燥果実として食べられていました。果実はビタミン類の摂取源であったようです。

ヨーロッパ大陸からの初期の移住者が、アメリカ北東部の冬季の厳しい生活の中で、病気や飢えから身を守ることができたのは、原住民から分けてもらった乾燥果実やシロップであったといわれています。また、ブルーベリーの採集方法や食べ方を教わったようです。

こうして、移住者であったアメリカ人の祖先が生き残ることができたわけです。アメリカ人にとって「ブルーベリーは命の恩人」といわれるゆえんです。

このような背景のもとに、アメリカで、国家的事業としてブルーベリーの品種改良と研究が始まり、栽培と食品産業が発展してきたのです。

Q２　世界の国々ではどのような利用・楽しみ方をしていますか

ブルーベリーは、生果実でも、加工して食べてもおいしく食べられますので、北アメリカや北ヨーロッパでは生活に密着した食べ物になっています。

●ヨーロッパでは

北ヨーロッパでは、野生種の摘み取りが自由にできる国が多く、季節になると家族で森に出かけ、摘み取りを楽しんでいます。国によっては、市民の摘み取り量を確保するため、道具を使っての摘み取りを禁止しています。

摘み取り時期には、kg当たり一〇〇円〜二〇〇円程度で手に入るため、各家庭ではジャムにして保存したり、お菓子作りに精を出します。

またシーズン以外でも、冷凍した果

実が安価で手に入るため、安いジャムは年中小売店に出回っていますし、ケーキを売っている小売屋さんでは、ブルーベリーを使った製品は欠かさずに置いている店が多いようです。

北欧三国では、野生種ビルベリーを採集しジャムやジュースにしたり、シロップ漬けにして整腸剤の特効薬として利用するなどの習慣があります。

左２箱がビルベリー、右２箱がハイブッシュ（ドイツ）

最近では、ドイツ、ポーランド、オランダなどの国々にハイブッシュの栽培が広がっていますので、野生種だけの利用から栽培種での用途も広がりを見せています。

南ヨーロッパで栽培が少ないのは、ワイン産業が盛んなことが要因です。これは、ワイン原料のブドウがアルカリ性土壌を適地としているのに比べ、ブルーベリーは酸性土壌を好む植物のためです。しかし最近では、スペインやイタリアで栽培面積が増え、フランスでも消費が増えています。

●アメリカでは

アメリカ人とブルーベリーの付き合いは、移民の時からといわれています。

これは、ヨーロッパからの初期の移民者がアメリカ北東部の冬季の厳しい寒さと飢えを乗り越えられたのは、原住民から分けてもらったブルーベリーの乾燥果実などのおかげであったといわれているからです。

野生のブルーベリー（ローブッシュと北部ハイブッシュ）は、古くから原住民によって利用されてきたこともあり、アメリカは「食としてのブルーベリー」の利用については歴史のある国なのです。

マーケットで販売されている冷凍ブルーベリー（カナダ・バンクーバー）

ドライブルーベリー入りチョコレート（カナダ産）

現在、アメリカやカナダでは、ブルーベリーの経済栽培も広がってきていますが、野生種の収穫量も多く、生果実や冷凍果実がスーパーには年中豊富に出回っています。そのため、ブルーベリーは食生活の中に密着しており、ケーキやパイなどのお菓子への活用、ジャムやソースなどの加工品も多く作られています。

●他の国では

アジアの中でブルーベリー栽培をしているのは日本だけですが、最近では韓国や中国でも関心を持たれており、果実が収穫できるようになると、これらの国々では、新たな「食のバリエーション」として定着してくるものと思われます。

また、南米のチリ、オセアニアのオーストラリアとニュージーランドは栽培が盛んで、今のところ輸出が主体ですが、国内でもブルーベリーの利用が広がっています。

Q３　なぜヘルシー果実として注目されるのですか

●健康果実として活用

アメリカ生まれのブルーベリーは原住民によって、ヨーロッパに自生するビルベリーは土地の人たちによって古くから食用にされていたことが明らかです。

当時は、果実の保健成分や機能性が知られていなかったのですが、果実を食べることによって病気を予防し、健康の回復を早め、疲れを癒《いや》す効果があることは知られていたと思われます。アメリカの原住民は冬季に乾燥果実を食べて壊血病を防いだといわれています。

このようなことから、自生地や採集方法、果実の食べ方・利用法、そして健康に優れていることは祖先から代々継承されていたと考えられます。

●眼に良いことを発見

ブルーベリーの保健成分や機能性が明らかにされるきっかけは、ヨーロッパの自生種であるビルベリーからです。話の始まりは、第二次世界大戦中のイギリス空軍での出来事からです。

あるパイロットがブルーベリージャムが大好きで、毎日、多量に食べていたそうです。彼は、夜間飛行や明け方の攻撃で「薄明かりの中でも物がはっきり見えた」と言っていましたので、その話からイタリアやフランスでブルーベリーの持つ機能性の研究が始まり、ビルベリーのアントシアニン色素が人間の眼の働きを良くする効果があることがわかったのです。

その後研究が進み、ハイブッシュ、ラビットアイ、ローブッシュのアントシアニン色素がビルベリーと同じような機能性を持っていることがわかってきました。

●優れた多様な健康機能性

(1)眼に良い効果

ビルベリーのアントシアニン色素の研究はさらに進み、抽出色素について臨床試験をした結果、一九七六年、イタリアで初めて医薬品として承認され、「Tegens」と名づけられました。

現在でも、広く眼疾患の治療薬として使われています。速効性であり、投与後四時間で効果が現れ、二四時間で効果が消失するといわれています。

ビルベリー同様、ブルーベリーにもアントシアニン色素が豊富に含まれ、眼に良い効果があり、ビルベリーで効果を得られる量と等量のアントシアニン色素を摂取するには、栽培種のブルーベリーでは、一回に約一〇〇～一五〇g食べるとよいといわれます。

(2)活性酸素を抑える抗酸化作用

ブルーベリーが人間の眼に効くということのほかにも、強い抗酸化作用があることが注目されています。ガンや脳卒中などの生活習慣病にはかなりの割合で活性酸素が関与しています。

この過剰に発生した有害な活性酸素を抑える働きを、ブルーベリーのアントシアニン色素が持っていることがわかったのです。

この色素の抗酸化性をビタミンE、お茶の持つタンニンなどと比較した研究結果では、ブルーベリーの色素はこれらに匹敵するか、または上回る強い活性があることがわかってきました。

(3)その他の健康機能性

①多い食物繊維含量

国産の栽培種で比較しますと、総食物繊維含量は一〇〇g当たり四・一gで、果実中では最高の含量であることがわかっています（表1）。整腸作用や大腸ガンの予防に有効であるといわれます。

②毛細血管保護作用、血液中の血小板の不必要な凝固を抑制する

③抗潰瘍《かいよう》活性

④抗炎症作用

⑤循環器系機能の改善

このように、数多くの生理機能が長年の研究により確認され、果実の持つ優れた健康機能性から、ブルーベリーが「驚異の果実」といわれたり、「二一世紀の健康果実」といわれたりしているのです。

●効果的な食べ方

アントシアニン色素の機能性は、加工してもその効果に変化が少ないことが特徴です。

ブルーベリーは生果《せいか》で食べることが基本ですから、おいしい果実でなければなりません。しかし、ジャム、ソース、ジュース、ワイン、菓子原料などの、いずれも機能性食品として一定量以上の有効成分を含む製品が普及拡大することが、ブルーベリーが優れた食品になる要素であると考えられます。

表1　ブルーベリー果実の成分（可食部100g当たりの成分値）

成分および単位			日本産ブルーベリー		アメリカ産ブルーベリー			加工品	
			ハイブッシュ生果[1]	ラビットアイ生果[2]	ハイブッシュとラビットアイ生果[3]	ハイブッシュ生果[4]	凍果[3]（ローブッシュ）	日本産果実のジャム[1]	アメリカ産果実の缶詰(シロップ)[3]
廃棄率		%	0	0	−	−	−	−	−
	エネルギー	kcal	49	66.1	56	48.76	51	175	88
		kj	205	276.6	236	−	212	732	367
基礎成分	水分	g	86.4	81.58	84.61	83.43	86.59	55.1	76.78
	たんぱく質	g	0.5	0.35	0.67	0.70	0.42	0.7	0.65
	脂質	g	0.1	0.11	0.38	0.33	0.64	0.3	0.33
	炭水化物	g	12.9	17.78	14.13	10.76	12.17	43.8	22.06
	灰分	g	0.1	0.18	0.21	0.25	0.18	0.1	0.17
無機質	ナトリウム	mg	1	1.0	6	1.08	1	1	3
	カリウム	mg	70	78.0	89	82.80	54	75	40
	カルシウム	mg	8	6.3	6	8.46	8	8	5
	マグネシウム	mg	5	4.5	5	5.97	5	5	4
	リン	mg	9	7.1	10	12.61	11	12	10
	鉄	μg	0.2	0.22	0.17	0.28	0.18	0.3	0.33
	亜鉛	μg	95	93.4	110	132	70	130	70
	銅	μg	40	38.3	61.0	59.50	33	60	53
	マンガン	μg	−	−	282	398.50	147.0	−	203
ビタミン	A レチノール	μg	0	0	−	−	−	−	−
	A カロチン	μg	55	14.5	−	40	−	26	−
	A A効力	IU	31	8	100	58.33	81	14	64
	E効力	mg	1.7	1.59	−	−	−	2.0	−
	B_1	mg	0.03	0.030	0.048	0.035	0.032	0.03	0.034
	B_2	mg	0.03	0.052	0.050	0.048	0.037	0.02	0.053
	ナイアシン	mg	0.2	0.32	0.359	0.303	0.520	0.04	0.113
	B_6	mg	0.05	0.052	0.036	0.063	0.059	0.04	0.036
	葉酸	mg	12	14.1	6.4	2.63	6.7	3	1.6
	パントテン酸	mg	0.12	0.14	0.093	0.135	0.125	0.11	0.089
	C	mg	9	16.7	13.0	9.70	2.5	3	1.1
食物繊維	水溶性	g	0.5	0.39	−	2.47	−	0.5	−
	不溶性	g	2.8	3.74	3.0	2.07	3.19	3.8	−
	総量	g	3.3	4.13	−	4.54	−	4.3	−

（出所）
1) 科学技術庁資源調査会編『五訂日本食品標準成分表ー新規食品編』（科学技術庁資源調査会。1997）p.72-73
2) 日本ブルーベリー協会提供「（財）日本食品分析センター分析資料」（1995）
3) USDA human nutrition information service. 1982. Composition of foods, fruit juices, row-procesed prepared. Agriculture Handbook, No.8-9; 65-68.
4) The ciltivated blueberry group 資料. 1991. The cultivated blueberry. USA.

ブルーベリーの生果、ジャム・ジュースなどの加工品

Q4 環境にやさしい果樹といわれていますが

ブルーベリーは小果樹ですが、他の果樹と比較して、優れた特徴を持っています。

とくに、日本での果樹栽培は、諸外国の産地に比べて雨量が多いことから、病害虫の発生が多い状況にあります。

そのため、農薬を使った防除回数の多いことが特徴です。この農薬散布回数は果樹によって異なりますが、日本では病害虫防除を行わないと果樹栽培は不可能です。

しかし、ブルーベリーは農薬の散布回数が少ないのが特徴で、無農薬栽培も可能です。また、施肥も油粕《あぶらかす》や骨粉《こっぷん》の有機質肥料主体で栽培できます。肥料については、オガクズでマルチをしている生産者の中には全く施肥しない人もいるくらいです。

このようなことから、ブルーベリーは「環境にやさしい果樹」といわれ、現在進められている「環境保全型農業」に合った作物といえます。

●日本全国で栽培できる

ブルーベリーは、種類と品種を選べば北海道から鹿児島県まで（現在、沖縄県で栽培が可能かどうか南部ハイブッシュで試験を行っています）、全国で広く栽培できます。

他の果樹、たとえばリンゴでは東北地方や長野県など夏期が比較的冷涼な地帯で、ミカンでは東海地方から九州までの西南暖地にかけての地帯に栽培されていますので、これらと比べブルーベリーは地域適応性が広いのです。

この適応性により、ブルーベリーの導入による各地の地域振興が可能であり、また、家庭果樹としても全国どこでも植え付けて楽しむことが可能です。

●栽培管理が容易である

ブルーベリーの樹は小型なため、成木になっても高さも幅も二mくらいですから、ほ場に植え付ける場合には、二×二・五m間隔（一応の規準）で植え付けます。また、鉢植えでも長く楽しむことができます。

植え付けに当たっては、土壌改良、灌水《かんすい》施設、有機物マルチ、防鳥ネットなどが必要ですが、植え付け後の管理は他の果樹と比較して容易です。

また、加害する病害虫の種類が少ないため、管理を十分に行って健全な樹に育てれば無農薬栽培も可能です。これがブルーベリーの大きな特徴の一つで、果皮ごと食べることが可能な、安全性の高い果実です。

●加工利用範囲が広い

ブルーベリーはいろいろな製品に加工できる加工適性が広い果実です。ジヤム、ソース、ジュース、ワイン、パイや洋菓子の製菓原料、料理への利用など非常に多彩です。

●優れた保健成分と健康機能性

ブルーベリーの持つ、輝きのある青紫色の果実色はアントシアニン色素によるもので、この色素は人間の眼に良いという機能性があり、眼精疲労減少や視力向上に役立ち、他の果実には見られない優れた特徴を持っています。

そのほかにも、優れた抗酸化作用は、ガン予防や老化防止にも有効であるということがわかってきました。この分野の研究がさらに進み、ブルーベリーの持つ機能性と人間の健康との関係が明らかにされ、ブルーベリーは二一世紀の健康果実となることが期待されています。

Q５　ブルーベリーの種類を教えてください

ブルーベリーは、ハイブッシュブルーベリー（以下「ハイブッシュ」と記します）、ラビットアイブルーベリー（以下「ラビットアイ」と記します）、ローブッシュブルーベリー（以下「ローブッシュ」と記します）の三種類です。それぞれの特徴を自生地、土壌条件、樹、果実について**表2**に示しました。

●栽培ブルーベリー

ハイブッシュとラビットアイは、「栽培ブルーベリー」と呼ばれるように、果樹として栽培されています。そのためブルーベリーの栽培という場合には、ハイブッシュとラビットアイの二種類の栽培を指します。

ブルーベリーの品種改良はアメリカで始まりました。ハイブッシュの育種

表２　果樹栽培上および食品産業上重要なブルーベリー3種類の特徴(アメリカにおける比較)

ブルーベリーの種類 （英名） 〔学名〕	特徴			
	分布（自生地）	土壌条件	樹	果実（生産州）
ハイブッシュブルーベリー* （Highbush blueberry） 〔*V. corymbosum L.*〕	フロリダ州北部からメイン州南部、ミシガン州南部にかけて	有機質に富む砂質土。乾燥に弱く、多い土壌水分を好む	樹高は1.5〜3.0m	果実が大きく、品質は最優 （ミシガン州） （ニュージャージー州）
ラビットアイブルーベリー* （Rabbiteye blueberry） 〔*V. ashei Reade*〕	南東部諸州の平地・森林の端に自生	ハイブッシュブルーベリーよりも土壌適応性が広い	樹勢が強い。 樹高は3.0m以上にもなる	品質は最優 （ジョージア州） （ノースカロライナ州）
ローブッシュブルーベリー** （Lowbush blueberry） 〔*V. angustifolium Aiton*〕 〔*V. myrtilloides Michaux*〕	北東部の諸州からカナダ東部にかけて	荒地（barren）や大小の石や岩が顔を出している丘陵地・平地	樹高は平均して15〜40㎝ほどの低木	野生果実の採取が多い。主に加工用（メイン州） （カナダ東部地帯）

（注）　別名で*は「栽培ブルーベリー」、**は「ワイルド(野生)ブルーベリー」と呼ばれる。
（出所）Eck, P. & N. F. Childers (eds.). 1966.Blueberry culture. p.3-13. Rutgers Univ. Press. New Brunswick, N. J..

ローブッシュの樹高は10〜40cm

研究は、アメリカ農務省の手によって一九〇八年から、ラビットアイはジョージア州沿岸平原試験場で始まりました。その後、ブルーベリーの育種研究はアメリカ農務省を中心に、多くの州立大学・試験場が加わって組織的に行われています。

その結果、今日栽培されているような気象・土壌条件（地域の環境条件）に対する適応性が広くなって栽培しやすくなり、果実は大きくて風味に富み、

ローブッシュの果実の結実状況（果実は７〜10mm大）

機械収穫に適した特性を持ち、病害虫に強い品種が誕生してきました。

●野生のブルーベリー

ローブッシュは、アメリカ北東部諸州（メイン州が中心）からカナダ東部諸州にかけての荒れ地に広く自生しています。別名、「ワイルド（野生）ブルーベリー」と呼ばれていますが、完全に野生の状態ではありません。

樹の健全な生育と安定収量を得るため訪花昆虫を放飼して結実率を高め、施肥、灌水、病害虫防除、除草と剪定《せんてい》（二年ごとに雪解け時に焼き払いをする独特の方法）などの管理が実施されています。

果実はレーキ（手に持って収穫する器具）を使って、あるいは機械によって摘み取ります。採集後に選別され、選果過程を経て、ほとんど冷凍されます。

また、野生だから品質が劣るということはありません。果実は風味があり加工適性は優れるともいわれます。ブルーベリーの加工品であるジャム、ジュース、菓子類、シロップ漬け、ワインなどのほとんどはこの野生種から作られています。

ローブッシュなくしてブルーベリーの食品産業は成り立たないともいえます。冷凍果実は海外にも輸出されており、わが国には、年間一万トン以上の輸入があり、各種加工品の原料となっています。

Q６　ハイブッシュにはどんなグループがありますか

ハイブッシュの品種は、三つのグループに分けられます（66頁の**表６**参照）。これは、アメリカのブルーベリー栽培の適地を拡大するための品種改良の成果といえます。品種特性を、とくに休眠打破のために必要な低温要求時間の長短、低樹高、耐寒性の強弱から比較した分け方です。

●北部ハイブッシュ

ハイブッシュといえばこのグループを指しており、代表的な栽培種のほとんどが含まれます。ハイブッシュ栽培の中心品種であり、アメリカや日本も含めて世界各国で最も栽培され、生果での利用が多いグループです。

他のグループと厳密に分ける場合には、ノーザン（北部）ハイブッシュあるいはスタンダード（標準）と呼ぶのが一般的です。

一九〇八年からアメリカ農務省で始められた品種改良の対象はこのグループで、育種研究の中心であることは今日でも変わりありませんが、それとともに、栽培研究が最も進んでいます。

このグループは休眠打破のために必要な低温要求時間が長く、七・二℃以下の温度に、八〇〇～一二〇〇時間の遭遇を必要とします。

北部ハイブッシュのブルーベリー果実

北部ハイブッシュ園（千葉県木更津市）

●南部ハイブッシュ

このグループは、アメリカ南部諸州の冬季温暖地帯でも栽培できるハイブッシュという観点から生まれました。一九四〇年代の後半からフロリダ大学と連邦農務省によって研究が始められたものです。

北部ハイブッシュとフロリダ州に自生するダローアイ（常緑性）との交配によって生まれたもので、低温要求時間が約四〇〇時間以下と少ないのが特

南部ハイブッシュ園（フロリダ州）

南部ハイブッシュ果実

徴です。

わが国には数品種が導入・栽培されています。樹形が北部ハイブッシュよりも小さいため、面積当たりの植え付け本数は多くなります。

●半樹高ハイブッシュ

ミシガン州・ミネソタ州農業試験場が進めているハイブッシュとローブッシュとの交配によって生まれた品種です。一九六〇年代の後半から新しい品種が発表されています。

半樹高ハイブッシュ（樹高１m前後）

樹高が低くて雪面下にあり、雪の保護によって冬季の厳しい低温に耐えられる（冬季の低温害防止のため）ことが大きな特徴です。

わが国には、数品種が導入され、樹形は北部ハイブッシュの半分以下と小型のため、面積当たり植え付け本数は二倍以上にしてよいでしょう。

Q７ アメリカでの栽培状況について教えてください

ブルーベリーは、二〇世紀の初頭、アメリカ農務省によって野生種から栽培種に改良されたものです。その後、ブルーベリーの品種改良は国家的事業として今日まで継続し、研究面でも産業面でもアメリカが最も進んでおり、世界のリーダーです。

アメリカの栽培は拡大し、一九九八年には四二州で栽培されており、栽培面積は約二万五五〇ha（日本のブドウ栽培面積に匹敵）に達しています。内訳は、北部ハイブッシュ一万六一七八ha、半樹高ハイブッシュ一二ha、南部ハイブッシュ五三二ha、ラビットアイ三八二八haとなっています。

●北部ハイブッシュ

⑴代表的な州と栽培面積

アメリカ農務省を中心にして進められてきたブルーベリーの品種改良は、いくつもの州立大学（試験場）で行われています。これらの州は試験研究とともに主要産地となっています。

代表的な州は、ミシガン州（七二八三ha）、ニュージャージー州（三三三七ha）、ノースカロライナ州（ラビットアイと合わせて一六五九ha）、ミネソタ州（不明）、ワシントン州（五二六ha）オレゴン州（九三一ha）などで、ハイブッシュ栽培は北東部、中央北部、太平洋岸北部の各州で盛んです。栽培面積は一九九八年の調査です。

⑵今後の栽培動向

二〇〇八年の面積予測を見ますと、北部ハイブッシュは一万七七七四haとなり、一九九八年に比べ一〇％の増加率と予測しています。

ブルーベリーの育種ハウスの一角。品種改良のため交配した種子の発芽床（アメリカ・フロリダ大学にて）

ブルーベリーの新植園（機械による土寄せと高うね化。アメリカ・ニュージャージー州にて）

●ラビットアイ

⑴代表的な州と栽培面積

品種改良は一九二五年にジョージア州立大学によって始められました。当初は野生種からの優良固体の選抜でしたが、その後、アメリカ農務省との共同研究により優良な形質を持った新品種が数多く育成されています。

今日では、アメリカ農務省、ジョージア州立大学、フロリダ州立大学、ノ

ブルーベリーの機械収穫（運転者１名、両サイドに補助者が２名つく）

ースカロライナ州立大学で育種研究が行われています。

ジョージア州（一七〇七ha）は第一の生産州で、次いでノースカロライナ州で多く（この州では北部ハイブッシュと南部ハイブッシュ、ラビットアイが同一園で栽培されていることもあってか面積は不明）栽培されています。

ラビットアイと南部ハイブッシュとを合わせた面積は、フロリダ州（六七〇ha）、ミシシッピー州（六一一ha）、アーカンソー州（三六五ha）、テキサス州（五二六ha）など、南部諸州で栽培が盛んです。

(2)今後の栽培動向

二〇〇八年の面積予測を見ますと、五四八一haとなり、一九九八年に比べ四三%の増加になると予測しています。

また、南部ハイブッシュの増加率は非常に高く、二〇〇八年には五倍に増加して、二六六五haに達すると予測されています。

Q８ アメリカ以外ではどこの国で栽培が盛んですか

●世界のスノキ属植物

スノキ属植物は、世界では二〇〇〜三〇〇あり、そのうち三分の二は熱帯地方に位置するマレー半島にあるといわれています。地帯別には、東南アジアには数が多くて七〇種、日本に一九種、太平洋地域に五種、アフリカに五種、ヨーロッパ大陸に六種、南アメリカに二五種、北アメリカに二六種あるとされています。

中国高等植物図鑑には中国に自生するスノキ属植物が三七種記載されており、その数はわが国より多く、東南アジアより少ない状況です。

●世界のブルーベリー栽培

さて、ブルーベリーの栽培国ですが、ヨーロッパでは栽培歴の長い国が多く、ドイツ（五〇〇ha）、ポーランド（二五〇ha）、オランダ（二〇〇ha）、フィンランドが主要国です。最近、栽培が増えている国には、スペイン、ポルトガル、フランス、イタリアがあり、オーストリアやハンガリーでも栽培されています。

南半球ではニュージーランド（三〇〇ha）、オーストラリア（七〇〇ha）、チリ（五〇〇ha）で栽培が盛んです。

ハイブッシュ若木園（周囲は松林。ドイツ・ハノーバー市に近い町にて）

これらの国で穫れたものが、北半球が冬季に当たる一二月〜二月にアメリカ、ヨーロッパ、日本にも生果で輸入されています。南アフリカ（一五〇ha）でも栽培されています。

アジアの国で栽培されているのは、現在のところ日本だけです。

ニュージーランドにおける植え付け状況と、果実の収穫

ドイツのブルーベリー苗木商にて

チリの中部にあるブルーベリー園（左手に出荷容器を持ち、選果しながら収穫する）

オーストラリア北東部にあるブルーベリー新植園（機械収穫のため株間を広くとってある）

Q9 ヨーロッパにはどのようなブルーベリーの仲間が自生していますか

ヨーロッパにはブルーベリーと同じ種は自生していません。このことも、ブルーベリーはアメリカ原産のアメリカ生まれの果樹といわれるゆえんの一つです。

●ヨーロッパの代表種・ビルベリー

ヨーロッパに自生するスノキ属植物は五〜六種と数は少ないのですが、産業上重要な種はビルベリー（別名ホワートルベリー、マウンテンベリー、ドアーフベリーなどと呼ばれる）です。スカンジナビア半島から東部ヨーロッパにかけて広く自生し、南部ヨーロッパでは標高の高い地帯に見られます。このように広く自生していることからヨーロッパの自生種といわれます。

果実は約七㎜と小さく、肉質がやわらかくてつぶれやすく、強い酸味があります。そのため、古くから生果で食べられることは少なく、ほとんどはジャムやジュースに加工され、また乾果にしてお茶に利用されていたようです。

しかし、アントシアニン色素を多く含んでおり、眼に良いブルーベリーといわれる機能性研究の原点になった種です。

今日では、日本や世界各国に冷凍果実で輸出され、抽出された色素が医薬用製品や食品工業の原料として利用されています。

ヨーロッパ諸国に広く自生するビルベリー（1果ずつ着く果実は紫青色）

Q 10 日本にもブルーベリーの仲間が自生していますか

●クロマメノキなど

日本には、ブルーベリーと同種のスノキ属植物は自生していませんが、同じスノキ属の仲間は一九種が自生しています。

野生果実の採取や利用から、代表的なものには、北海道から本州中部にかけての高山帯に広く見られるクロマメノキ（落葉性の小低木、果実は球形から偏円で大きさは六～一〇㎜、藍黒色に熟して黒い粉を被《かぶ》る。味はわずかに甘い）があります。

コケモモは、北海道から九州までの高山帯と針葉樹林帯に自生しています（常緑性の小低木、果実は球形で紅色に熟す。大きさは四～七㎜）。

丘陵地や山地に自生するナツハゼ（落葉性低木、果実は六～七㎜で黒色で白い粉をつける）、関東南部以西に分布する常緑性のシャシャンボ（大型低木、果実は球形で約五㎜、黒紫色で粉白色を帯びる）などがあります。

これらの果実は、古くから多くの人々によって採集され、生食のほかに、

北海道から本州中部の高山帯に分布するクロマメノキ

ジャム、ジュース、砂糖漬け、塩漬け、果実酒などに利用されてきました。しかし、栽培化や改良は行われないまま今日にいたっています。

●ヨーロッパの状況

クロマメノキとコケモモが交配種となり、また改良されて栽培されています。両種類は広くヨーロッパに自生していますが、クロマメノキは北部ハイブッシュと交配されて耐寒性を持った品種の育成親になっています。

コケモモからはリンゴンベリーが改良され、数品種が生まれて栽培されています。

わが国の高山帯に広く分布するコケモモ（果実は紅色）

コケモモから改良されたリンゴンベリー

Q 11 日本にはどのように導入され普及したのですか

●日本への導入

日本へのブルーベリーの導入は、一九五一年、当時の農林省北海道農試がアメリカのマサチュセッツ農試からハイブッシュを導入し、適応試験を行ったのが始まりのようです。

その後、ハイブッシュは農林省特産課（一九五二年）や大学関係者（一九五六年・京都府立大学、一九六一年・北海道大学）によってアメリカから導入されています。

ラビットアイは、一九六二年、アメリカのジョージア州から農林省特産課（加藤要氏）によって初めて導入されました。同氏から当時の福島県園試の岩垣駛夫氏に贈られたのは、ウッダード、ホームベル、ティフブルーの三品種でした。
　岩垣氏はその後東京農工大学に移られ、ブルーベリー生産開発に関する研究に着手され、今日のブルーベリー栽培の基礎を確立されました。一九七八年には鹿児島大学にも導入されています。

　一九八〇年代の後半から、民間の種苗業者によっても盛んに導入されるようになり、国内での栽培も広がりました。今日、わが国で栽培試作されている品種は、ブルーベリーの種類を合わせると五〇品種以上になります。

●栽培の歴史

　栽培普及のテンポはゆるく、ハイブッシュの経済栽培は導入後二〇年たった一九七一年に長野県で始まりました。また、ラビットアイは導入後六年目の一九六八年、東京都小平市《こだいら》で始まりました。

　いずれの園もその後のブルーベリー栽培のモデルとなっています。当時、園芸振興が盛んになっていましたが、米と畑作物中心の食生活であったためか普及は緩慢でした。

　全国の栽培面積が一haになって統計書に顔を出したのは導入後二五年たった一九七六年でした。それ以降の普及もゆるやかであり、一〇haになったのは一九八一年（導入後三〇年）のことです。

　しかし、その後の一〇年間の普及は驚くほど急激であり、一九九二年には約一八三haに栽培され、約四九〇トンの生産量がありました。当時の栽培面積の増加要因は、ブルーベリーが稲作転換作物の一つとして導入されたことにあると思われます。

　植え付け後数年して、水田転換園の栽培失敗例が各地で見られるようになりました。また、品質に課題のある品種を植え付けていたことから、販売が困難になり、一九九〇年代の中期には栽培面積・生産量とも落ち込んでいま

図2　わが国における ブルーベリー栽培面積の推移

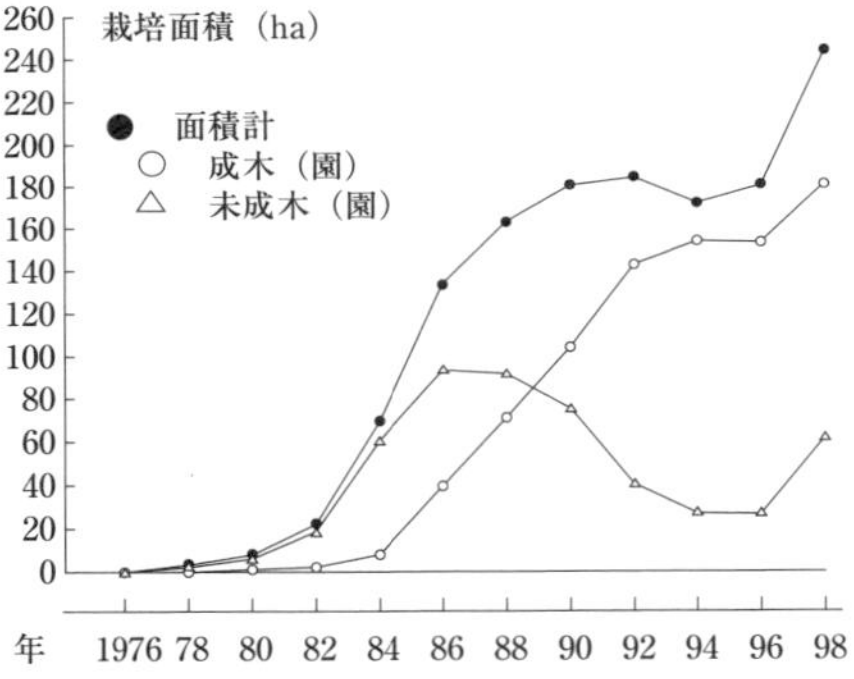

（出所）農林水産省果樹花き課調査資料（2001）

図3　わが国における ブルーベリーの生産量および出荷量の推移

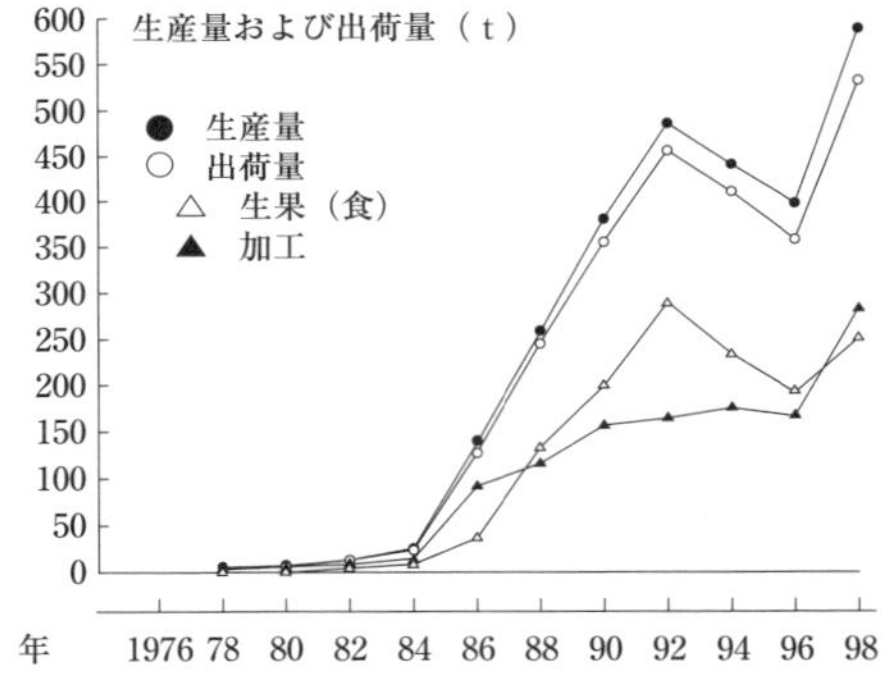

（出所）農林水産省果樹花き課調査資料（2001）

す。しかし、幸いなことに一～二年で反転し、一九九〇年代後半になってからは「ブームの再来」といわれたように、栽培は再び注目を浴びて拡大傾向に転じました。

●日本の生産量は

二〇〇〇年現在では、全国の栽培面積は約三〇〇haを超え、一〇〇〇トン以上の生産量に達していると推定されます。

このような栽培の拡大傾向は、一つには、ブルーベリーが消費者の食に対する健康・安全志向、自然志向に合致したことと、アントシアニン色素の優れた機能性が評価された結果です。

二つ目は、果実の利用法が多様であり、生食だけでなく、ジャム、ジュース、ワイン、ケーキなどに加工して利用できることです。

三つ目に、果実が風味があることや、若年層に消費が多い乳製品との相性が良かったこともあり、消費者の嗜好《しこう》にあった果実として認められたことがあります。

●果実の輸入

ブルーベリーが消費者の嗜好に合った果実として注目されていますが、最初、その中心となったのはジャム、ジュース、ケーキ、ワインなどの加工品でした。

加工品の原料は国内産果実では不足であり、そのほとんどを輸入に依存しています。主として、アメリカ・カナダのローブッシュの冷凍果実であり、輸入量は二〇〇〇年に約一万トンに達し、その後も同じような量の輸入が見られます。

生果の輸入量も増大し、二〇〇〇年の実績では九〇〇トン以上に達しているものと推定されます。主にアメリカ・カナダからは夏季から秋期に、ニュージーランド・オーストラリア、チリからは冬季に輸入され、それぞれ店頭を飾っています。

Q12　どの地域で主に栽培されていますか

●産地の状況

北海道から九州まで全国三七都道府県で栽培され、大小の産地を形成しています（**表3**）。栽培面積の多い地域は、多いほうから順に、長野県、群馬県、岩手県、青森県、茨城県、千葉県、石川県、熊本県、東京都、宮城県、山梨県、山形県、北海道、大分県、埼玉県などです。

わが国では、ハイブッシュ（北部、南部、半樹高）とラビットアイが栽培できます。

種類と産地の関係は、北部ハイブッシュは冷涼な気候の北海道、東北、関東、北陸にかけて栽培されています。半樹高ハイブッシュはこの地域に栽培されていると思われますが、具体的な産地と面積はわかりません。

またラビットアイは、関東南部から中部、中国、四国、九州で盛んです。南部ハイブッシュは、ラビットアイと同様の地域に導入されています。

関東南部では、三グループのハイブッシュ（北部、南部、半樹高）、ラビットアイが栽培されています。

表3　平成11年度　ブルーベリー栽培面積および生産量

都道府県名	生産面積(ha)	生産量（t）	主要産地名（★印：記載なく協会員所在地）
北海道	6.5	14.6	仁木町　砂原町　長沼町
青森県	19.1	33.9	中里町　板柳町　東通村　弘前市　南郷村　八戸市　碇ヶ関村　田子町
岩手県	21.1	58.4	盛岡市　岩手町　一関市　二戸市　岩泉町
宮城県	8.4	18.1	富谷町　若柳町　蔵王町　鳴子町
秋田県	3.4	7.0	本庄市　合川町　琴岡町　山本町
山形県	6.9	17.7	羽黒町
福島県	2.8	4.1	郡山町　長沼町　天栄町　滝根町　伊南村　双葉町
茨城県	13.0	3.7	八郷町　利根町　常北町　小山町　山方町　高萩市　笠間市　つくば市　大和町
栃木県	4.0	8.6	今市市　茂木町　宇都宮市
群馬県	29.3	38.9	川場村　中之条町　吾妻町　赤城村
埼玉県	5.8	5.6	江南町　滑川村　毛呂山町　所沢市
千葉県	10.4	18.2	木更津市　君津市
東京都	8.8	42.1	小平市　国分寺市　小平市　★青梅市
神奈川県	2.5	9.8	南足柄市　小田原市　★相模原市
山梨県	7.3	20.1	河口湖町　鳴沢村　長坂町　★明野村
長野県	56.2	236.0	信濃町　大町市　大鹿村
静岡県	5.4	5.1	小笠町
新潟県	4.9	15.0	白根市　妙高高原町
石川県	9.4	9.1	柳田村
福井県	0.0	0.0	武生市
岐阜県	2.7	1.7	加子母村　荘川村　久々野町　高山市　朝日村　川上村　瑞浪市
愛知県	1.9	5.0	豊根村
三重県	0.0		上野市
滋賀県	1.5	1.6	大津市　マキノ町　蒲生町　西浅井町　米原町
京都府	0.5	1.6	記載なし
大阪府			記載なし　★南河内郡
兵庫県	0.6	0.0	出石町　波賀町
奈良県	1.8	0.2	都祁村　菟田野町　大宇陀町
鳥取県	3.6	10.6	大山町　東伯町　鳥取市
島根県	4.9	7.7	大田市　横田町　津和野町
岡山県	2.3	0.3	川上村　奈義町
広島県	2.9	15.0	大崎町　上石町
山口県	0.4	0.0	豊田町
香川県	0.1	0.0	国分寺町　仲南町　琴南町
愛媛県	0.3	0.5	喜多郡　八幡浜市
高知県			記載なし　★土佐郡
福岡県	0.7	0.8	記載なし　★浮羽郡
長崎県	0.4	0.0	美津島町
熊本県	9.0	32.0	蘇陽町
大分県	5.9	3.3	湯布院町　九重町　庄内町
鹿児島県	2.3	1.0	大口市　牧園町

（出所）農林水産省果樹花き課調査資料（平成11年度）

図4　日本のブルーベリー栽培地図

第2章

ブルーベリーの機能性と効用

アントシアニン色素を多く含むブルーベリー

Q13 機能性に優れていると聞きますが、詳しく教えてください

●ビタミン、ミネラルが豊富

人間の体に栄養素を供給する果実の一次機能性成分として重要なものはビタミンやミネラルですが、ブルーベリーはビタミンやミネラルを豊富に含む果実です。特徴ある成分としては亜鉛やマンガンで、他のベリー類に比べても非常に多く含まれます。

日本人はカルシウムだけでなく、亜鉛、銅、マンガンの摂取量が不十分といわれていますので、ブルーベリーを食べることで、これらのミネラルを摂ることができます。

このミネラルの効用は、亜鉛では血液や組織に存在して多くの酵素を構成し、タンパク質の合成やさまざまな反応の触媒作用に関係していますので、これが欠乏すると味覚異常、発育不良、性腺《せいせん》機能低下などが明らかになっています。

マンガンにはさまざまな触媒作用の調節、性質の似た金属イオンの代用や作用抑制などの働きがあります。銅は多数の酵素やタンパク質に含まれさまざまな生理作用に関係し、体内の活性酸素消去の役割を果たすといわれています。

●適度な甘さ、酸味を含有

果実の二次機能では、糖・酸の含有と香りの関係するおいしさなど、その香味が重要です。ブルーベリーは完熟感のある果糖とブドウ糖に若干のショ糖を含む適度の甘さと、クエン酸やリンゴ酸の酸味を持つ果実で、色も濃いブルーで視覚的にも楽しめます。

●食物繊維と種子による効用

健康保持機能では食物繊維量が多いことが特徴です。しかも生理的効果が異なる水溶性食物繊維（ペクチン）と不溶性食物繊維（セルロース、ヘミセルロース、リグニン）の両方の成分を含み、これらは消化吸収されないで消化管内を素通りして排泄《はいせつ》されます。

食物繊維量は生果実一〇〇g当たり四・一gもあり、バナナの二・五倍も含まれています。

ブルーベリーは果皮《かひ》も種子も一緒に食べる果実で、種子は小さく、一果中に五〇～六〇粒も含まれています。

機能性に優れるブルーベリーの関連製品（わが国における品数は世界一ともいわれる）

そのため、小腸で糖やコレステロールの吸収を抑え、腸内で発生する有害物質の生成を抑制するため、腸内菌叢《そう》の改善に有効です。また、整腸作用、便秘解消にも効果があることから、大腸ガンの予防にもなります。

●病気の治療や予防に

また、ブルーベリーの一種である野性種のビルベリーについては、ヨーロッパでさまざまな研究が行われ、眼の色素ロドプシンの再合成作用活性化による暗所順応性や、眼の各種症状改善にも効果があることがわかっています。

ブルーベリーは、眼の作用だけでなく、欧米では血管障害、胃潰瘍《かいよう》などの医療や一般薬に使われています。また最近では、優れた抗酸化性作用があることが確認され、活性酸素の除去を含めて、生活習慣病予防に期待されるなど、ブルーベリーの機能性について高い評価がされています。

Q 14 ブルーベリーは、なぜ眼に良いのですか

●ロドプシンの再合成を活発に

人の眼球内膜の最内層である網膜には、ロドプシンという視覚に関する物質があります。このロドプシンは光の作用により分解され、再合成されます。その連続作用が信号となり脳に伝わることにより物が見えるようになります。そのロドプシンの分解と再合成がスムーズに行われることが、視力の一つの目安となるのです。

ブルーベリーの持つ色素のアントシアニンは、このロドプシンの再合成を活性化させる働きがあります。ロドプシンの再合成作用が活発になれば視覚の機能も良くなり、視野も広くなり、夜間での視力も良くなります。

不十分な光の条件下で視覚作用が正常化することが、ブルーベリーの一種ビルベリーにより確認され、その活性による商品が開発されています。

ビルベリーのアントシアニン色素は視覚鋭敏化の改善、暗所順応性、光の条件変化による眼球疲労の緩和を向上するので、夜間の自動車の運転や映像を見るような眼を酷使する労働には効果がありますし、初期の近視を軽減できるなどの効果が確認されています。

●網膜を強くする

また、アントシアニン色素にはビタミンPと同じか、あるいはそれと似た作用があることがわかっています。これは、毛細血管から血液がにじみ出る毛細血管透過性を抑制し、脆弱《ぜいじゃく》性を低下する作用です。この効果により眼の網膜を強くして、血液が流れやすくなり、眼に十分な栄養補給ができるようになります。その結果、視力をアップさせたり網膜剝離《はくり》を防いだりします。

Q15 眼に良いとされる成分を教えてください

●アントシアニン色素の働き

眼に良い果実としてブルーベリーが注目されています。その研究のきっかけとなったのは、第二次世界大戦の最中、イギリスの空軍パイロットが、ブルーベリージャムを食べると薄明かりの中でもはっきり物が見えたという報告を行ったことです。

この話からさまざまな研究が進められました。その結果、ブルーベリーに含まれるアントシアニン色素が、眼の働きを良くする機能があることがわかりました。

ブルーベリーの仲間であるビルベリーについて、イタリアの研究成果が公表され、その中でアントシアニン色素は眼の網膜のロドプシンの再合成を活性化し、暗順応を促進すると報告されています。

ブルーベリーに存在するアントシアニン色素の基本骨格である糖の結合していないアグリコンは五種類あり、シアニジン、ペオニジン、デルフィニジン、ペツニジン、マルビジンです。天然にはこれらのアグリコンは糖が結合した配糖体として存在し、糖としてグルコース、アラビノース、ガラクトースが結合した一五種の配糖体から構成されています。

●色素量と色素成分のバランス

ブルーベリーが注目されるのは、アントシアニン色素の量が桁《けた》違いに多いこと、この色素成分一五種のバランスが良いことが特徴です。

表1に主なアントシアニン含量を示しましたが、ビルベリーが最も高く、ハイブッシュでは少ないことがわかっています。ブルーベリーの眼に対する効果は、イタリアでの研究成果では、ビルベリーの持つ効果はアントシアニン色素によるものと確認されています。

種類・品種	含量
ビルベリー	370mg
ローブッシュ	188
ハイブッシュ	
ブルークロップ	83
コビル	100
ジャージー	117
ラビットアイ	
ティフブルー	210

表1　ビルベリーとブルーベリーのアントシアニン含量（生果100g中）

Q 16
ブルーベリーをどのくらい食べたら眼が良くなりますか

●生果実で一日四〇g以上

ブルーベリーは眼精疲労の回復に優れた効果があります。薄暗い所でも視野が広がり、夜盲症の改善に役立つという事例も確認されています。

ブルーベリーのアントシアニン色素は摂取してから四時間後にはその効果が現れるほど即効性を持ち、効果は二四時間持続することも確認されていますので、継続的に摂取することが効果的です。最低三カ月間継続しているとその効果が体験できます。

アントシアニン色素が働くために必要なブルーベリー摂取量は、生果実では一日四〇g以上(二〇粒から三〇粒)が必要量と考えられます。この場合は国産のブルーベリーの目安ですが、アントシアニン含量の多いビルベリーですと、その半分程度で同様の効果が期待できます。

●乾燥品では一日一〇g以上

乾燥ブルーベリーでは一日一〇g以上が目安となります。

また、ジャムやジュースなどでは、使用される果実含有量にアントシアニン量が比例しますので、製品で差が見られますが、ジャムではアントシアニンが多い製品として一〇〇g当たり一〇〇mg含まれているとすれば、三〇〜三五gの摂取の必要があり、この程度を目安とすれば一日の摂取量は確保できます。

現在、健康食品などにブルーベリーエキスが利用されています。二五%アントシアニジン含有エキスならば、一日に一二〇mg以上を摂取すれば、必要量が摂れるものと考えられています。

ブルーベリーは1日40gの摂取で眼に効果があるといわれる

Q 17 ジャムなどの加工品でも眼に良いという効果は同じですか

●製品の果実含有量に比例

二一世紀のミラクルフルーツとして生果実の効果はもちろんのこと、ジャムなど加工品については、含んでいる果実量と比例して、その効果が期待できます。

生果実を摂取すればそのままの成分が摂り入れられますが、加工品では製品の果実含有量に比例して摂り入れられます。

ブルーベリーはいろいろな成分から成り立っていますが、その中で眼の機能性に有効であるアントシアニン色素は、ジャムでは果実使用量が多ければアントシアニンは多くなります。ペクチンを使用しない手作りジャムでは果実使用量を多くしてゲル化状態を保つため、アントシアニンが一般のジャムと比べて多くなる傾向にあります。

●長時間加熱と長期間保存に弱い

アントシアニン色素の性質は、酸性条件のもとでは比較的安定でpH四・〇以上の強酸では不安定になります。また加熱に弱く、長時間加熱や長期間保存によりその効果を失います。そのため加熱はできるだけ低い温度で短時間行うことが大切です。保管についても低温であることが必要です。

アントシアニンを主成分とするブルーベリー色素は、飲料、デザート、キャンデー、ガムなど、さらに健康食品などに利用されていますが、飲料への利用では熱安定、光安定性が悪いので退色が見られます。

アントシアニン色素は乾燥状態では安定しており、ブルーベリーエキス粉末（アントシアニン二五%含有）を粉末状態で錠剤にした商品は安定していますが、商品形態が液体、加熱工程の必要なもの、製造後、時間の経過のあるものは色素が退色傾向にあります。

ブルーベリー色素粉末を使用する健康食品とは異なり、一般的には果実、ピューレ、果汁、濃縮果汁を利用して加工品が作られます。

ブルーベリー果実は、アメリカ農務省栄養研究所の発表によると、アメリカ産の四三品目の果実・野菜の抗酸化作用の中で、最も優れた効果を示したという報告がありますが、強力な抗酸化作用を持っているためか、アントシアニン粉末の退色と比べて安定しています。

ドライブルーベリーとブルーベリージャム。加工品にも効果が期待できる

ジャムは全果実が利用され、その品質と色調など、官能的評価で比較的安定で、その成分変化はあまり見られないようです。

ジャムやソースなどブルーベリーの加工品は数多く販売されている

Q18 眼に良いとされる事例を教えてください

日本人のメガネ人口の多さは世界でも有数ですが、現在いろいろな視覚障害を持つ人が多く、視力低下が低年齢層の間に広がりを見せています。子供の遊びもテレビゲームが主流となってきましたし、技術革新によるコンピューター機器の普及による目の疲れや痛みで悩んでいる人たちも多く見られます。

●最初の臨床実験

眼に良いという最初の臨床実験は、ジェイルおよびオーベル（フランス・一九六四年）が三七名を対象に行い、結果を統計的に処理し、網膜の適応曲線の顕著な改善と、薄明かりの中の視力の改善を確認したものです。

また、シャベリース（イタリア・一九六八年）は多数の夜盲症患者にビルベリーエキス（学名でVMAと呼ばれている）を投与し、研究と治療を実施。治療期間中の安定性、治療停止後の存続および副作用を観察して、細胞の光感受性の改善と副作用のないことを確認しました。

●日本での研究事例

日本での最近の研究事例は、一九九七年に大阪外語大学保健管理センターの梶本修身助教授が「ブルーベリーエキスの眼精疲労に対する効果」を発表しました。

この試験には、高濃度のアントシアニン含有カプセルを、一日二回、眼精疲労を訴える患者二〇人を対象に投与し（アントシアニンとして一日六二・五mgに相当）、目の疲労感、かすみ、ちらつきなどの改善効果が認められたと報告しています。

二〇〇〇年一月には、「受験期の児

童を対象とした仮性近視者に対するブルーベリーエキスの視力回復効果について」を同じく梶本助教授が医学雑誌に発表しました。

この論文では、約三〇%の視力回復が見られたと発表しています。そして、目の酷使により急激に視力が低下した学童期の仮性近視に対し、ブルーベリーの長期摂取が、近視の進行や視力の低下防止に効果があると述べています。またこの報告では、眼精疲労は四週間の摂取で自覚症状の改善効果が認められています。

「ブルーベリーは本当に眼に効くの」という疑問に対し、葉山眼科クリニックの葉山隆一先生は、その効果を検証し、臨床データを紹介しました。これは、眼精疲労、近視、遠視、老眼、黄斑変性症を患っている人たちを対象に、三カ月間、ブルーベリーエキスとして一五〇㎎を一日に三回に分けて投与し、その結果を調べたものです。

報告によると、眼精疲労の三〇人について全員視力の向上が見られ、全員が「肩凝りがなくなった」「目がすっきりした」と認識しています。

また、遠視も一〇〇人の対象者について調べた結果、摂取後は多くの人たちがほぼ全員改善され、近視患者の約七〇%の人たちの視力が改善されたことも明らかになりました。

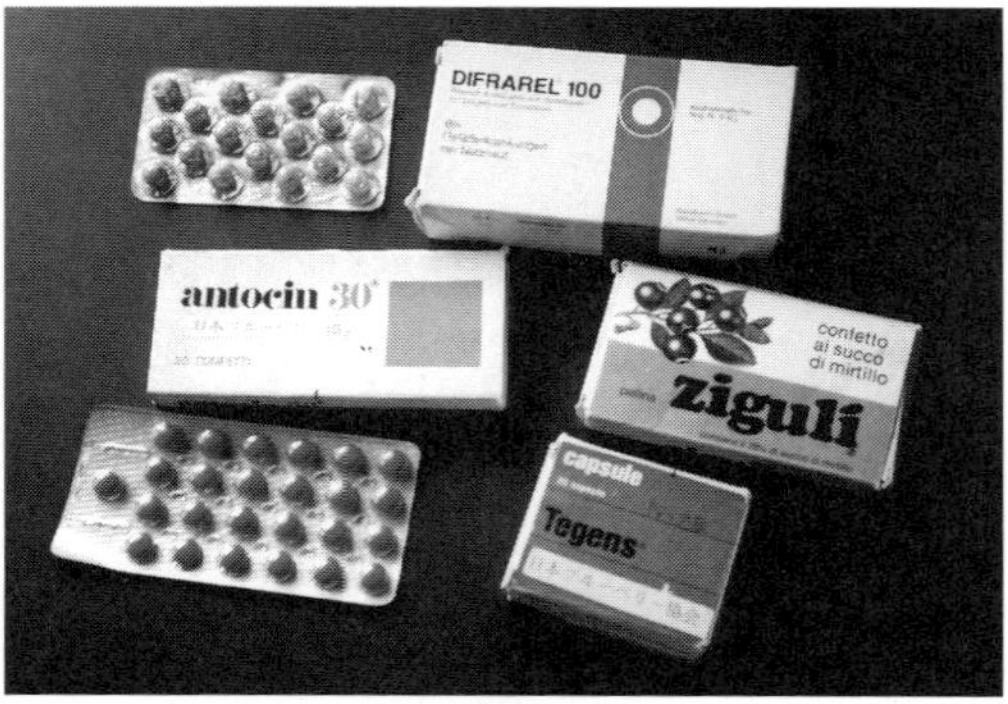

ブルーベリーのエキスも販売されている。写真はブルーベリーエキス含有の外国製品

Q 19 諸外国では医薬品として用いられると聞きますが、本当ですか

●野生種ビルベリーを使用

医薬品として用いられているのは、北欧産の、ブルーベリーの仲間である野生種ビルベリー（別名・ホワートルベリー）です。

ビルベリーは有効成分のアントシアニン含量が多く、カナダ産のローブッシュの約二倍、栽培種の約三倍含まれています。この成分は五つのアントシアニジンの配糖体であって、それらに対し三種の糖が結合した一五種類が存在し、この赤色色素のアントシアニンが生理活性物質なのです。

これまで、視覚機能改善作用や抗酸化作用、循環器系毛細血管保護作用が確認されています。

欧米では、血管障害や糖尿病、循環器病の医薬品や、眼科領域の医薬品が開発されています。

ブルーベリーの安全性については、果実から抽出した天然色素ですから安全なわけですが、急性毒性、慢性毒性、変異原性などについて、高度な安全性が確認されています。

イタリアの最新の医薬処方では、一六〇mgのビルベリーエキストラクト（二五％アントシアノサイド含有）を一日二回投与するか、八〇mgを一日二～四回投与するというものです。

なお、日本では、法規制の関係でビルベリーエキスを医薬品に利用できないため、主に栄養補助食品素材として広く使用され、眼精疲労改善などに効果があると利用されています（Q97参照）。

Q 20　眼だけでなく体にも良いと聞きますが

●抗酸化作用による効果

ブルーベリーが人間の眼に効くこととは別に、強い抗酸化作用があることが注目されています。

体内で発生する活性酸素は、ガンや脳卒中など生活習慣病の発病にかなりな割合で関与しているといわれています。体内に発生した有害な活性酸素を抑える抗酸化作用を持つ食材や食品成分が、生活習慣病を予防する効果が高いといわれ注目を集めています。

ブルーベリー果実は、アントシアニン色素が、活性酸素からの害を弱めたり、消去する抗酸化成分として、抗酸化作用を持つことがわかりました。

この色素の抗酸化性を比較した研究では、その効果は抗酸化剤として効くビタミンEよりも優れ、また緑茶のカテキン類やタマネギのケルセナンなどと同等の抗酸化性を示すことも知られています（静岡県県立大・富田氏、食品総合研究所・津志田氏）。

また、アメリカ農務省のドナルドプライヤー氏がアメリカ産の野菜や果実の抗酸化作用を比較した結果、ブルーベリーが最高値を示しました。強力な抗酸化機能を示すことでこれらの害から身体を守り、生活習慣病の予防に役立つ抗酸化食品としての期待は大きいものがあります。

第3章

ブルーベリーの栽培

ブルーベリーの新植園（島根県大田市）

Q 21 ブルーベリーの栽培上の特徴はどのような点ですか

これまで、ブルーベリーの分類、品種、栽培、機能性などについて解説してきましたが、全体から見てブルーベリー栽培の特徴は次のように整理できます。

●栽培上の特徴

(1) 低木性で小型・ブッシュ状

樹は低木性で、一・五～三mの高さになり、株もとからは強い発育枝（シュート）が発生してブッシュ（株状）になります。このような性状から、植え付け間隔、樹形、整枝・剪定《せんてい》の方法が他の果樹とは大きく違ってきます。

(2) 根はひげ根で浅根性

ブルーベリーの根はひげ根で浅根性のため、適した土壌は砂質がかった土壌であり、粘土質が強い所や水田転換園などかたい土壌では生育が極度に劣ります。根のほとんどは、温度変化や水分変化の激しい表層に分布するため、根の活力を高めるために有機物マルチや灌水《かんすい》が必要です。

(3) 好酸性

樹の生育は、土壌pHが四・三～四・八の強い酸性土壌で優れるため、ブルーベリーは好酸性の果樹といえます。

この特性から、植え穴に酸性ピートモスを大量に投入し、土壌pHを高めるアルカリ性肥料は施用せず、さらに窒素肥料はアンモニア態のものを施用するのが基本となっています。

(4) 全国で栽培が可能

ブルーベリーは種類と品種を選べば北海道から沖縄まで全国各地で栽培できます。まず、その地方（地域）に合った種類を選ぶことが重要ですが、普通には、年平均気温を基準にして判断します。

日本では、北部ハイブッシュはモモやリンゴ栽培地帯に、ラビットアイや南部ハイブッシュは関東南部以南で栽培が盛んです。

(5) 収穫に手がかかる

ブルーベリーは結果《けっか》(実が成ること)年齢が早く、植え付け三年目から収穫

樹形は株もとから数本の主軸枝が立ってブッシュ（株状）になる

表1　ハイブッシュおよびラビットアイブルーベリーの栽培上重要な特性の比較

種類	樹					果実					根・土壌条件			
	樹勢	樹形	樹高(m)	枝の伸長発育枝	低温要求性	大きさ	品質	貯蔵性	収量	成熟期	根	水分	耐乾性	生育最適範囲pH
ハイブッシュブルーベリー	中	直立	1.0～2.0	中	高い	大	優	良	多	6月上旬～7月下旬	ひげ根浅根性強	最も好む	弱い	4.3～4.8
ラビットアイブルーベリー	強い	直立	1.5～3.0	強い	低い	中	優	優	極多	7月上旬～9月上旬	ひげ根浅根性中	好む	強い	4.3～5.3
他の果樹との相違点	株元から強い発育枝、地下をはってシュートが発生してブッシュ（株）状になるため、整枝・せん定法が異なる。					収穫期がハイブッシュでは梅雨期、ラビットアイでは盛夏になるために、果実糖度が低い、日持ち性が劣る、というような問題点がある。					ブルーベリーの根はひげ根で浅根性であるため乾燥に弱い。また、酸性を好むため、生育に適した土壌条件・土壌管理法などが異なる。			

（出所）Eck,P.&N.F. Childers（eds.）.1966.Blueberry culuture, Eck,P.1988. Blueberry science.Rutgers Univ. Press.N.J.. および千葉県農業大学校（千葉県東金市家之子）果樹園における観察結果からまとめた。

でき、七年くらいで成木に達します。成木の平均的な収量は、一樹当たり三～六kgです（一〇a当たり八〇〇～一〇〇〇kg生産したい）。

果実は小さく、一円から五円玉の大きさ（約二g）の果実を手で摘み取るため、収穫に最も労力が必要です。この収穫に労力がかかることが、ブルーベリー栽培面積を制限する大きな要因の一つです。

(6)病害・虫害が少ない

ブルーベリーは病害・虫害が少ないのが特徴です。健全な生育の樹では無農薬栽培も可能で、有機栽培の認証を受けている園地もあります。

(7)果実がやわらかい

ブルーベリーはソフト果実といわれるように果実がやわらかく、日持ちが劣るのが欠点です。とくに、日本では果実の収穫期が梅雨から盛夏のため、出荷調整と品質保持の方法が課題です。

しかし最近は、比較的果肉がかたく、日持ち性と貯蔵性が優れた品種の選択により、また、低温輸送するなどの方法で解決されつつあります。

(8)果実の利用用途が広い

ブルーベリーは生食を中心としながら、凍果や乾果、ジャムやジュース、ワインの原料、各種製菓の素材として広く利用されています。

(9)優れた健康機能性

ブルーベリーの果実は、亜鉛やマンガンの含量が多く、食物繊維を非常に多く含んでいます。

また、眼に良いとされるアントシアニンを最も多く含んでいます。最近の研究では、ブルーベリーはガンや糖尿病、心臓病など各種の生活習慣病に予防効果の高い抗酸化性（能）が最もある果実と評価されています。

Q 22 導入に当たってどんなことを検討すればよいですか

●導入時の検討事項

ブルーベリーを新規に導入（植え付ける）する場合、あるいは改植する場合には、次の六つの事項について十分に検討します。

①園地の気象条件、土壌条件、社会的条件
②ブルーベリーの種類と品種
③園地条件（地形・地質・土壌改良の必要性など）
④適切な投下資本か（施設設備費・苗木代・土壌改良資材費など）
⑤果実の販売方法（生果で市場出荷・直売、加工品の製造など）
⑥栽培技術の習得、家族労力、雇用者確保の見通し

ブルーベリー新植園、わが国では数少ない大規模園のため、機械による管理体系を検討している

●栽培成功の基本原則

ブルーベリー栽培に成功するためには四つの基本原則があります。

一つは、適地の選択であり、上記の①と③が当たります。

二つには、適産で②の植え付ける種類と品種です。三つには、適期管理で、樹の生長周期に合わせた栽培管理が必要で、⑥が相当します。

四つには、果実の販売・経営方法で、④と⑤が当てはまります。

①から⑥までの事項が全部そろってはじめてブルーベリー栽培と経営が成り立つわけです。

Q 23 栽培に適する気象条件を教えてください

樹の生長、収量、品質の良否に大きく影響する気象条件は、気温（月別の平均気温、休眠期、生長期、最寒月の気温など）、月別の降水量（梅雨も問題）、無霜期間の長さ（生育可能日数）などです。日本のブルーベリー産地（近くに位置する都市の気象条件）について表2に示しました。

●月別平均気温から判断

栽培の可否は、月別平均気温からかなり正確に判断できます。今までの栽培経験と主産地の動向から、月別平均気温と栽培地との関係は次のように整理できます。

(1)北部ハイブッシュ

リンゴやモモと同じ栽培地帯に適し

ています。日本での栽培結果から見ると、北海道中部から東北、甲信越の各県、九州の準高冷地の比較的冷涼な地域に適しています。

(2)南部ハイブッシュ

冬季温暖地域で栽培するため育成されたのですが、海外の栽培結果では、北部ハイブッシュと同程度の耐寒性を持っているようです。地域としては、南はラビットアイよりも温暖な地域から、北は北部ハイブッシュと同じ地帯まで栽培できることになります。わが国での試作と特性調査が待たれます。

(3)半樹高ハイブッシュ

冬季に積雪があり低温の厳しい地域向けに改良された品種です。東北北部から北海道北部にかけての地域が適地ですが、温暖な関東南部でも栽培できます。たとえば、千葉県では、ノーススカイ種の成熟期は、北部ハイブッシュの早生種と同じころです。

(4)ラビットアイ

栽培適地はハイブッシュよりも温暖な地帯です。関東南部から西南暖地にかけて広い範囲で栽培されています。

表2　わが国の代表的なブルーベリー産地がある（あるいは近い）都市の気象条件

都市	平均気温（℃）			最寒月の日最低気温の平均（℃）	降水量（mm）			霜	
	年	生長期*	休眠期*		年	生長期*	休眠期*	初霜～終霜（月／日）	無霜期間（生育期間）（日）
札　幌	8.2	14.9	−1.2	1月　−8.4	1,131	648	483	10／14～4／25	169
盛　岡	9.8	16.5	0.6	1月　−6.5	1,264	906	358	10／14～5／4	162
山　形	11.2	17.7	2.0	1月　−4.1	1,126	736	390	10／19～5／5	166
長　野	11.5	18.1	2.0	1月　−4.9	939	710	229	10／25～4／28	179
東　京	15.6	21.0	8.0	1月　1.2	1,406	1,066	340	12／1～3／13	262
松　江	14.3	20.0	6.4	1月　0.5	1,895	1,204	691	11／20～4／14	203
福　岡	16.2	21.7	8.6	1月　2.5	1,604	1,222	382	12／2～3／21	255
鹿児島	17.6	22.9	10.1	1月　2.6	2,149	1,728	421	11／28～3／11	261

（注）＊生長期は4～10月、休眠期は11～3月までとした。
（出所）国立天文台『理科年表』（丸善。東京。2000）

●冬季（休眠期）の気温から判断

冬季間（一二月～二月）の低温（一～七・二℃の範囲）時間の長短がブルーベリーの適地を決定します。葉芽《ようが》と花芽《かが》は、冬季間の休眠から覚めて健全に生育するためには、一定時間、低温に遭遇する必要があります。

低温要求量は種類によって異なり、北部ハイブッシュは八〇〇～一二〇〇時間、ラビットアイは四〇〇～八〇〇時間、南部ハイブッシュは四〇〇時間以下で、半樹高ハイブッシュは明らかでありません。北部ハイブッシュの栽培が暖地で難しいのは、冬期間の低温日数が少ないためです。

●耐寒性（栽培の北限）から判断

芽や枝は、冬季には氷点下の気温によって低温障害を受けることから、耐寒性は栽培の北限を決定します。冬季間の低温が厳しい地域での品種は耐寒性の強いものでなければなりません。

冷涼な地域には北部ハイブッシュと半樹高ハイブッシュが向き、休眠枝はマイナス一五～二〇℃にも耐えます。

温暖地で生育の優れるラビットアイは耐寒性が弱いので、関東北部から北の地方での栽培は困難です。

耐寒性は芽の種類や発育段階によっても異なります。葉芽は花芽よりも耐寒性が強く、花芽ではかたい蕾《つぼみ》の段階で強く、開花中は弱くなります。したがって、開花期間中に晩霜《おそじも》に当たった場合には、雄ずいと雌ずいが障害を受けて結実不良になります。

●無霜期間（生育可能日数）から判断

晩霜から初霜までの無霜期間は生育可能日数と呼ばれ、ブルーベリーの栽培適地を決定する要因の一つです。

生育可能日数は北部ハイブッシュでは最低一六〇日以上、ラビットアイでは二〇〇日以上必要とされますので、種類の選定に当たっては、その地域の無霜期間をあらかじめ知っておく必要があります。

なお、現在のところ、南部ハイブッシュと半樹高ハイブッシュについての調査結果はありません。

●月別の降水量から判断

ブルーベリー樹の健全な生育と果実の発育のためには多量な水分を必要とし、成木では一週間に二五～五〇㎜の降水量が必要とされています。この量は一カ月では一〇〇～二〇〇㎜であり、四月から一〇月までの生育期では七〇〇～一四〇〇㎜に達します。

自然現象として、降水が定期的にあることはなく、一時的に大量の降水があったり、長期間なかったりします。

このことから、降水量が不足するときには、樹の生長に合わせて必要な水量を供給するために灌水が必要です。

●梅雨の時期から判断

梅雨は、雨量の多少では片づけられない、果実生産上、問題が多い時期です。

関東の梅雨は、通常は六月上旬～七月中旬です。この期間はハイブッシュの成熟期に当たりますので、果実は日照不足、高湿度、過剰土壌水分条件下で成熟し収穫されることになります。梅雨は、糖度が高く、糖と酸の比率が調和して風味が良好で、日持ち・貯蔵性が優れた果実の生産には、好ましくない環境条件です。

しかし最近は、果実の成熟期が梅雨の時期と重ならない品種選択、雨よけ栽培、成熟期を促進させる施設栽培などにより、解決策が見いだされています。関東や九州では、すでに雨よけ栽培や施設栽培を取り入れ、有利な販売展開をしている産地もあります。

ハイブッシュの雨よけ栽培。園地植えの樹に梅雨の期間中のみビニールトンネルをかける

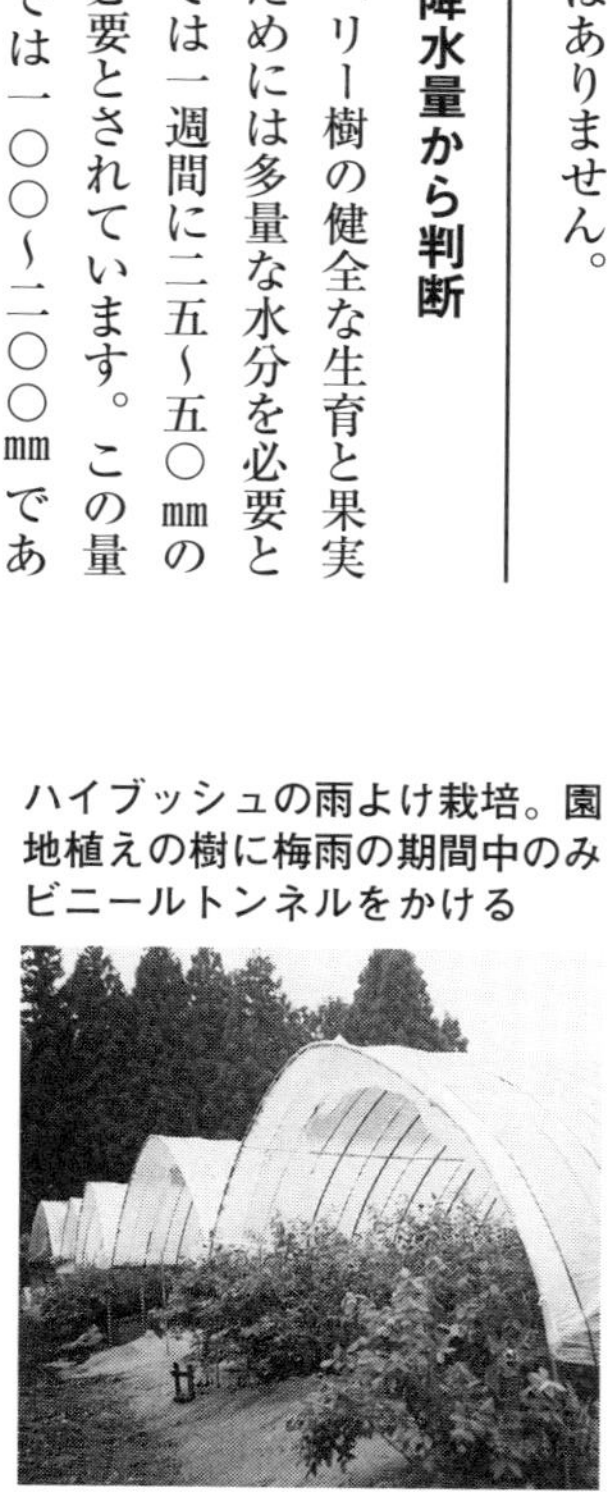

Q 24 栽培に適する土壌条件を教えてください

北部ハイブッシュの生育に好適な土壌は、有機物を三〜一五％含む酸性の砂質土壌で、地下水位が五〇cm程度の乾燥しにくい園地とされています。これは、根が繊維根（ひげ根）であるためかたい土壌では伸長が困難であり、土壌の乾燥に弱く、一方では酸性土壌で生育が優れるからです。

各種の土壌条件のうち、土性（砂、シルト、粘土の組成）、排水性、通気性の良否、地下水位の高低、有機物含量の多少、土壌pHの範囲が、それぞれ単一で、または複合してブルーベリー樹の生育を大きく左右します。

アメリカの例ですが、北部ハイブッシュ栽培地帯の土壌調査結果を**表16**（93頁）に示し、土性による土壌物理性と化学性の相違について**表3**に整理しました。

●土の種類

日本のブルーベリー産地の土壌は、火山灰土、褐色森林土、水田土壌（水田転換園）の三つに大別されます。

関東地方で黒ボク（火山灰）の深さが五〇cm以上もある園では、土壌の固さ、排水性、通気性が良好であり、樹の生育が優れる園地が多くあります。

褐色森林土と水田土壌は、粘質であるため排水性、通気性が不良です。また、乾燥すると団塊状になってかたくなりますので、土壌改良しないで植え付けた場合には根の伸長が不良となるため、樹の生育が劣り、樹が枯死することもあります。

●土　性

土性は、栽培の可否を大きく決定します。

生育に好適な土性はブルーベリーの

表3　土性による土壌物理性および土壌化学性の相違

特　性	土　性　区　分			
	砂土(Sand)	シルト(Silt)	埴土(Clay)	壌土（Loam）
透水性	良（早い）	中	劣（遅い）	中
保水性	劣（低い）	中	良（高い）	中
排水	優	良	劣	良
受食性	易	中	難	中
通気	優	良	劣	良
陽イオン交換	劣（低い）	中	良（高い）	中
耕耘（作業性）	良（容易）	中	劣（困難）	中
根の伸長	良	中	劣	中
春季の地温	上昇が早い	中	上昇が遅い	中

（出所） Himelrick,D.G.&Galletta,G.J.1990.Factors that influence small fruit production. In Galletta, G.J.&D.G.Himelric(eds.) Samll fruit crop management. pp.52. Table 2-10. Prentice Hall. Englewood Cliffs,N.J..

種類によって異なります。北部ハイブッシュは砂壌土（粘土含量一五％以下、砂含量六五～八五％）で生育が優れ、粘土質の強い土壌では劣ります。

土壌適応性が広いラビットアイは粘土質の多い土壌でも生育可能であり、砂壌土から埴壌土（粘土含量15～25％、砂含量三〇％以下）までの土壌で良好な生育をします。

●排水性と通気性

壌砂土、砂壌土、埴壌土は、ブルーベリーの生育に適した土壌の排水性、透水性、保水性、通気性を兼ね備えています。砂土では透水性や排水性、通気性は優れますが保水性が劣り、埴土では保水性は優れても透水性と通気性が劣ります。

●地下水位

重粘土を除いた大部分の土壌では、作物根の活動に必要な空気率二〇％を確保するため、地表から地下水面まで三〇cm以上、これに根域の必要な深さ二〇cmを加えた五〇cm程度が地下水位の上限とされています。一方、浅根性であり、土壌の乾燥に弱いブルーベリーの生育に適した地下水位は、四五～六〇cmの所にあればよく、ブルーベリーの生育は普通作物よりも浅い地下水位の園地がよいことになります。

●土壌有機物

ブルーベリーの生育は、土壌有機物含量が五％以下の土壌では不良になるといわれます。

植え付けに当たっては大きい植え穴を掘り、その中に多量のピートモスやモミガラを混和しますから、有機物含料が極端に不足という状況にはならないと思われます。しかし、今まで荒れ地であったり、新規の開墾地に植え付ける場合には、植え穴に一〇〇ℓ前後のピートモスを施用します。

●土壌pH

ブルーベリーは代表的な好酸性植物で、好適pHは、ハイブッシュ四・三～四・八、ラビットアイ四・三～五・三の範囲にあります。そのため、ブルーベリー栽培では、他の果樹や畑作物のように土壌pHを高める肥料や土壌改良材を施用してはいけません。

現在の土壌pHから望ましいpHに調整する場合には硫黄粉（華）を使います。使用する目安は土壌の種類によって異なります（**表4**）。

酸性土壌の一般的な性質は、あるいは酸性土壌で作物の生育が劣る原因は、一つは土壌中のカルシウムやマグネシウム不足により、二つには、土壌中の鉄、マンガン、アルミニウムの過剰による生育障害です。

これに対し、ブルーベリーの生育が酸性土壌で優れる理由は、他の果樹と比較して、生育に必要なカルシウムやマグネシウム量が少なく、鉄、マンガン、アルミニウムに対する耐性が強いためではないかと考えられています。

Q 25 開園に当たって検討しておくこと（園地の準備）を教えてください

●園地の土壌調査

植え付け前に必ずしておくことに土壌調査があります。土壌排水の良否（地下水位、降水後の水の引き方）、土壌硬度、三相分布（固相、液相、気相）、土壌pHは重要な要因です。これらの調査結果から、土壌改良を必要とする程度と方法、栽培管理法の基礎資料がわかります。

地元の農業改良普及センターを訪ね、土壌調査の方法や調査結果の活用の仕方などについて、指導・助言を受けられることをお勧めします。

●園地の準備

園地の準備の精粗《せいそ》は、植え付け後何十年にもわたって樹の生育、品質、収量に影響を及ぼします。

準備は次の要因について行い、植え付け一年前から半年前までには済ませておきます。植え付け後には改良がきわめて困難なものばかりです。

(1)園地の平地化

灌水やマルチの効果を高めるため、また、収穫や剪定作業の簡便性のために、園地は平地かあるいはゆるやかな傾斜地にします。

(2)排水対策

透水性や排水性の不良な園は、硬盤層やすき床層があるか、粘土質含量の多い土壌です。このような所では、園全体を五〇cm以上の深さまで深耕して心土破砕し、排水性、通気性を改良しておきます。地中水の排水には暗きょが必要な場合もあります。

(3)有機物の施用

有機物含量が五％以下の土壌では樹の生長が劣ります。とくに、長年放置した荒地や新規開墾地に植え付ける場

表4　望ましい土壌pH（pH 4.5）に低下させるために必要な硫黄の量（10a 当たり）*

現在の土壌pH	土壌のタイプ		
	砂土（Sand）	壌土（Loam）	埴土（Clay）
4.5	0 kg	0 kg	0 kg
5.0	20	60	91
5.5	40	119	181
6.0	60	175	262
6.5	75	230	344
7.0	95	290	435

（注）*硫酸アルミニウムで施用する場合には上記の6倍量とする
（出所）Strik,B.（eds.）. 1993.Highbush blueberry production.Pacific North-west Extension Publication（PNW）215.

合には、堆肥《たいひ》を一〇a当たり二〜三トンを、少なくとも一年以上前に施し、プラウ耕やハロー耕をしておきます。このような改良が困難な場合には、植え穴にだけでもピートモス約一〇〇ℓを混和しておきます。

(4) 土壌pHの調整

ハイブッシュ(北部、南部、半樹高)の生育は、土壌pHが四・三〜四・八の範囲で、ラビットアイの生育は四・三〜五・三の範囲で優れます。

pHがこれらの範囲を超えて高い土壌では、少なくとも植え付け六カ月前には硫黄粉(華)を処理(全面に散布後、表面の土壌と軽く混和)しておきます(表4)。

Q 26 苗木の選び方について教えてください

●苗木の確保

苗木は品種が正しいことはもちろんですが、枝が太く、根がポットの低部から出ているくらいに伸長しているものを選びます。ブルーベリーでは、苗木の段階で問題となる病気やウイルス病はほとんどありません。

品種が正しいかどうかの確認は非常に難しく、店頭に並べられている苗木(葉、枝、樹姿など)から判断するのは専門家でも苦労するといいます。苗木は、信頼のおける苗木商から購入します。

市販苗木の多くは、三〜四号ポット植えの二年生苗で、三〇〜五〇cmくらいの大きさです。これよりも小さいものや樹勢が弱いものは一年間、四〜六号のポット(鹿沼土《かぬまつち》とピートモスの等量混合培地、目の荒いピートモスなど)で養成してから定植します。

品種名を記した札がポットごとに挿してある出荷前の苗木

●混植

同一園に異なる品種を植え付ける混植によって結実率が高まり、大きい果実が早期に成熟します。そして、果実の収穫時期や枝葉の生長段階が異なるため、各種の栽培管理に要する労力を分散できます。

同一ほ場に最低でも二〜三品種を植え付けることが望ましく、一品種二列か三列を交互に植え付ける方法が勧められます。

労力配分、販売期間の設定などから収穫期間を検討する場合、極早生《ごくわせ》種から極晩生《ごくばんせい》種までのうちから同時期に成熟する二〜三品種ずつ選択するのもよいでしょう。

生育の良好な苗は底部まで伸長している

春4月に開花したポット苗

Q 27　植え付けに当たっての注意点を教えてください

●苗木の植え付け時期

植え付けは、基本的には休眠期に行います。秋植えは冬季が比較的温暖な地方に勧められ、根が土壌に早くなじみ、翌春の生長が早く始まります。春植えは土壌が凍結するような寒冷地や積雪の多い所、乾燥しやすい所に勧められます。普通には春植えがよく、関東地方では三月がよいでしょう。

苗木はほとんどが一〜二年生のものです。発根と新梢《しんしょう》伸長を促すために花芽はあらかじめ除去しておきます。

●植え付け間隔

植え付け間隔は種類・品種、土壌条件によって異なります。

⑴北部ハイブッシュ

栽培管理と収穫を手で行う普通の園では、一・五(樹間)×二・五m(列間)の植え付けが一般的です(一〇a当たり約二四〇樹)。粘土質土壌や水田転換園などの土壌条件が不良な所では、列間は二〇m(一〇a当たり約二八八樹)と狭くてもよいでしょう。

栽培管理や収穫を機械で行うアメリカでは、一～一・二(樹間)×三m(列間)(一〇a当たり約二五五～三〇〇樹)が基本です。

樹形をコンパクトにまとめて管理作業の簡便化をはかる高密植栽培法は、列間の長さはそのままとし、樹間を六〇～八〇cm(一〇a当たり五〇〇～四五〇樹)とするものですが、まだ普及するまでにはいたっていません。

⑵南部・半樹高ハイブッシュ

南部ハイブッシュと半樹高ハイブッシュは、北部ハイブッシュと比較して小型のため、植え付け間隔は狭くします。一・二×一・五m(列間)(一〇a当たり四八〇樹)を基準としてよいでしょう。

⑶ラビットアイ

樹は旺盛な生育を示すため、植え付け間隔は北部ハイブッシュより広く、二×三m(列間)(一〇a当たり約一四四樹)を基準とします。土壌条件の優れた所では三×三m(一〇a当たり約九六樹)の植え付けが勧められます。アメリカの例では、一・八×三・六m(列間)の植え付けが一般的です。

●土壌条件と植え穴

植え穴の大小（深さと幅）は根群の分布範囲を決定しますので、植え穴は根の伸長の難易、透水性、排水性、通気性、保水性など土壌条件に合わせて変える必要があります。

⑴排水良好な土壌

砂壌土や黒ボク土のように保水性、透水性、通気性が優れる土壌では、植え穴は比較的小さくてもよく、モミガラを一〇cmくらいの厚さに、ピートモス一〇a当たり二〇〇〇ℓを畑全面に散布し、ロータリー耕で深さ四〇cmくらいまでの層と混和します。その後、決めた間隔にそって高うねにしておきます。

また、一個ずつの植え穴でもよく、深さ四〇～五〇cm、幅七〇～八〇cmの大きさに穴を掘り、ピートモス五〇～七〇ℓ、モミガラ五〇ℓくらいを掘り上げた土とよく混和して戻し、二〇cm前後の高うねにしておきます（図１）。

⑵排水不良な土壌

排水性、透水性、通気性が不良な粘土質土壌や水田転換園では、植え穴の準備（土壌の改良）をしないで植え付けた場合、樹の生育は不良になり、枯死する樹も発生します。とくに、ハイブッシュでは栽培に成功することはきわめて困難です。

排水を促すことが第一であり、深さ五〇～六〇cm、幅八〇～一〇〇cmの溝を掘り、穴の底部にモミガラを一〇～二〇cmの厚さに入れて暗きょにします。次に、一穴にモミガラ約一五〇ℓ、ピートモス約一〇〇ℓを掘り上げた土とよく混和して埋め戻します。日数がたつとうねは低くなりますから高くしておきます。うねをたてたら、植え穴の中心がわかるように竹棒などを刺して目印とします。

●植え付け方

植え穴の中心部を深さ二〇cm、幅三〇cmほど掘り下げます。その穴に水で湿らせた約二ℓのピートモスを入れ、根とピートモス・土とをよく密着させるため苗木の根を十分に広げ、さらに少し深め（ポット苗の土の部分よりも二〜三cm）に定植します。そうすることで活着が良くなり、その後の生育が優れて枯死する株も少なくなります。穴の中心から半径二五cmくらいの範囲は、灌水した水が表面を流れないように少し窪地《くぼち》にしておきます。

図1　植え付け方法（排水良好な土壌）

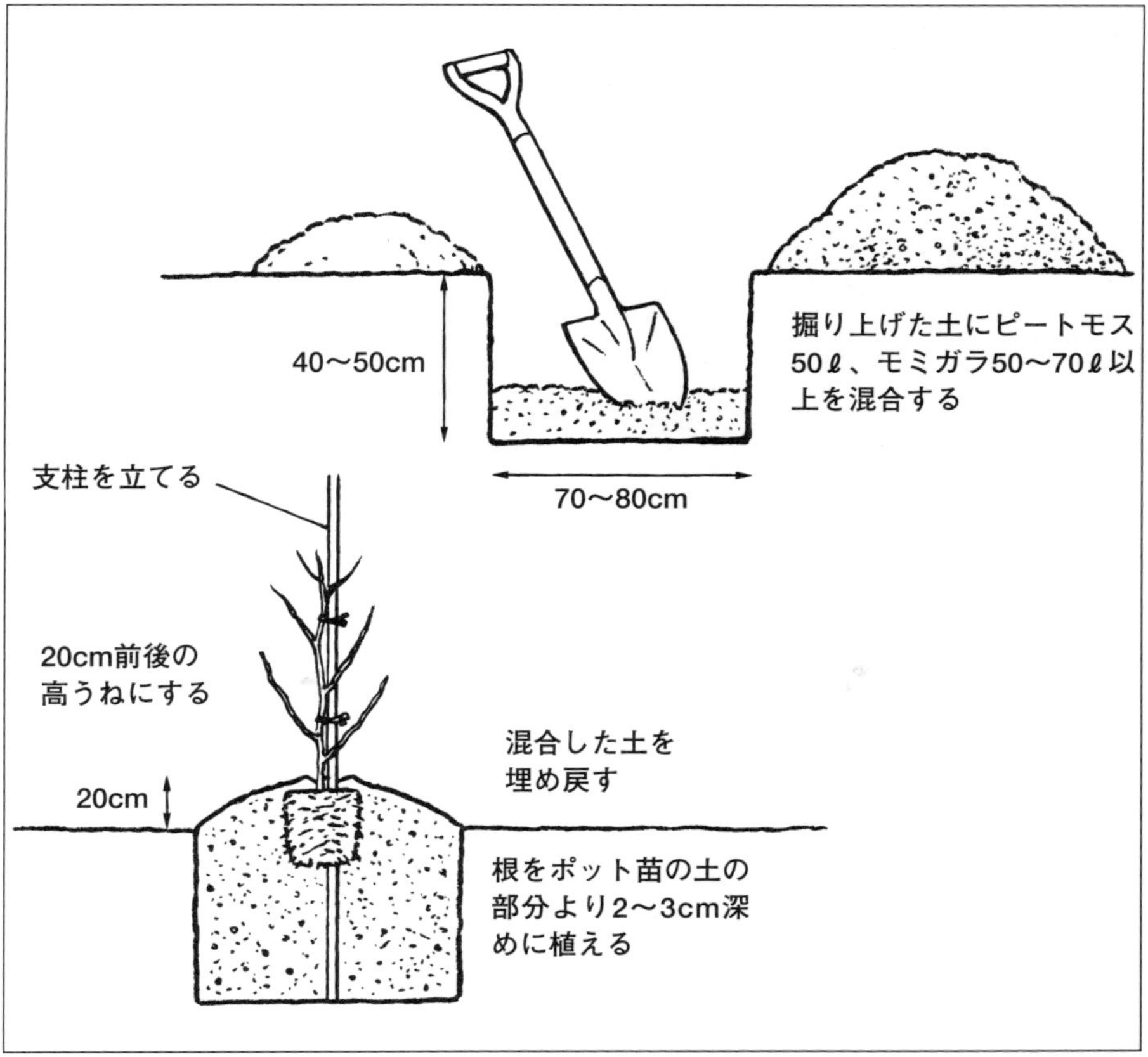
掘り上げた土にピートモス50ℓ、モミガラ50〜70ℓ以上を混合する
40〜50cm
70〜80cm
支柱を立てる
20cm前後の高うねにする
混合した土を埋め戻す
20cm
根をポット苗の土の部分より2〜3cm深めに植える

穴の中央を掘り、植え付ける

水田転換園。うね幅2m、うねの高さ30～40cm

植え付けのところ

植えた穴に目が粗いピートモス50（ℓ）を混入

植え付け終了後、モミガラやチップをマルチ

苗木をポットからはずす

同上。上から見た写真

苗木の根をほぐす

Q 28 植え付けた年にするべき重要な管理について教えてください

●定植直後の管理

定植後は、最初にバケツ一杯（一〇ℓ）ほど灌水し、次に支柱をして風揺れを防ぎます。株もとにはバーク、オガクズ、モミガラなどを一〇cmくらいの厚さにマルチして土壌の乾燥を防ぐとともに雑草の発生を抑えます。

植え付けに当たって根部を傷つけているため養水分の吸収力は劣ります。花芽はすべて除去し、弱々しい枝や古い枝も切除して地上部と地下部のバランスをとります。

●灌　水

灌水は定期的に行う必要があり、目安は一日、一樹当たり五ℓとし、一週間以内とします。たとえば、五日間隔で灌水する場合には一樹に二五ℓを与えます。梅雨時や雨が多い場合には省略します。

●施　肥

施肥は植え付け六週間後から、四週に一回の割合で硫酸アンモニアを一樹当たり約五g施します。

このような管理で、植え付けた年の樹の生長は著しく促進されるはずです。

幼木園の土壌表面管理。株の周りにチップをマルチしてある

若木園の土壌管理。灌水のために株の周りを盆状にしてある

表5　ハイブッシュおよびラビットアイブルーベリーの生育相と重点作業

月・旬	ハイブッシュブルーベリー		ラビットアイブルーベリー	
	生育相	重点作業	生育相	重点作業
1月　上旬 中旬 下旬	休眠	・灌水	休眠	・灌水
2月　上旬 中旬 下旬		・整枝、剪定 ・苗木植え付け		・整枝、剪定 ・苗木植え付け
3月　上旬 中旬 下旬	・萌芽	・元肥 ・灌水	・萌芽	・元肥 ・灌水
4月　上旬 中旬 下旬	・展葉 開花	・ミツバチ巣箱搬入 ・ミツバチ巣箱撤去	・展葉 開花	・ミツバチ巣箱搬入
5月　上旬 中旬 下旬	新梢伸長(春枝) 果実の生長	・追肥 ・灌水	新梢伸長(春枝)	・ミツバチ巣箱撤去
6月　上旬 中旬 下旬	果実成熟(収穫)		果実の生長	・追肥
7月　上旬 中旬 下旬		・灌水	果実成熟(収穫) 新梢伸長(夏枝)	・灌水
8月　上旬 中旬 下旬	花芽分化	・追肥（礼肥） ・灌水	花芽分化	
9月　上旬 中旬 下旬			新梢伸長(秋枝)	・追肥（礼肥）
10月　上旬 中旬 下旬	紅葉	・苗木植え付け		・苗木植え付け
11月　上旬 中旬 下旬		・有機物マルチ	紅葉	・有機物マルチ
12月　上旬 中旬 下旬	休眠	・灌水	休眠	・灌水

*千葉県東金市における観察

Q 29 どのような品種を選べばよいのですか

●品種の特徴

種類ごとに、わが国で栽培されている主要品種の特性について**表6**に示しました。ここに示した要素（形質）は品種全体にわたる特性ではなく栽培・販売上で重要と考えられるものです。

●品種選択の難しさ

種類と品種を選べば北海道から鹿児島県（沖縄県では試作）まで全国で栽培できます。これは家庭果樹として楽しむ場合でも、ブルーベリーの導入による地域振興に取り組む場合でも、全国の広範囲で栽培が可能です。

品種選択が難しいのは、ブルーベリーは他の果樹とは異なり、同じ品種がすべての産地で経済的に栽培されることが少ないからです。地方や地域によって中心になる経済品種は異なることが多いため、販売方法に合わせて品種を選ぶ必要があります。

●品種の選択基準

品種の選択は重要で、栽培と経営の成否を左右します。市場出荷を目的とした栽培では次の要因を基準として、番号順にそって選択することを勧めます。

①成熟期の早晩
②果実収量
③果実品質（果実の風味、日持ち性、輸送性など）
④果実収穫の難易性
⑤耐寒性
⑥耐病性
⑦その他、栽培条件や地域性、販売方法に合わせた各種の要因

(注)　④は、機械収穫に対する果実収穫の難易性です。わが国ではほとんど手収穫ですが、内容には果実の成熟期のそろい、果皮《かひ》の強さ、果実と軸の分離などが含まれるため、そのままの順番にしました。

『ブルーゴールド』
（ハイブッシュ早生）

『サンライズ』
（ハイブッシュ極早生）

表6　わが国で栽培（試作）されているブルーベリーの代表的な品種および今後有望な品種の特性
ー成熟期、樹性、果実、食味、生態的特性ー

品種	成熟期[1]	樹性		果実			食味			生態的特性	
		樹の大きさ[2]	樹勢[3]	果実の大きさ[4]	果柄痕の大小	果柄痕の乾湿	肉質	甘味[5]	酸味[6]	果実の日持ち性	樹の耐寒性
●北部ハイブッシュブルーベリー											
アーリーブルー	極早生	中	中	中	小	乾	硬	高	少	良	強
サンライズ	極早生	中	中	中	中	中	硬	—	—	—	—
デューク	極早生	中	強	大	小	乾	硬	—	—	良	弱
ブルータ	極早生	小	弱	中	大	湿	軟	高	中	中	強
クロートン	早生	中	強	中～大	中	中	硬	高	多	良	—
コリンス	早生	中	中	中	中	中	中	高	多	中	中
スパータン	早生	中	中	大	中	中	中	高	中	中	中
パトリオット	早生	大	強	大	小	中	中	中	中	中	強
ブルージェイ	早生	中	中	中	小	乾	硬	高	多	良	強
ブルーゴールド	早生	中	中	中	小	乾	硬	中	中	良	強
シェイラ	中生	大	強	中	小	乾	硬	中	中	良	—
ジャージー	中生	大	強	中	小	中	中	中	多	中	強
トロ	中生	中	強	大	小	乾	硬	中	中	良	—
ネルソン	中生	中	強	大	小	中	硬	中	中	良	強
ハリソン	中生	中	強	大	中	中	中	中	中	—	—
バークレー	中生	大	強	大	小	乾	硬	中	多	良	—
ブルークロップ	中生	中	中	大	小	乾	硬	中	中	良	中
ブルーヘブン	中生	中	弱	大	小	乾	硬	高	小	—	—
ブルーレー	中生	中	中	大	中	中	硬	中	中	中	強
ミーダー	中生	中	中	中～大	中	中	硬	中	中	中	強
エチョータ	晩生	中	強	中～大	中	中	硬	中	中	良	—
エリオット	晩生	中	中	中	中	中	中	高	多	中	強
コビル	晩生	大	強	大	中	中	中	高	多	良	中
ブリジッタブルー	晩生	大	強	中～大	小	乾	硬	中	中	良	—
レイトブルー	晩生	中	強	大	中	中	中	高	多	中	中
レガシー	晩生	中	強	中	小	乾	硬	中	多	良	—
●半樹高ハイブッシュブルーベリー											
ノースランド	早生	小	中	小	小	乾	硬	中	中	中	強
ポラリス	早生	小	強	中	小	中	硬	中	中	中	強
●南部ハイブッシュブルーベリー											
オニール	早生	中	中	大	小	乾	硬	高	多	良	—
スター	早生	中	中	大	小	乾	硬	中	中	良	—
オザクブルー	中生	中	中	大	小	乾	硬	中	中	良	—
ジョージアジェム	中生	中	中	中	小	乾	硬	中	中	良	—
ミスティ	中生	中	強	大	小	乾	硬	中	中	良	—
クーパー	晩生	中	強	中	小	乾	硬	中	中	良	—
●ラビットアイブルーベリー											
オースチン	極晩生	中	中	中	中	中	中	中	中	良	弱
クライマックス	極晩生	大	強	中	小	乾	硬	中	中	良	弱
ティフブルー	極晩生	大	強	中	小	乾	中	高	多	良	弱
パウダーブルー	極晩生	大	強	中	小	乾	硬	中	中	良	弱
バルドウィン	極晩生	中	中	中	小	中	中	中	中	良	弱
ブライトウェル	極晩生	大	強	中	小	乾	中	中	中	良	弱
ブライトブルー	極晩生	大	強	中	中	乾	硬	中	少	良	弱
マル	極晩生	大	強	大	中	中	中	中	中	良	弱

（注）[1] 観察および文献から、極早生は6月上・中旬、早生は6月中・下旬、中生は7月上・中旬ころから、晩生は7月中下旬から成熟、ラビットアイブルーベリーは極晩生とした。

[2] 樹冠の幅、[3] 新梢伸長の強弱、[4] 成熟果の果径、[5] 成熟果の甘味（屈折計の示度）、[6] 成熟果のクエン 酸含量。

Austin,M.E.1994.Rabbiteye blueberries.pp.160.Agscience,INC.Auburndale,Fla..

Eck.P.1988.Blueberry science.pp.284.Rutgers Univ.Press.New BrunSwick,N.J..

Fall Creek Farm & Nursery.2002.Blueberry Nursery Stock.Commercial growers catalog & price list.pp.24.Fall Creek Farm & Nursery,INC.. Lowell,OR

Gough,R.E.1994.The highbush blueberry and its management.pp.272.Food Products Press. Binghamton,NY.

石川駿二『品種．特産のくだもの　ブルーベリー』（日本果樹種苗協会。東京。2001）p.48-70

Lyrene,p.1997.Blueberry.Tbe Brooks and 01mo.Register of fruits & nut varieties (third edition). p.174-188.ASHS PreSS.Alexandria,VA.

志村　勲編著『平成4年度　種苗特性分類調査報告書（ブルーベリー）』（東京農工大学　農学部園芸学研究室。東京。1993）p.57

玉田孝人「ブルーベリー生産の基礎［7］．種類、品種とその特性．（「農業および園芸」72：62-68。1997

Q 30 品種の育種方向について教えてください

世界各国のブルーベリー栽培は、ほとんどがアメリカで育成された品種に依存していますので、アメリカの育種計画は今後とも日本のブルーベリー栽培・産業の発展に大きく影響すると考えられます。

アメリカの育種計画は、次のような視点から進められています。

●樹の特性について

(1)耐病性品種

マミーベリー（各種果樹の灰星病と同属の菌で、ブルーベリーでは果実と新梢に発生）、炭そ病（果実の腐敗のほか、花や葉、新梢にも害が出る）に耐性の強い品種の育成です。

(2)極早生種・極晩生種

生果《せいか》の供給期間を長くするために、現在の品種よりもさらに早生の品種と晩生の品種を育成しています。今のところ、ハイブッシュ極早生種のウェイマウスよりも二～三日前（ニュージャージー州調査）に成熟する系統が育成されています。

また、ハイブッシュの晩生種は、果実の成熟期が遅いラビットアイとの交配によって育成します。

(3)単為結実性・無種子品種

ハイブッシュの単為結実性、ラビットアイの半種子から無種子果実で大果の品種が育成されており、近い将来、発表される段階にあるといわれます。

(4)常緑性品種

南部ハイブッシュと比較してさらに温暖な地帯、亜熱帯・熱帯地方でも栽培できる常緑性の品種の育成です。

常緑樹の場合、普通には休眠打破のための低温時間を必要とせず、栽培法によっては年間の果実生産が可能となるからです。

育種とともに、高温条件下での光合成能、果実の発育との関係、高い地温と地下部の生長との関係、光周期と花芽形成との関係など、生理作用に関する基本的研究が行われています。

(5)土壌適応性の広い品種

ブルーベリーの栽培普及を拡大するためには、土壌pH、土壌水分、土壌乾燥などに対する適応性の広い品種の育成が重要です。多様な土壌条件のもとでも自生している野生種と、果実形質の優れた栽培種との交配によって可能になります。

●果実品質と収量の向上

品質と収量の向上は、果樹の育種では永遠の課題です。

(1)果実のかたさ

果実の日持ち性と輸送性、機械収穫による品質の劣化を少なくするために果実のかたさを高めることです。

ハイブッシュのレガシー種の果実硬

度を一〇〇%とした場合、ほ場栽培のデュークでは一一二%であり、現在、育成中の系統には一七九%のものがあります。

(2)果実の糖度

ハイブッシュの場合、ウェイマウス果実の糖度一一・二度（屈折糖度計の示度）を一〇〇%とした場合、ブルークロップでは一〇四%ですが、育成中のものには一六・一度（一四五%）、一五・六度（一四一%）と高いものがあるようです。

(3)その他の要素

風味は果実の品質を決定づけ、糖度、酸度、揮発性香気と関係しています。また、果実のかたさ、香りは果実が成熟した後に急激に減少しますが、これは糖度と酸度の減少にも関係しています。

風味の優れた品種は、果実糖度と酸度の調和したものの交配から生まれるといわれています。

また、貯蔵性が優れ、収穫後の果実品質の劣化の進行が遅い品種の開発も進められています。

(4)果実収量

育成過程中の北部ハイブッシュに果実がたくさん成る豊産性を示しているものがあります。また、南部ハイブッシュには果実は大きく、非常に明るい青色であり、果実品質が優れ、豊産性のものがあるようです。

一粒6g以上になる『スパータン』（ハイブッシュ）

Q31 アメリカでの人気品種の動向について教えてください

●ブルーベリー栽培発展の三大要素

ブルーベリーの育種研究は、一九〇八年、アメリカ農務省が世界で初めて手がけました。

育種研究はその後も国家事業として進められ、今ではミシガン、ニュージャージー、ノースカロライナ、ジョージア、ミシシッピー、アーカンソー、フロリダ、ミネソタの各州立大学（試験場）でも行われています。

アメリカ全土や各州の栽培環境条件に合う特性を持った品種が育成されており、その代表的なものが南部ハイブッシュであり、半樹高ハイブッシュの誕生です。

また、多くの研究からブルーベリー樹の生理生態が明らかにされ、樹の特性に合った栽培技術が確立されてきています。技術の発展に伴って開発された農業機械や各種の資材・農薬などによって生産性が高まり、果実品質が著しく向上したといわれます。

アメリカのブルーベリーの発展は三つの条件、①樹と果実の特性が優れた新品種の育成、②栽培技術の確立、③機械を含めた生産資材の開発の結果、とまとめられます。

●栽培品種の動向

現在の主要品種と、今後、中心になる品種は次のようです。

(1)北部ハイブッシュ

主要な北部ハイブッシュ品種は、栽培面積が多いものから順に、

①ブルークロップ（全体の三五％）
②ジャージー(一七％)
③ウェイマウス(六％)
④クロートン(五％)
⑤ブルーレー(四％)
⑥エリオット(四％)
⑦ルーベル(三％)
⑧バークレー(二％)
⑨ブルータ(二％)

となっています。このうちジャージー、ルーベルは栽培面積が減少する傾向にあり、エリオット、ブルータは増加傾向にあります。

新品種の中で栽培面積が増えているのは、デューク、ブルージェイ、ネルソン、トロ、パトリオット、スパータン、シェイラなどです。

(2)南部ハイブッシュ

南部ハイブッシュでは、シャープブルー（五六％）とオニール（一七％）が二大品種です。今後、植え付けが増大すると予測される品種は、ジョージアジェム、クーパー、ガルフコースト、ブルーリッジ、ケイプフェア、リベイル、バルデンなどがあります。

(3)ラビットアイ

ラビットアイの主要品種は、

①ティフブルー(四〇％)
②クライマックス(二一％)
③ブライトウェル（七％）
④プリメイアー(四％)
⑤ウッダード(四％)
⑥デライト(二％)
⑦パウダーブルー(二％)
⑧アリスブルー(二％)
⑨ベッキーブルー(二％)

となっています。

このうち植え付けが減少傾向にある品種はウッダードとデライトであり、増植傾向にあるのはクライマックス、ブライトウェル、パウダーブルー、ブライトブルーなどです。

ラビットアイの主要品種『ティフブルー』

Q32 立地条件の相違による品種選択のポイントを教えてください

南北に長く位置するわが国では、地域によって気象条件が大きく異なりますので、どの地域で栽培するかによって種類が異なり、重視すべき品種特性に相違が生まれます。

わが国を北日本、中日本、南日本の三つの地帯に分け、三地帯の品種選択の考え方の例をあげてみました。

●北日本での栽培

北日本は北部ハイブッシュ、半樹高ハイブッシュの栽培地帯です。両種は、北海道南部から東北南部にかけて、それに甲信越、九州の準高冷地の夏期が冷涼な所で栽培されています。

栽培上の課題は、冬季の低温、積雪量、生育可能日数が短いことです（53頁の表2参照）。そのため、この課題の影響をできるだけ受けない、あるいは少なくする観点から品種を選択することが必要です。

(1)耐寒性が強い品種を選択

冬季の低温障害を受けない、あるいはできるだけ少なくするために、耐寒性の強い品種を選択します。

耐寒性の強い品種は、アメリカの例では、北部ハイブッシュのブルークロップ、ブルーレー、ハーバート、ジャージー、バーリントンなどです。

(2)樹高が低い品種を選択

冬季の積雪量の課題は、積雪による枝折れなどもありますが、問題は雪面上に出ている枝（花芽）の低温障害です。

雪中に埋もれる程度に樹高が低い品種であれば、雪の保温効果によって寒害を受ける危険性が少ないわけですので、半樹高ハイブッシュ、北部ハイブッシュから、耐寒性の強弱を検討して樹高の低い品種を選択すべきです。

(3)早生種から中生種まで

晩霜から初霜までの期間が生育可能日数です。開花から果実の収穫終了までの期間を生育日数とすると、品種間では早生種は短く、晩生種は長くなりますので、晩生種の成熟は秋期に入って気温が日増しに低下するころになります。

これは、糖度が高くておいしい果実生産には厳しい条件ですので、早生種～中生種のうちから選択するのがよいでしょう。

●中日本での栽培

この中日本には関東南部から四国まで含めた広い範囲の産地が入り、種類では北部・南部・半樹高ハイブッシュとラビットアイが栽培できます。

この地帯の気象条件の特徴は梅雨です。梅雨は、六月上旬から七月中旬まで（関東南部）続きますが、この時期はハイブッシュは成熟期に当たり、根は過剰な土壌水分条件下にあり、果実は曇天で日射量が少なく、高い空中湿度のもとで成熟します。

そのため、果実は風味、日持ち性、輸送性にいまひとつ難点がありますので、梅雨の影響を少なくするための品種選択が重要です。

⑴極早生種・晩生種を選択

成熟期を梅雨から避ける直接的な方法は、入梅前に成熟するか梅雨明け後に成熟する品種を選択することです。たとえば北部ハイブッシュでは極早生種か晩生種、梅雨明け後に成熟するラビットアイを選択することです。

⑵果皮の強い品種を選択

成熟期が梅雨と重なる場合には、果皮が強く、日持ち性と輸送性の高い品種を選択します。通常は、果皮の強さは日持ち性・輸送性とは正の関係にあると考えられます。

⑶果柄痕が小さく乾いた品種を選択

収穫後の果実の傷みは、果柄痕《かへいこん》の大小と乾湿によりますので、果柄痕は小さくて乾いているものが望ましいわけです。反対に、大きくて湿っているものは果実中の水分が蒸発してしおれやすく、日持ち性や輸送性が劣り、カビの発生源になって品質の劣化が進行しやいからです。

●南日本での場合

冬季が温暖な南日本は、主としてラビットアイ、南部ハイブッシュの栽培地帯です。わが国では、ラビットアイ単一で導入している地域は限られ、四国や九州南部の一部のみです。これらの地域は、梅雨などの気象条件では中日本と大きく変わることはありません。

産地としての特徴は、この地方のラビットアイの収穫期が、中日本や北日本の北部ハイブッシュと同時期に当たることです。もちろん、生果で出荷する場合ですが、産地間競争に勝つためには品質がハイブッシュよりも優れている品種を選択する必要があります。

具体的には、その産地の果実が中日本や北日本の産地のどの品種（早生・中生種）と競合するかを検討します。ここでの問題は、ラビットアイの品種がきわめて少ないことです。しかし、幸いにも優良な形質の品種が導入されつつあり、数年のうちには市販され、新しいラビットアイ品種が普及することが期待されます。

●土壌条件からの選択

わが国ではいずれの地域でも、ブルーベリーを植え付けている園は、ほとんどが栽培適地とはいえない条件下にあります。水田転換園のように、他の作物の栽培には不向きな場所に植え付けられている例が多いといえます。

しかし、ブルーベリーの導入が最も期待されているのは水田転換園です。Q27で、水田転換や粘土質土壌に植え付ける場合の排水を考慮した植え穴の掘り方や有機物の混合量などを述べましたが、それとともに品種の選択が重要です。

土壌改良をしても、もともとの適土壌とは条件が異なることを念頭において、根腐れ病抵抗性の強い品種、耐湿性の強い品種を選択します。

また、水田転換園でも比較的旺盛《おうせい》な生長を示している樹勢の強いラビットアイを台木に利用することも一方法と考えられます。

市場出荷（千葉県木更津市のブルーベリー共同出荷場にて）

Q 33 販売方法から考えた品種選択のポイントは何ですか

果実の販売には、市場出荷と消費者へ直販する方法があります。品種選択のポイントは、二つの方法ともに成熟期の早晩、果実品質、収量です。

●市場出荷の場合

市場に出す場合は定期的に一定量を出荷する必要があることから、共同出荷体制を整えた産地対応が必要です。

市場への出荷時期・期間は選択品種の収穫期に左右され、出荷量は収量（面積も関係）に対比します。

市場向けの品質は、①大きさは中から大、②甘味が強い、ことが必要です。流通段階での品質劣化を少なくするためには、③果柄痕が小さくて乾いており、④肉質がかたく、⑤日持ち性の優れている品種、⑥収量が多い品種が望まれます。

⑴品種選択の一例

関東地方南部で栽培し、六月末までに出荷を終了する例では、成熟期、品質、特徴点を総合的に見ると、極早生種（六月上・中旬から成熟）ではアーリーブルー、早生種はパトリオット、ブルージェイ、コリンス、中生種はブルーレー、ブルークロップなどが勧められます。

また、一定量を出荷するために、収量の多い品種を選ぶことが重要です。収量が多い品種は樹形が大きい傾向にあり、ジャージー、デキシーなどがそうです。

⑵競合産地を想定して品種選定

たとえば、関東南部からハイブッシュ中生種が出荷される時期には、東北からは早生種が、南日本からはラビットアイが出荷されます。そのため、市場出荷を目的として植え付ける場合には、競合産地を想定して品種を選定する必要があります。

●観光摘み取り園の品種選択

開園期間は収穫期間と同じで、経営的には初めに開園期間を設定し、次に品種を選択します。

⑴品種選択の一例

関東南部で、摘み取り期間を六月から八月末までの期間とする場合には、北部ハイブッシュの極早生種から極晩生のラビットアイの品種を選択することになります。

具体的には、極早生種から中生種までは市場出荷と同品種でよく、晩生種はコビル、レイトブルー、極晩生種はラビットアイのウッダード、ティフブルー、デライトなどが勧められます。

関東南部で、摘み取り期間を限った場合、八月の品種はほとんどがラビットアイになります。

ジャムやジュースなどの加工品は、品種を混合して作ると風味が優れた製品ができるといわれています。経営の一環として自家製の製品を造って販売する場合は、多数の品種を栽培しておく必要があります。

⑵顧客の嗜好に応える品種構成

摘み取り観光園経営では、顧客の多様な嗜好《しこう》に応えられるような品種構成が望まれます。たとえば、大きい果実を求める人にはスパータン、コビル、ダローなど、甘味を求める人にはバークレー、ブルーヘブンなど、酸味ではダロー、デキシーなどを選びます。

●有利な販売時期はいつか

日本の栽培農家では、他の作物が経営の中心になっている複合経営が多いのですが、その場合、中心作物との労力の競合を考慮する必要があります。

また、果実を有利に販売できる時期に合わせて品種を選択することが重要です。たとえば、八月中であれば、他の産地と比較して、また他の作物と比較して有利に販売できる場合には、その時期に成熟する品種を重点的に導入することも考えられます。

品種選択に当たっては、事前に果実販売を考慮して地域の特徴、自園の経営、販売戦略を十分に検討しておくことが重要です。

生育中の『ティフブルー』(ラビットアイ)

Q 34 品種更新はどうして必要なのですか

●品種更新の必要性

ブルーベリー園経営の課題が、品種の更新によって改善されたことは多くの事例から明らかです。

栽培、販売方法を含めた経営改善の方法には、品種更新、栽培管理改善、販売方法検討の三つがあり、品種更新は最も効果の高い方法です。

現在の品種を優れた特性を備えた品種に更新することによって、それまであった栽培・経営上の課題が解決されるからです。

たとえば、果皮や肉質がかたくて日持ち性の優れた果実の生産は、それらの要因に関連する施肥や灌水、収穫方法などの栽培技術を駆使しても限界があります。しかし、日持ち性が優れている品種であれば、通常の栽培法でも容易に生産できます。

更新に当たって考慮すべき品種特性は、経営上の課題内容と解決法によって異なります。

●今後、有望な品種

試作・導入中の品種と前出の品種を含め、今後有望と見られる品種を前出の**表6**（66頁）に示しました。

●経済樹齢は三〇年以上

経済樹齢は三〇年から五〇年ですので、いったん植え付けると同一場所で長年栽培することになります。

そのため、気象条件、土壌条件、品種特性を検討し、数年先になる販売のことを考えて品種を選択・導入する必要があります。

どんな立地条件下でも樹の生育が旺盛で栽培が容易で、果実が大きく、風味があっておいしい、といった満点の品種はありませんので、理想の品種を求めて育種研究が行われているのです。

多くの栽培者は新品種の誕生を待ち望んでいます。特性の優れた新品種の登場によって経営上の課題が解決できる場合が多いからです。

重要なことは経営者は現状の課題を整理し、どのような特性の品種の導入が望ましいのかよく検討しておくことです。

たとえば、成熟期の早晩、樹勢、果実の甘味・肉質、日持ち性などといった要因です。現在の品種よりも早期に成熟する品種が欲しいとか、あるいは日持ち性の優れた品種に切り換えたいとかいったことです。そのうえで、はじめて更新する品種が決定できるのです。

Q 35 ブルーベリーの繁殖方法を教えてください

ブルーベリーの苗木生産は栄養繁殖によります。そのほとんどは休眠枝挿しと緑枝挿しであり、接ぎ木は強勢台木を利用した品種更新のために行われています。

●休眠枝挿し

落葉後に当年枝を採穂して、この穂《ほ》木《ぎ》をいったん貯蔵した後、春から初夏（関東南部の場合）にかけて挿し木する方法です。ハイブッシュで最も普通に行われています。

⑴採穂の時期

休眠枝は、前年、旺盛に伸長した太さ一〇～一五㎜、長さ五〇㎝以上の穂木を選びます。

挿し穂は、葉芽の休眠打破のため、挿す時期に低温要求量を満たしている必要があります。北部ハイブッシュでは、七・二℃以下の気温に八〇〇～一〇〇〇時間、ラビットアイでは二五〇～五五〇時間くらいです。

採穂時期の目安は、専門の苗木生産者の間では、外気温が七・二℃以下に低下してから六～七週間後といわれています。小規模に行う場合には、芽の生長が始まる前の早春に採穂して十分なようです。採穂は長期間にわたって行えます。

⑵枝の貯蔵

採取した枝は、花芽が着いている部分を切除し、一〇㎝前後の長さに切りそろえ（剪定鋏《はさみ》で切ってよい）、乾燥しないように発泡スチロール箱に入れて目張りをし、二℃くらいの低温で貯蔵します。

⑶挿す時期

挿す時期にも幅があり、二月中旬から五月上旬ころまでは、いつ挿しても発根率に大きい違いはありません。

⑷挿し床の条件

挿し床の条件は、発根に大きく影響します。

①用　土

酸性ピートモス、鹿沼土、オガクズ、川砂、パーライト、バーミキュライトの単用、混合用土が用いられます。

休眠枝挿し。プラントベッドに幅が約５cm間隔で挿してある

用土の深さは、少なくとも一〇cmは確保します。pHは四・三〜五・三の範囲にあることが望まれますが、ピートモスや鹿沼土を使っていれば、pH調整の必要性は少ないでしょう。

②挿し方

一般的には、五×五cm間隔で垂直に挿します。それ以下の間隔では多くの穂を挿すことができても発根率が劣ります。深さは、穂の三分の二が用土に入っているように挿します。

③ミスト間隔

挿し床はガラス室かビニールハウス内に設置し、挿し床の水分条件を保持するためにミスト灌水します。水は三〜五分間隔で六〜八秒間、穂の上から霧状にかかるようにします。床土の適当な水分含量は用土を親指と人指し指で挟んで水が滴り落ちるくらいです。

床から上部が黒色を呈して枯れている穂は水分不足（用土の乾燥）による場合であり、床から下部（用土の中）が枯れている場合は過湿によると判断してよいでしょう。

④発　根

光が発根に及ぼす影響は、遮光率が二五〜四七%の範囲では少ないといわれます。しかし、生長が劣るために、自動ミスト装置が設置され灌水が十分できる場合には遮光しません。

四月挿しの場合、挿して一〜二週間後に葉芽が膨らみ伸長します。発根は三〇日後くらいから見られます。

●緑枝挿し

緑枝《りょくし》挿《ざ》しは、発育中の新梢を挿し穂に用いる方法です。ラビットアイでは、緑枝挿しの発根率が休眠枝挿しよりも優れているため一般的です。

ハイブッシュでは緑枝挿しはあまり勧められていません。この方法では発根率が低いこと、採穂時期が果実の収穫期と重なること、果実の成熟期に新梢を取るため（専用の母樹園を持たない場合）、樹体生理が乱れる心配もあります。しかし、休眠枝挿しで発根率の劣るブルークロップやハーバートでは緑枝挿しが勧められています。

⑴時　期

採穂と挿し木適期は、新梢伸長が停止して再び伸びだす間であり、関東南部では六月上旬〜七月上旬です。採穂の一般的な方法は、新梢の先端から五〜六葉つけて採り、基部葉の二〜三葉は取り除くものです。

挿し穂は、挿すまで乾かさないように水を入れた容器に採ります。

新梢の部位（長い枝で基部、中間、先端）の違いで発根率に大きい差はありません。しかし、発根量は先端部位が概して良好です。

⑵用　土

ピートモス、鹿沼土、川砂、パーライト、バーミキュライトなどの単用あるいは混合用土が使用されています。いずれの用土でも良好な発根が得られます。用土の深さ、pHも休眠枝挿しと同様に調整します。

(3)ミスト

緑枝挿しは挿し穂からの蒸散が多いため、挿し床はミストハウス内（空中湿度が高い所）に置くことが原則です。

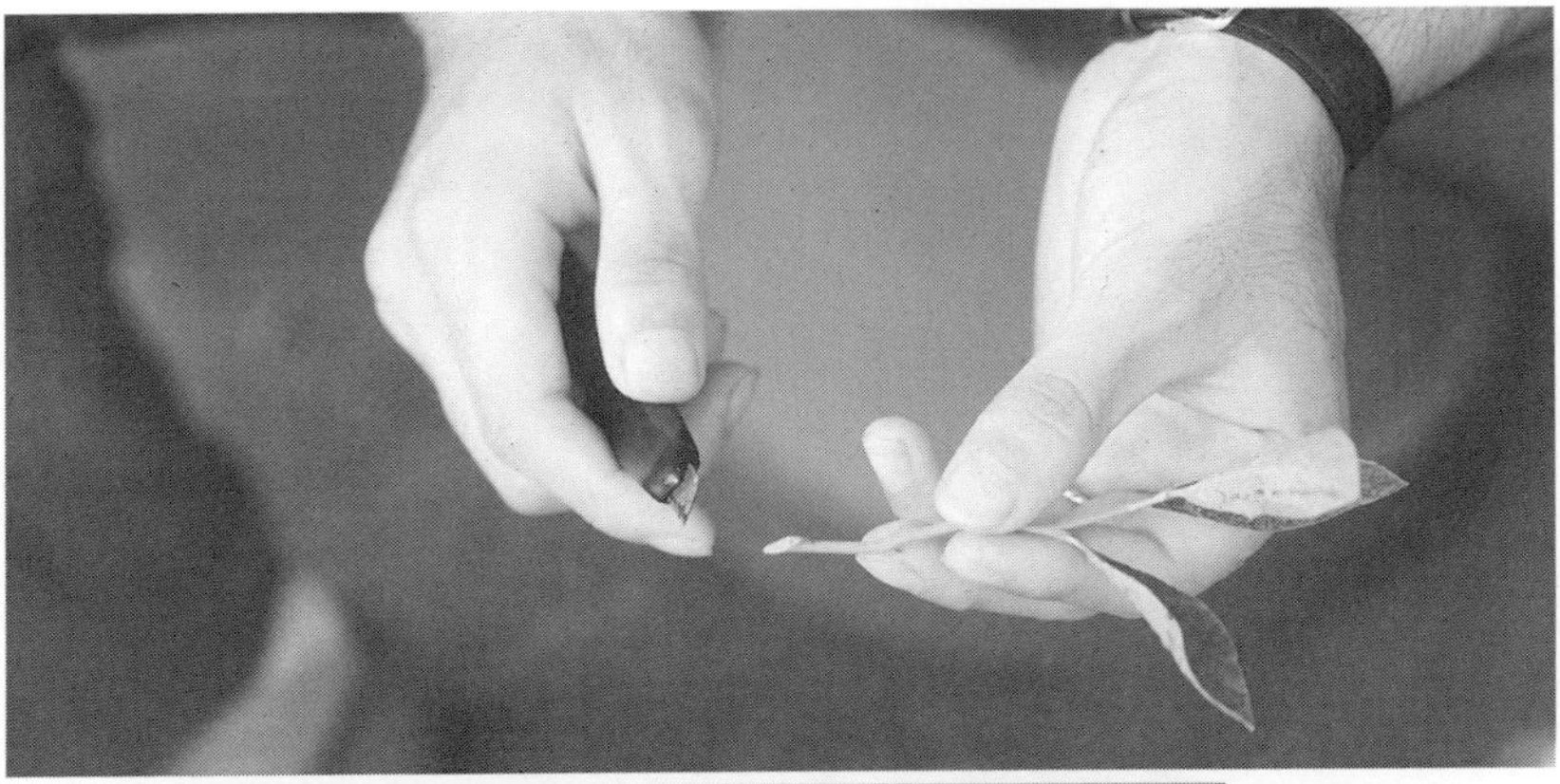

緑枝挿しの方法。穂の基部をカッターナイフでなめらかに調整する

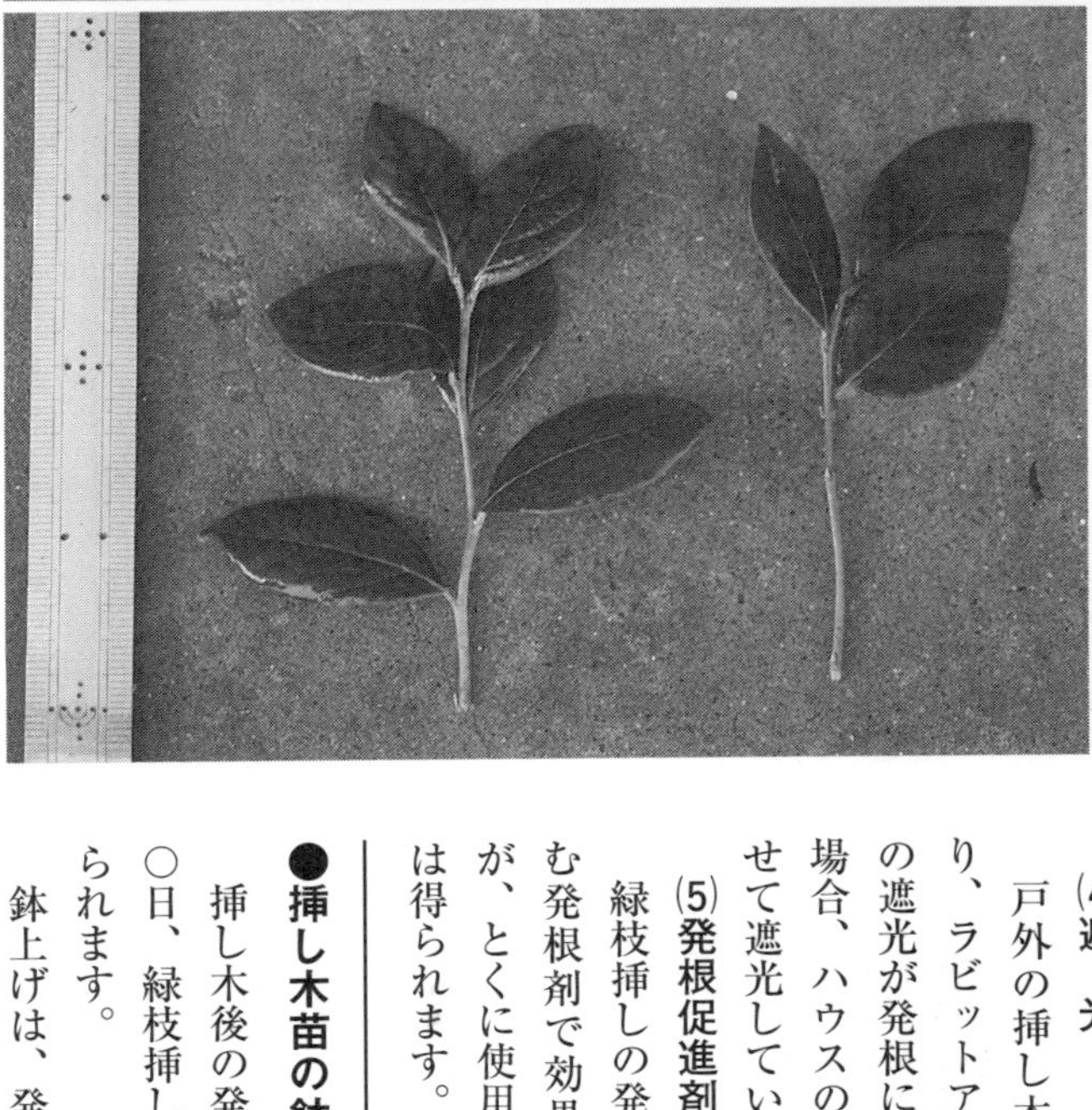

左側が葉を６葉着けた採穂時の状態。右側は上位葉を３枚にした調整後の状態

ミストはタイマーを使って日の出後にスイッチが入り、日没後に切れるように設定します。時間的には、挿し木後二〜三週間は五分間隔で五〜一〇秒、それ以降は一五分間隔の噴霧で十分です。

(4)遮　光

戸外の挿し木では遮光が必要になり、ラビットアイの例では六三％程度の遮光が発根に適しています。多くの場合、ハウスの上に黒色の寒冷紗《かんれいしゃ》を被《かぶ》せて遮光しています。

(5)発根促進剤

緑枝挿しの発根促進は、ＩＢＡを含む発根剤で効果が認められていますが、とくに使用しなくても高い発根率は得られます。

●挿し木苗の鉢上げ（移植）

挿し木後の発根は、休眠枝挿しで三〇日、緑枝挿しでは二〇日くらいで見られます。

鉢上げは、発根数も増え発根個体も

そろう二カ月以上経過してから行うとよいでしょう。

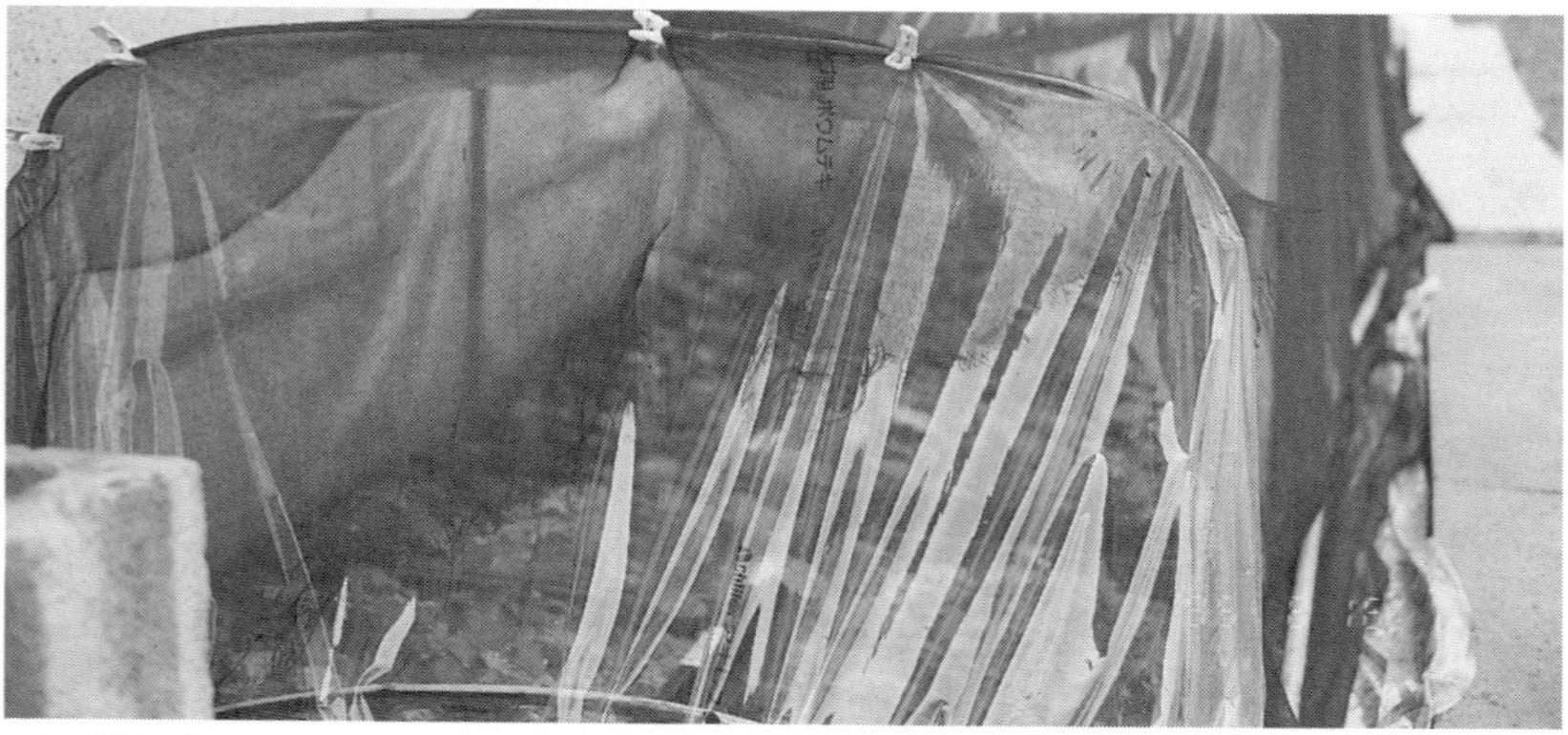

ベッドをビニールでカバーして葉の蒸散を抑えた小規模な苗木生産

鉢は三～四号のビニールポットを使用し、鉢用土はピートモスを主体にして鹿沼土、バーミキュライト、モミガラ、腐葉土等を混合土に利用します。鉢上げ後二～三週間したら緩効性固形肥料を一〇g（成分：N５―P５―K５）程度を追肥《おいごえ》して生長を促します。

●接ぎ木

接《つ》ぎ木は果樹では一般的苗木養成法ですが、ブルーベリーでは限られた分野の利用になります。

最近、接ぎ木が再検討されているのは、ハイブッシュの優良品種を土壌適応性の広いラビットアイ台に接ぎ木することで、土壌条件があまり優れない所でも栽培できないかという問題提起から始まりました。この方法を積極的に取り入れ、品種更新をしている産地も生まれています。

芽接ぎが一般的であり、時期は樹皮がゆるみ、材と樹皮が容易に剝離《はくり》できる春に行います。

接ぎ苗の養成の一例（ポット植えの樹勢が旺盛な品種の株に果実品質の優れた品種の穂を接ぐ）

Q 36 土壌表面の管理の方法を教えてください

土壌表面の管理法には、清耕法、有機物マルチ法、折衷法（マルチと草生）の三つがあります。ブルーベリー栽培で勧められるのはマルチ法です。

●清耕法

浅根性のブルーベリーでは、園の表面を裸地のまま管理する清耕法は勧められません。強い雨や風によって土壌浸食や流亡が起こり、根が露出し、土壌の乾燥が激しく、地温の上昇や変化が大きくなって樹の生育が劣ります。

砂質がかかった通気、排水の良い土壌では清耕法でも管理できる

●有機物マルチ法

ブルーベリー栽培では最も勧められる方法です。わが国のハイブッシュ栽培では有機物マルチを行わずに成功している例はほとんどありません。

有機物マルチを行うことによって樹の生長は増大します（表7）。ただし、春先の地温上昇抑制による初期生長の遅れや、果実成熟の遅延などの短所もあります。

有機物マルチと灌水は、ブルーベリー栽培では一体の管理法です。土壌水分の蒸発を少なく抑えるためにマルチをし、そのうえで灌水します。そのため、マルチ資材は灌水によって肥料成分が溶出しない、または肥料成分の少ないものを選択します。

適切なマルチ資材としては、バーク、オガクズ、食用キノコ生産廃材、モミガラ、落ち葉などがあげられます。逆に肥料成分の多い堆肥などはマルチ資

表7　各種の土壌管理法がハイブッシュブルーベリー『パイオニア』樹の生長に及ぼす影響（1樹当たりの平均乾物重）

土壌管理	地上部	地下部	全体重
おがくずマルチ	2905.6 g	1725.2 g	4630.8 g
わらマルチ	1952.2	1089.6	3041.8
清耕　＋　牧草	2224.6	862.6	3087.2
清耕	1997.6	771.8	2769.4

（出所）Shutak, V. G. & E. P. Christopher. 1952. Sawdust mulch for blueberries. Agri. Exper. Sta., Univ. of Rhode Island. Kingston. Bull.. 312.

株元にバークなどのマルチを行う(上)。樹列に沿って有機物マルチを行う

材としては適切ではありません。

ラビットアイを用いたマルチと灌水とを組み合わせた実験では、マルチ区は旺盛な生育を示し、クロロシスの発現が減少しています。マルチ区は果実収量が多く、また、ピートモスの植え穴混入も収量を増加させています。

効果を持続的に保つために、マルチ資材は、毎年、厚さ一〇～一五cmを保つように追加します。

●マルチと草生の折衷法

列間（通路）にはケンタッキーグラスなどの牧草をまき、樹冠下は有機物マルチをする折衷法はブルーベリー栽培でも勧められます。とくに面積が広い園やマルチ資材の確保が難しい場合には対応しやすい方法です。草生部は年間五～六回の刈り取りが必要となり（とくに、梅雨明け後の乾燥期には刈り取る）、刈り取った草は樹の周囲に寄せてマルチにします。

●草管理の方法

有機物マルチを厚くしていれば雑草の発生は全体的に少なくできますが、完全に抑制することは困難です。ブルーベリー園の雑草は、他の果樹園とほとんど共通しています（**表8**）。

草管理は、若木と成木に分けて管理する方法がよいでしょう。植え付け後五年以内の若木では、根群の伸長範囲が浅いため除草剤は使用せず、樹冠下の雑草は手で抜き取るか、深さ一〇cmくらいまでの軽い中耕で除去します。

植え付け後五年以上たって樹が大きくなり、根が土中深く伸長している園では除草剤の使用も可能ですが、農薬の種類、時期、濃度などの基準を守ることが必要です。

表8　日本の果樹園に見られる主要な雑草

区　分	全国的に多い草種
1年生雑草	ヒメジョオン、ヒメムカシヨモギ、ノボロギク、オオジシバリ、ホトケノザ、ヤエムグラ、イヌタデ、カナムグラ、ハコベ、ウシハコベ、シロザ、アカザ、イヌビエ、カラスノエンドウ、ナズナ、イヌガラシ、ツユクサ、エノコログサ、メヒシバ、ヒメイヌビエ
多年生雑草	ヨメナ、ヨモギ、ハルジョオン、スイバ、オオバコイタドリ、ギシギシ、クズ、チドメグサ、セリ、ドクダミ、イヌムギ、カラスビシャク、スギナ

（出所）伊藤操子『雑草学総論』（養賢堂。1993）の p. 28「表Ⅱ-9　土地利用別の主要雑草」から抜粋・作表した。

Q 37 灌水について教えてください

灌水の有無と量は、樹の生育と収量に大きく影響します（表9）。

●灌水の適期と量

灌水の適期は、正確には土壌中の水分含量を測定できるテンシオメーターを用い、pF（水分当量値）から判定します。繊維根で根群域が浅く、新梢の先端部がしおれやすいブルーベリーでは、pF値が二・五（野菜のハウストマトと同じ程度）くらいを基準にしてよいでしょう（多くの作物ではpF値二・七〜三・〇が生長阻害点あるいは灌水点です）。

旺盛な生育を示している北部ハイブッシュ樹の夏季の一日当たり蒸発散量は、約六・四㎜（半旬〔5日〕では三二㎜、一週間では約四五㎜）とされています。

この数値を灌水の基準とすると、灌水量は半旬別または一週ごとの降水量から算出できます。

●灌水の方法

灌水方法にはスプリンクラー方式とトリクル方式（ドリップ灌水）があります。わが国ではドリップ灌水が一般的です。一日当たり灌水量は、若木は一樹に五ℓ、成木では約九ℓです。

適期に適量の灌水を（手前が若木園、奥が成木園。長野県信濃町）

表9　灌水量の差異がラビットアイ『ティフブルー』の樹高および果実収量に及ぼす影響

処理（1週当たり灌水量。ℓ）	樹高（cm）							果実収量（kg/樹）					
	年 1986	1987	1988	1989	1990	1991	1992	年 1988	1989	1990	1991	1992	計
3.3	71	103	125	149	173	188	223	2.36	2.15	6.23	5.78	7.18	23.25
6.6	78	122	139	171	195	201	240	2.64	2.95	7.24	7.44	8.86	29.14
13.2	76	121	143	176	211	218	254	3.37	3.69	8.20	6.79	9.79	31.74
26.4	87	128	141	180	212	216	249	3.23	4.04	90.2	8.06	9.80	34.15
有意差	*	*	NS	**	***	**	*	NS	***	***	*	*	***

（注）*は5%レベル、**は1%レベル、***は0.1%レベルで有意、NSは有意差がないことを示す。
（出所）Spiers, J.M.1996.Established `Tifblue' rabbiteye blueberries respond to irrigation and fertilization. HortScience 31（7）：1167-1168.

Q 38 深耕について教えてください

●なぜ深耕が必要なのか

土壌表面を有機物マルチでカバーしていても、年月の経過とともに土壌がかたくなり、土壌物理性が不良になってきます。

やがては樹の生育が不良になり、品質と収量が劣り、経済樹命が短くなります。

たとえば、観光摘み取り園経営の場合、毎年、大勢の摘み取り客によって樹の周囲（根が伸長する範囲の広さと深さの土壌）が踏み固められ、数年のうちに土壌条件が悪化している例が各地で見られます。

このような園では土壌を深耕し、根系の入る範囲の土壌をやわらかくする必要があります。

●深耕の方法

取り組みやすい方法は、圧縮空気を土中に送り込んで（五〇cmくらいまで）かたくなった土壌をほぐす（土中に大小の亀裂を入れる）機械を用いる方法です。

機械の購入費がかかりますが、比較的小型なため扱い方や移動が簡単です。この方法で、水田転換園の生育の劣っている園で樹勢を回復させた例があります。

土壌がかたくなった園では、四〜五年に一回の割合で土壌を深耕し、排水・通気条件を改良すべきです。

Q 39 若木の肥培管理の方法を教えてください

実際の施肥では、ブルーベリーの種類・品種・土壌条件、樹の生育状況などによって異なるため、栽培管理上、肥培管理は難しい技術の一つです。

●植え付け一〜二年目の施肥

春先から初夏のころまでは枝葉は緑色が淡いのが普通です。しかし、一次新梢（春枝）の伸長が止まるころ（関東地方では六月下旬から七月上旬）になっても葉色の緑が淡い場合には、追肥として硫安を一樹当たり約一g与えて様子をみます。

なお、葉色の回復が芳しくなく、新梢伸長が弱い場合には、八月中〜下旬にもう一度硫安を与えるとよいでしょう。

一年目の落葉後（あるいは春先）に一樹当たり約二〇gの緩効性肥料や有機質肥料を施します。

●若木の施肥例

二年生苗を植え付け、よく管理されて健全な生育を示している樹では、三年目になると樹高と樹冠幅は北部ハイブッシュ、ラビットアイでは一m以上に達します。樹型が小型の南部ハイブッシュ、半樹高ハイブッシュでも〇・六〜〇・七m程度の樹高になります。通常は、この程度の生長量に達するような管理が望ましいでしょう。

樹齢が進むとともに樹冠が大きくなり収量も増加しますので、樹齢に合わせて施肥量を増やすことが重要です。樹齢別施肥量を**表10**に示しました。

植え付け後三〜四年の幼木期には多肥にならないよう注意します。植え付け二〜三年生の幼木は、マルチ、灌水、施肥により旺盛な生育を示しますが、樹冠の拡大を急ぐあまり多肥になると濃度障害によって根を害し、葉焼けや新梢の枯死を招きます。

施肥時期は関東南部では春のお彼岸ころが適当です。樹冠下から外側に、樹の周囲に均等になるように散布し、軽く中耕してマルチと混和させます。

表10　ハイブッシュの樹齢別施肥例
（肥料はN16、P8、K8、Mg4式である）

植え付け後の年数	施用量	
	1樹当たり	10a当たり
1年	約　28.4 g	約　5.8 kg
2年	28.4	5.8
3年	42.5	11.6
4年	56.7	17.3
5年	85.0	23.1
6年	113.4	28.9
7年	127.6	34.7
8年以上	141.8	40.3

（付記）1. 植え付け後の年数には苗木養成年数を含まない。
2.植え付け間隔は樹間が約 1.2m、株間が3.0mを標準である（10a 当たり約272 樹の植え付け）。

（出所）Johonston, R. E., J. Hull & J. Moultin. 1976. Hints of growing blueberries. Dept. of Hort, Michigan State Univ. Extension Bull. 564.

若木園。株もとはオガクズやチップでマルチ。中央の立っている棒は移動式の簡易なスプリンクラー

Q 40 成木の肥培管理の方法を教えてください

七〜八年で成木に達します。この樹齢に達しますと、樹の大きさと収量はその品種の特性にほぼ近く、品質も一定します。このような樹では、毎年の新梢伸長と収量・品質との均衡を考慮した施肥が重要です。

●日本の施肥例

日本の施肥例を**表11**に示しました。春肥（元肥。六月の果実の急速な生長肥大期までの必要量を満たすため）は開花前の三月上旬ころに行い、夏肥（追肥。果実の肥大を促進し、新梢上に花芽の着生をよくするため）は五月中旬から六月上旬に施します。

秋肥（追肥。果実に消費された樹体内の養分を増加させて翌年の新梢伸長、結実を良好にするため）は八月下旬から九月上旬に行います。

●アメリカの施肥例

アメリカの代表的な産地の施肥法（肥料の種類、施肥量、施肥時期、施肥上の注意点）を**表12**に示しました。肥料の種類はN—P—K—（Mg）が主体であり、施肥時期は開花前が中心になっています。

●施肥上の注意点

施肥に当たっては、次の点に注意が必要です。

①マルチ材料が土壌微生物によって分解される過程で、一時的に窒素飢餓を生じるため、新しくマルチをした場合には、施用窒素量を三〇〜五〇%増やします。

②窒素肥料は、アンモニア態窒素かあるいはアンモニア態窒素を半量以上含む肥料を施用します。ブルーベリー樹の生長はアンモニア態窒素で優れ、硝酸態窒素で劣るからです（**表13**）。

③施肥位置は、幼木では株もとから三

表11　千葉県におけるブルーベリーの施肥基準（10a当たり施用成分量）

	ブルーベリーの種類	時期	施肥規準 N	施肥規準 P	施肥規準 K	対応
基肥（春肥）	ハイブッシュブルーベリー	3月中旬	4.5	4.5	4.5	有機配合、有機質肥料
	ラビットアイブルーベリー	3月中旬	4.5	4.5	4.5	
追肥（夏肥）	ハイブッシュブルーベリー	5月中旬	2.2	2.2	2.2	高度化成
	ラビットアイブルーベリー	6月上旬	2.2	2.2	2.2	
追肥（秋肥）	ハイブッシュブルーベリー	8月下旬	2.2	2.2	2.2	高度化成
	ラビットアイブルーベリー	9月下旬	2.2	2.2	2.2	
計			8.9	8.9	8.9	

（出所）千葉県「主要農作物等施肥基準」（千葉県農林部農産課。1994）P253より引用、加筆した。
（付記）1.栽植密度は、ハイブッシュブルーベリーでは10a当たり180樹（1.8m×3.0m間隔）、ラビットアイブルーベリーでは100樹（2.5m×3.0m間隔）とする。
2.目標収量は、800〜1000kg／10aとする。
3.土壌pHは、ハイブッシュブルーベリーでは4.3〜4.8の間に、（以下、次頁下へ続く）

〇～五〇cmの範囲内に、成木では樹冠外周の下に、または樹列にそって帯状にまきます。施肥後は成分の揮散溶脱による損失を防ぐために浅く中耕します。

表12　アメリカの代表的な生産州におけるハイブッシュおよびラビットアイブルーベリーの施肥例　ー成木樹の場合* ー

種　類	生産州	肥料の種類 (N-P-K-Mg)	施肥量 (Kg／10a)	施肥時期および施用上の注意
ハイブッシュブルーベリー	アメリカ農務省	8－8－8	45.5	早春
		硫酸アンモニウム	11.4	早春の施肥6週後、必要な場合にはさらに6週間後
	ミシガン州	16－8－8－4	34.0 ～45.5	鉱質土壌の場合、4月の崩芽前
		8－16－16－4	45.5	有機質土壌の場合、4月の崩芽前
	ロードアイランド州	10－10－10－2	45.5	30.0kgを5月上旬に、15.5kgを1カ月後に施用
		硫酸アンモニウム	22.7	6週間間隔で施用
	ニュージャージー州	8－8－8－2	56.8	4月の終週、2%のMgOが標準である
		8－8－8－2	56.8	6月の初週
	ノースカロライナ州	10－20－10	22.7	開花前
		10－20－10	11.4	開花後
		窒素	3.4	樹の生育が優れない場合には収穫4～6週間後
ラビットアイブルーベリー	ジョージア州	5－10－10	68.0～136.0	3月、樹齢および植え付け本数に応じて
	フロリダ州	4－6－8	28.4	2月および果実収穫後
		硫酸アンモニウム	28.4	6月

（注）＊10a当たり250樹の植え付け、1樹から3.0kgの果実収量があげられている樹。
（出所）Eck, P .1988. Blueberry science. pp.152-153. Rutgers Univ. Press. N. J..

表13　土耕栽培のラビットアイブルーベリー『ホームベル』の生育および果実収量に及ぼすNH_4-NとNO_3-Nの混合比率の相違の影響（1982年から1984年までの3 年間栽培*）　（1984 年の10月に調査、1樹当たりの新鮮重g）

Nの比率** NH_4-N：NO_3-N	全樹体重	地上部重 全重	地上部重 旧枝	地上部重 新梢	地上部重 葉	地下部重	果実収量(g) 1983	果実収量(g) 1984
6：0	492.1	328.9	113.5	65.1	150.1	163.2	92.6	94.8
5：1	561.0	367.4	165.9	36.4	165.1	193.5	66.6	80.9
4：2	498.0	341.0	158.7	33.9	148.4	157.0	57.0	78.3
3：3	364.4	264.5	93.1	45.3	126.1	99.9	40.1	44.7
2：4	266.6	187.6	60.2	48.9	78.5	79.0	33.4	26.3
1：5	140.8	106.4	39.2	36.7	30.5	34.4	15.3	27.4
0：6	55.0	38.7	25.4	8.0	5.3	16.3	9.9	5.7
無窒素	17.0	7.8	3.9	1.2	2.7	9.2	1.5	—
Lsd(0.05)	56.5	49.3	45.5	NS	26.2	39.7	—	—

（注）　*1982年4 月、ピートモスと果樹園の土壌（火山灰土壌）を等量混合した用土を詰めた7号の素焼き鉢に1樹ずつ植え付けた。1983年に9号の鉢に植え替えた。灌水にはpHを4.5～5.5 の範囲に調整した水道水を用いた。
**NH_4-N（アンモニア態N）は$(NH_4)_2SO_4$で、NO_3-N（硝酸態N）は$NaNO_3$で与えた。N施用量は成分で1982年には0.6g／ポット、1983年と1984年には 1.2g ／ポットとした。
（出所）玉田（1998）

（前頁下より続く）
ラビットアイブルーベリーでは4.3～5.3の範囲にきょう正する。
4.全園をバークやオガクズ、モミガラで厚さ10cmくらいにマルチする。新しい資材をマルチした場合には基肥の施用量は30～50%増とする。
5.肥料は全園全面に施用し、軽く中耕する。

Q41 病害虫や鳥害、雪害に対してはどう対処したらよいですか

果実は、栽培者の不断の努力の結晶であり消費者に好まれる商品ですが、一方では、病菌、害虫、鳥にとっても格好の餌《えさ》です。

ここでは、千葉県内のブルーベリー園で観察された病害虫のうち、諸外国でも主要といわれている数種について被害の特徴と防除法を紹介します。

なお、病名・害虫名は複数の文献に照らし合わせて付けたもので、同定調査の結果ではありません。

●病害の特徴と防除法

(1)ボトリチス病(花腐れ)

花房が淡褐色あるいは褐色になって腐敗し、表面に灰色のカビを生じます。開花期が低温多湿の年に多く発生します。ベノミル剤を散布します。

(2)モニリア病(葉腐れ・実腐れ)

葉腐れは、新梢伸長の初期に葉や新梢がしおれ、暗褐色になって枯死する病状です。

実腐れは果色が青色に変化する成熟期に発生します。被害を受けると果実は白紅色になってしぼみ、やがては暗褐色になって落下します。ベノミル剤やトリフォリン剤を散布します。

(3)果実軟腐病(フルーツロット)

主に二種の菌が関係し、アルタナリア菌(日本ナシの黒斑《はん》病菌と同じ仲間)は、果実の成熟期に、果頂部近くに黒くて丸く、やや凹《へこ》んだ小病斑を形成します。アンスラクノズ菌の被害は果色が青色に変化する成熟期に見られ、果頂部がやわらかく、しわになるのが特徴です。

両種の菌によって果実は腐敗し商品価値は全くなくなります。病徴は果実が成熟してから発現するため、有効な防除法はありません。

(4)枝枯れ病(ステムキャンカー)

主に一~二年生枝に発生の多いフジコカム菌と、古い枝に発生するポモプシス菌とによって発生します。夏季の高温時に枝が枯れ込み、幼樹では株全体が枯死することもあります。新梢伸長期にキャプタン剤を散布し、枯れ枝は切除します。

(5)枝腐れ病(ステムブライト)

春先に、前年枝の先端から黒褐色になって枯れ込みを生じます。枯れ枝は見つけしだい除去します。

(6)根腐れ病(ルートロット)

ファイトパソラ菌によるもので、初夏のころに葉の黄化、細根のネクロシス、新梢伸長の不良が見られ、やがて(数年内に)根が腐敗して株全体が枯死します。

排水不良園や過湿土壌で発生しやすいため、既植園では株間に溝を掘って排水を良好にし、病気の広がりを防ぎ樹の回復を待ちます。新たな発生の場合には、四〇cm以上の高うねにして植

え付けると発生が少なくなります。

⑺ウイルス病

わが国でも、レッドリングスポットモザイクウイルス病に似た病状が見られますが、同定はしていません。

●虫害の特徴と防除法

⑴ハマキムシ類

葉を丸めて加害する害虫で、種類が多く、年に二〜三回発生します。五月中旬から八月下旬まで、月一回程度MEP剤やDEP剤などを散布します。

⑵ミノムシ類

葉を食害して、時によっては大きい被害を及ぼします。五月中旬から七月中旬ころまでに数回、NAC水和剤を散布します。

⑶果実吸蛾《が》類

着色期の果実にするどい口吻《こうふん》を差し込んで汁を吸い、表面に小さい孔《あな》ができて触れるとつぶれるものです。被害が大きいので、普通には、果実の商品価値は全くなくなります。効果的な薬剤防除法はなく、黄色灯の照明か目の細かい防蛾ネットの使用も有効です。

⑷カメムシ類

吸蛾類と同じように果汁を吸収するため、被害部は陥没して暗褐色になり商品価値はなくなります。樹列に、あるいは園全体に網をかけるか、五〜六月のサリチオン剤の散布で防げます。

⑸コスカシバ

幼虫が主軸枝や太い枝に食入して導管部を加害し、食入孔から虫糞《ふん》と樹脂を漏出します。放置しておくとほとんどの場合枯れます。スミチオン乳剤を食入孔から注入して殺します。

⑹カミキリムシ

茎や枝に加害します。被害枝では孔道の入り口からMEP剤を注入して殺します。被害防止策としては、六月上旬から二回ほど、株の周りにダイアジノン粒剤を散布します。

⑺キイロショウジョウバエ

地域によっては、収穫直前のキイロショウジョウバエの発生が問題となります。収穫期間中、DDVP一五〇〇〜二〇〇〇倍液の散布によってある程度軽減できます。散布後一〜二日は収穫は控えます。

●鳥害対策は防鳥ネットが一般的

果樹栽培の競争相手は鳥であるといわれるように、成熟した果実の鳥害は

鳥害はくちばしでつつくためか、V字型に果皮が破れている

果実を食べに来る鳥から守る防鳥ネットの網目の大きさは15～20mm目にする

大きいものがあり、カラス、スズメ、ムクドリ、ヒヨドリ、オナガなどによる被害が減りません。ヒヨドリ以外は一年中ほぼ同じ場所にとどまり繁殖する留鳥です。

防鳥網による鳥害対策が一般的であり、園全体を高さ約二m、一五～二〇mm目の網で覆います。網は一定間隔で土中に打ち込んだ支柱と縦横に張りめぐらした架線上に被せます。また、ネットを樹列にそって樹上に直接被せる方法もあります。

ブルーベリー園全体を覆う防鳥ネットの高さは2mくらいである

ネットの被覆期間は果実の収穫期間中とし、その他の時期には取りはずします。

●積雪地帯の越冬対策

冬季に積雪の多い地方や場所では越冬対策が必要です。雪の重みによって枝がずり落ちて裂けないようにするため、株ごとに角材や竹、パイプなどの支柱を土中に打ち込み、支柱に結束して越冬させます。

Q 42 葉のいろいろな症状から栄養状態を診断できますか

葉や果実に現れた特異な症状から要素（肥料成分）の過不足を判定できます。これを「栄養診断」といいますが、施肥管理の改善対策の指針を得るために重要で、きわめて有効な方法です。

葉分析と土壌診断との二つの方法がありますが、正確な栄養診断のために両者とも必要です。

●適量な葉中無機成分濃度

実際の栽培園の葉分析結果から、ブルーベリー樹の生育と葉中の無機成分濃度との関係が明らかにされ、健全な生育に欠乏、適量の範囲、過剰レベルが区分されています（**表14**）。

この表から、ブルーベリーの葉中無機成分濃度は、他の種類の果樹と比較して全体的に低いことが知られます。
また、ハイブッシュがラビットアイよりも高い葉中無機成分濃度を示しています。

表14　ハイブッシュおよびラビットアイブルーベリーの葉中の無機成分濃度の欠乏、適量および過剰レベル

要素	欠乏レベル（ハイブッシュブルーベリー）	適量レベル				過剰レベル（ハイブッシュブルーベリー）
		ハイブッシュブルーベリー		ラビットアイブルーベリー		
		最　低	最　高	最　低	最　高	
N	1.70%以下	1.80%	2.10%	1.20%	1.70%	2.50%以上
P	0.10	0.12	0.40	0.08	0.17	0.80
K	0.30	0.35	0.65	0.28	0.60	0.95
Ca	0.13	0.40	0.80	0.24	0.70	1.00
Mg	0.06	0.12	0.25	0.14	0.20	0.45
S	0.10	0.12	0.20	—	—	—
Fe	60 ppm以下	60 ppm	200 ppm	25 ppm	70 ppm	400 ppm以上
Mn	23	50	350	25	100	450
Zn	8	8	30	10	25	80
Cu	5	5	20	2	10	100
B	20	50	70	12	35	200

（出所）　Eck, P. 1988. Blueberry science. p. 94 の表6.1 を引用し、表題を変更した。

表15　ハイブッシュブルーベリーにおける主要要素の欠乏レベルと回復のための処理法

要素	欠乏レベル（葉中濃度）	（土壌）施肥法および施肥上の注意点
N	1.5 %	10a当たりN成分で6.8kgを分割して施用する マルチをしている園では施肥量は50%増しとする
P	0.1 %	P_2O_2を10a当たり5.7kg
K	0.4 %	K_2Oを10a当たり4.5kg
Mg	0.2 %	MgOを10a当たり2.27kg
Ca	0.3 %	土壌pHが4.0以下の場合のみ、石灰を10a当たり250～1000kg施用する
Fe	60 ppm	キレート鉄225gを100ℓの水に溶かして2回施用 pHを調整する
Mn	20 ppm	土壌pHを5.2以下に保つ キレートMnを100ℓに6.3g溶かして施用
Zn	10 ppm	土壌pHを5.2以下に保つ キレートZnを100ℓに6.3g溶かして施用
Cu	10 ppm	土壌pHを5.2以下に保つ 排水を良好にする
B	10 ppm	灌水を十分に行う Soluborを150ℓに1.4g溶かして施用

（出所）Eck, P. 1988. Blueberry science. p. 96-97. Rutgers Univ. Press. N,J..

ラビットアイの窒素過剰症（葉脈が緑色に残る）

⑴窒素（N）

健全に生育するために適量な葉中窒素濃度は、ハイブッシュでは一・七〜二・一％、ラビットアイは一・二〜一・七％です。

窒素施用量が適切な場合、樹は健全な生育を示し、葉は濃い緑色を呈して大きく、新梢伸長が優れます。

これ以上高い葉中窒素濃度は、過剰障害を発現するレベルです。一般的に窒素は多肥される傾向が強く、多肥によって旺盛な新梢を多数発生し、大きくて暗緑色の葉を着けます。

新梢が遅伸びするために花芽の形成が少なくなり、果実の成熟期が遅れ、さらには枝の硬化が不十分なまま冬季を迎えて障害を受けることが多くなります。

逆に、ハイブッシュでは一・七％以下、ラビットアイでは一・一％以下の窒素濃度では樹勢が弱くなり、果実の生産性が劣る窒素欠乏です。新梢下位葉（成熟葉）が全体的に黄緑色となって小さく、新梢伸長が抑えられます。

⑵リン（P）

実際に栽培園でリン欠乏が見られることはほとんどなく、また施肥に反応することも少ないといわれています。しかし、葉中リン濃度がハイブッシュで〇・〇九％以下、ラビットアイで〇・〇七％以下の場合はリンの施用が必要です。

⑶カリ（K）

カリは、果実に大量に蓄積されるため、葉中カリ濃度は結果《けっか》量（着果量。結果は実が成ること）が多い場合には低く、結果量が少ない場合には高くなります。

樹が適正な結果量であれば、葉中カリ濃度は〇・四〜〇・六五％の間になるだろうといわれ、過剰のカリ施用はマグネシウムの吸収を抑制することが明らかにされています。

カリ欠乏症は葉縁にそった焼け、凹《おう》凸《とつ》、巻き込み、ネクロシスなどの症状が複合して発現し、新梢下位部の成熟葉に激しく出ます。新梢の先端部が枯死し、若い葉では鉄欠乏に似た葉脈間クロロシスが現れます。

⑷カルシウム（Ca）

実際の栽培園ではカルシウム欠乏はほとんど見られません。葉中カルシウ

ラビットアイのカルシウム過剰症

ム濃度は結果量や窒素濃度によって大きく影響され、結果量が多い場合にはカルシウム濃度が高くなり、窒素肥料が多くて樹勢が強い樹では、葉中カルシウム濃度が低くなります。

一般的に、土壌中のカルシウム含量が多いと土壌pHが高まり、鉄欠乏が生じます。葉中カルシウム濃度から土壌pHの良不良を評価できます。

(5)マグネシウム（Mg）

〇・一％の葉中マグネシウム濃度はブルーベリーでは普通に見られるレベルです。成分間の相互関係から〇・二％でも欠乏症状を呈するといわれ、たとえば、マグネシウムとカリは競合関係にあるため、葉中カリ濃度が高くなると適量なマグネシウムレベルも高くなります。

高い葉中マグネシウム濃度は、カルシウムと同様に高い土壌pHを意味しています。

マグネシウム欠乏は実際栽培園で最も多く見られる症状です。葉脈間が黄色から明るい赤褐色にまで多様な症状を示しますが、典型的な葉脈間クロロスシ症状を呈して葉の中央部にクリスマスツリー状に緑色が残ります。

とくに、新梢の下位部葉の症状が激しくなります。

(6)鉄（Fe）

葉中の鉄の適量レベルは、ハイブッシュでは六一～二〇〇ppm、ラビットアイでは二五～七〇ppmです。

葉中濃度六〇ppmは鉄欠乏レベルですが、それ以上でも欠乏症状が発現し、

ラビットアイのマグネシウム欠乏症

葉全体が黄色化するハイブッシュの鉄欠乏病

逆に、それ以下の濃度でも発現しない場合もあります。

欠乏症状の発現は複雑であり、土壌中の絶対的な鉄含量の不足よりも高い土壌pH、あるいは葉内の高いpH、高濃度のリンやカルシウムによる場合、重金属による鉄欠乏などが原因としてあげられます。

鉄欠乏もまた、ブルーベリー栽培では最も多く見られる症状の一つで、主脈や側脈が緑色を呈した典型的な葉脈間クロロシスになります。症状は、多くの場合、新梢の若い葉に現れ、クロロシスを呈する部分は明るい黄色からブロンズ色まで多様です。

(7)マンガン(Mn)

マンガンの適量レベルはハイブッシュでは五〇～三五〇ppmであり、非常に幅があります。欠乏症は二三ppm以下の時に見られますが、毒性症状は四五〇ppm以上の濃度で発現しています。

マンガンの可溶性は土壌pHが低くなると上昇するために、酸性土壌を好むブルーベリーでは、マンガン欠乏症状は普通には見られません。また、マンガン欠乏症状は、鉄欠乏症状と重なって隠されてしまいやすいため、鉄欠乏と混同されています。マンガン欠乏の初期は若い葉が葉脈間クロロシスになり、症状が進むと葉縁にそってネクロシスが現れ、やがて葉全体に広がります。

マンガンが過剰になると、新梢伸長は劣り、新葉は小型になり、明瞭な葉脈間クロロシスが発現します。

(8)硫黄(S)

硫黄は土壌pHを下げるために用いられているため、欠乏症状がほ場では見られません。実験では、硫黄欠乏症状は窒素欠乏症状と似ていることが観察されています。

(9)ホウ素(B)

ホウ素は強酸性土壌で流亡が激しいためブルーベリーの実際栽培園では、欠乏する（している）危険性が高いといわれます。ホウ素欠乏によって新梢先端部は枯れ込んで発育不良となり、葉は斑入りのクロロシス状になって巻き込みます。

Q 43 葉分析と土壌診断の方法について教えてください

●葉分析

樹全体の栄養状態を判断するために葉中の無機成分濃度を測定する葉分析は、他の果樹と同様にブルーベリーでも非常に有効です。

同一ほ場の同一品種から一〇樹を選び、さらに一樹から五～一〇本の結果《けっか》枝《し》を選んで枝ごと採取します。葉数は全体で約一〇〇葉以上とします。

採葉時期は葉中無機成分濃度の変化が少ないころが望ましく、一般的には生育期間の中期から果実収穫前、あるいは収穫期間中であるとされています。

日本では七月下旬から八月下旬までが採葉の適期と考えられます。

表16　アメリカ・ノースカロライナ州東部のハイブッシュブルーベリー栽培地帯の土壌調査結果

調査項目		平　均	範　囲
土壌pH		3.9	3.5　～　4.4
有機物含量(%)		7.5	1.7　～ 52.9
CEC（me, /100 g）		17.07	3.16 ～129.68
全塩基（me, /100 g）		1.78	0.56 ～　9.05
塩基飽和度（%）		14.2	4.0　～ 31.6
Ca	me, /100 g	0.83	0.27 ～　1.62
	%　/CEC	8.12	0.93 ～ 24.85
	%　/全塩基	53.4	15.3　～ 78.8
Mg	me, /100 g	0.60	0.02 ～　5.80
	%　/CEC	3.25	0.47 ～　7.47
	%　/全塩基	26.1	3.6　～ 61.0
K	me, /100 g	0.21	0.05 ～　1.01
	%　/CEC	1.53	0.43 ～　3.01
	%　/全塩基	11.7	5.3　～ 23.0
Na	me, /100 g	0.15	0.06 ～　0.88
	%　/全塩基	8.8	3.8　～ 20.6

（付記）品種：'Wolcott' と 'Murphy'。調査園：51区（plot）。
調査年：1958～1961年。位置：樹冠下0 ～15.2cm。

（出所）Ballinger, W. E. and E. F. Goldston. 1967. Nutritional survey of Wolcott and Murphy blueberries（*Vaccinium corymbosum L.*）in Eastern North Carolina. Tech. Bull. No. 178.

採った葉は、品種ごと、場所ごとに区分してビニール袋などに入れて乾燥を防ぎ、現地から分析する場所までは低温ボックス内に保持して運んだりします。

葉中成分の分析は、主として窒素、リン、カリ、カルシウム、マグネシウム、鉄、マンガンですが、必要に応じて他の微量要素の分析も行うとよいでしょう。

●土壌診断

土壌診断は、土壌中のリン、カリ、カルシウム、マンガン含量を推定することに役立ちます。開園に当たって園地の土壌調査の必要性を述べましたが（Q25）、アメリカでは植え付け後は三〜四年ごとに土壌診断が進められています。

土壌サンプルは、樹列の外側で樹冠の外にあたる位置から、土壌表面のマルチ層を含まずに深さ約二〇cmと四〇cmの二カ所から採取します。

比較的均一な土壌条件であれば一〇a当たり一地点のサンプリングでも園全体の把握は可能ですが、できれば、一つのほ場から二〜三地点サンプリングします。

土壌診断の項目は、一般的には、pH、有機物含量、リン、カリ、カルシウム、マグネシウム、ホウ素含量、塩基置換容量（CEC）などです。

ブルーベリー栽培では土壌中の窒素含量の測定よりも、葉分析による葉中窒素濃度が重要視されています。

参考までに、アメリカ・ノースカロライナ州東部地帯のハイブッシュ園の土壌の化学性の調査結果を**表16**に示しました。

Q 44 確実な結実を得るための方法を教えてください

ブルーベリーの花は釣鐘状や壺《つぼ》状の小花が約一〇個集合した花そうです。雌《し》ずい（めしべ）は一本であり、一〇〜一五mmの花柱《かちゅう》がわずかに花弁の外に出ています。雄《ゆう》ずいは（おしべ）雌ずいよりも短く、通常一〇個ほどの葯《やく》が花弁の内側中ほどにあります（**図2**）。

小花は下向きの状態で開花しますので、開花時には自花受粉が難しい構造になっています。そのため、結実を確実にするためには、壺状の小花の中に隠れている葯の花粉を、開口部からわずかに突き出た柱頭《ちゅうとう》（めしべの頂端）に運び、受粉させる必要があります。

●他家受粉が必要

図2　ブルーベリーの花の構造（断面図）

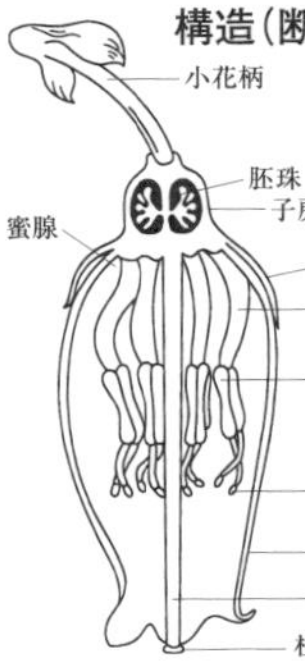

（出所） Williamson,J.&P.Lyrene. 1995.Commercial blueberry production in Florida.p.10から引用

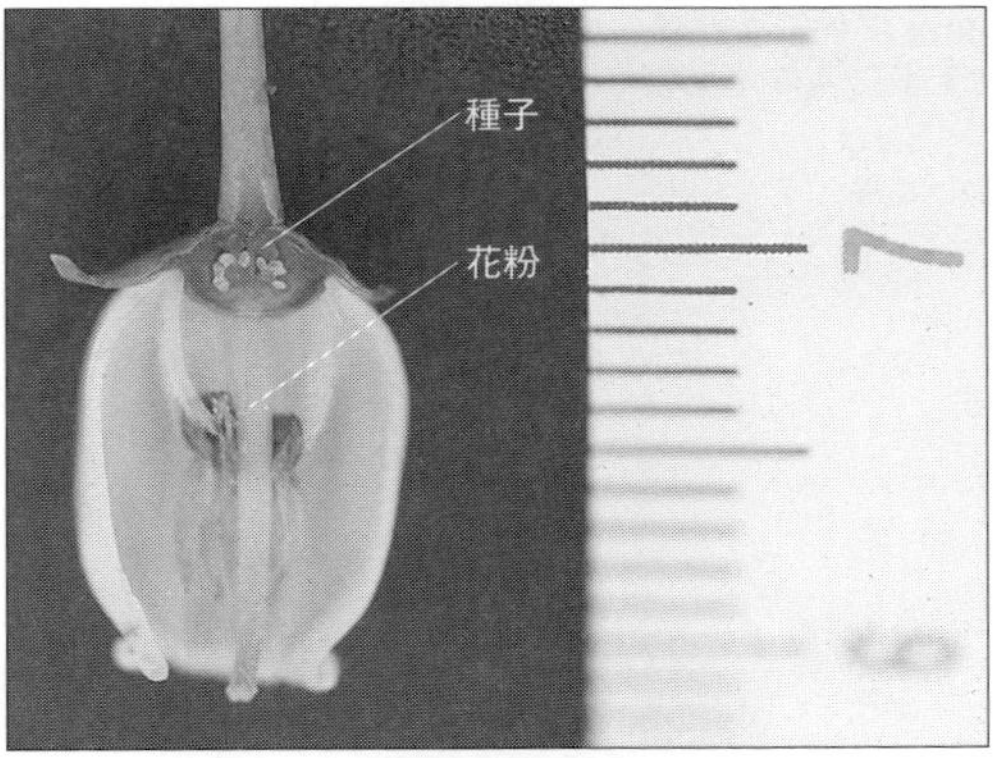

ブルーベリー小花の断面、柱頭が花冠よりも長い

ブルーベリーの結実安定には受粉受精による種子形成が必要です。また、ブルーベリーの経済栽培では、八〇%以上の結果《けっか》率を確保することが重要です。

多くの実験から、果実の肥大と成熟期の早晩は、同じ品種の場合、果実中の種子数と密接に関係していることが明らかにされていますので、受粉条件が優れていて種子数が多かった果実は肥大が早く大きくなります。

このような関係は、ラビットアイで著しく、自家受粉よりも他家受粉で結実率が高まり、種子数が多くて果実が大きくなり、成熟期が早まります（図3、図4）。

ハイブッシュの場合、自家受粉と他家受粉とを比べると結実率には大差ないのですが、自家受粉の果実は小さいことが報告されていますので収量は少なくなります。この点からハイブッシュでも他家受粉が勧められています。

●混植

同一園に異なる品種を植え付ける混植とミツバチの放し飼いにより結実率を高め、大きい果実を早期に成熟させることができます。

同一ほ場に最低でも二〜三品種を植え付けることが望ましく、一品種二列か三列を交互に植え付けます。

●訪花昆虫

ブルーベリーの小花には、ミツを求めて野生のハチ、ハエ、ブヨ等の多種の昆虫が飛来します。しかし、確実に授粉の働きをしてくれるのはミツバチです。ミツバチは飼育されているため多数の個体が得やすいことや、同一種類の花を続けて飛び回る習性があり、最も利用しすいからです。

ミツバチの放し飼いは、一〇a当たり一群（約二万匹）の巣箱の設置が標準です。

巣箱は、花が五%開花した時（二五%以上開花した後にならないように）から花が落下するまでの期間、日当たりの良い場所に東側に出入口を向けて設置します。

園内や近くにあるタンポポは刈り取ります（ミツバチはブルーベリーよりもタンポポの花を好む）。

図3　花粉親の相違がハイブッシュブルーベリー（Hb）およびラビットアイブルーベリー（Rb）の結実率に及ぼす影響

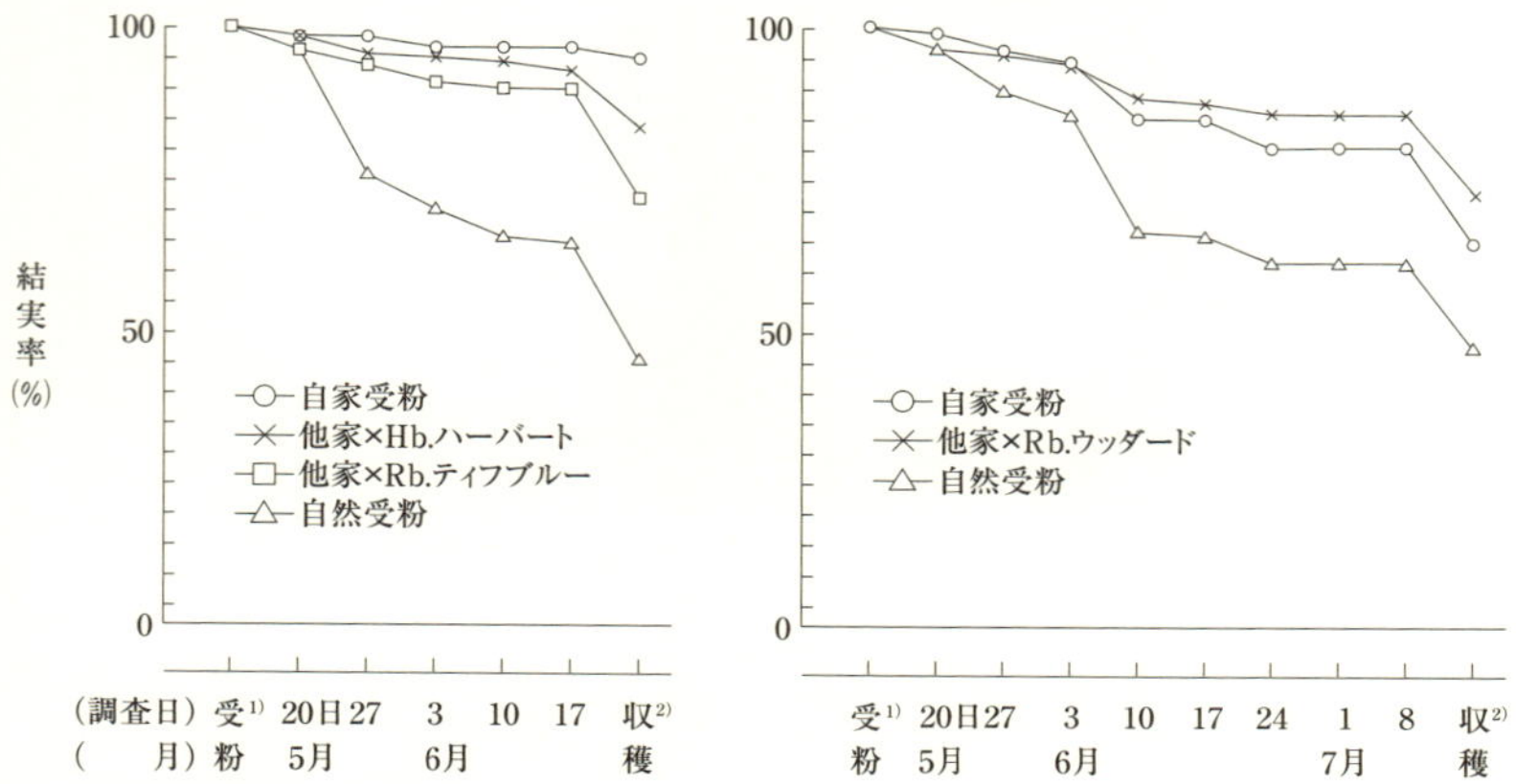

（注）1) 受粉花数を100%とした。
2) 受粉花数に対する収穫果数の割合（%）

（出所）玉田孝人・木原　実「花粉親がハイブッシュ及びラビットアイブルーベリーの結実、果実の大きさ及び種子数に及ぼす影響」（『千葉農大校紀要　5』p.17-27）から引用、加筆した。

図4　花粉親の相違がハイブッシュブルーベリー（Hb）およびラビットアイブルーベリー（Rb）の平均果実重に及ぼす影響

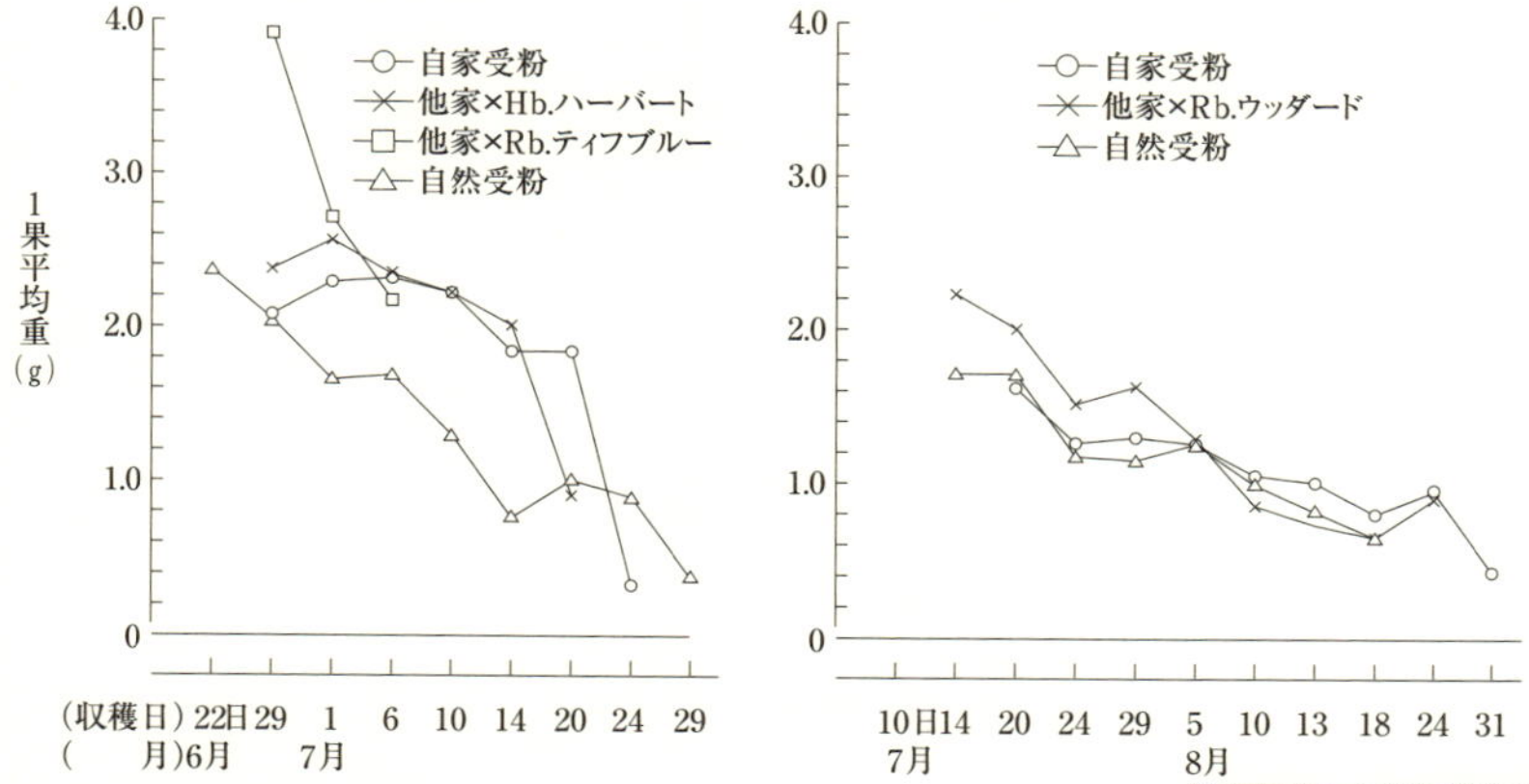

（出所）図3と同じ文献から引用、加筆した。

ブルーベリーの受粉はほとんどがミツバチの働きによる

Q 45 着果数はどう考えたらよいのでしょうか

多くの果樹では、徹底的に着果数を制限する摘果によって、収穫果を大きく、整一にすることが一般的です。

しかし、ブルーベリーについての研究は少なく、果実肥大・生長促進と栽培技術、とくに、摘果との関係があまり明らかではありません。

●摘果によって果実は肥大

結実後の選果を兼ねた摘果は、ブルーベリーでは行われていません。しかし、普通、果実は摘果したほうが残りの果実の大きさがそろいます。

ハイブッシュ三品種、ラビットアイ二品種を用いて、結果枝《けっかし》当たりの果房数、着果数、着葉数が果重に及ぼす影響の調査結果では、結果枝に新梢と新葉を着けない無葉区（葉果比0《ゼロ》）の果重は着葉区より小さくなっています。ハイブッシュで、結果枝当たり一果房と三～五果房にした区とを比べると、一果房区の果実重が大きくなっています。

摘果によって大きめの果実に

Q 46 日本の栽培技術はアメリカと比べてどのような点で異なりますか

栽培と研究の両面で世界のリーダーであるアメリカと、新興国の日本のブルーベリーの栽培技術について比較してみましょう。

●栽培適地

ブルーベリーの根は繊維根で浅根性です。生育に好適な土壌（適地土壌）は、地形的には地下水位が五〇～六〇cmの地帯であり、有機物を五～一〇%含んだ砂壌土の強い酸性土壌です。生育の優れる土壌pHはハイブッシュでは四・三～四・八、ラビットアイでは四・三～五・三の範囲です。

⑴アメリカでは好適土壌が多い

アメリカの代表的なブルーベリー産地は、多くの産地が適地土壌です。たとえば、ニュージャージー州のハイブッシュ栽培地帯は全体的にほぼ水平に近い地形であり、周囲には大小の沼池《しょうち》があって地下水位が高く、手で触ってさらさらした感じのする砂質土壌です。

しかし、松林などの林地を新規に開墾して植え付ける場合には、植え付け一年前から半年前までには園地を区画化し、区画ごとに一～一・五mの深さに排水溝を掘ります。次に灌水管の埋設、土壌の深耕、有機物の補給、雑草防除、土壌pHの調整、園地の平地化を終了しておくことが指導されています。

(2)日本では植え穴の準備がとくに重要

日本では、ブルーベリーの適地土壌は非常に少なく限られています。そのため、根が伸長する範囲の大半の部分の土壌物理性、排水性、通気性、土壌pHを改善するために植え穴の周到な準備が必要です。

一般的には、幅八〇～一〇〇cmくらい、深さ五〇cmくらいに大きい植え穴を溝状に掘り（排水が良好な所では一穴ずつでもよい）、掘り上げた土に多量のモミガラ、ピートモスとを混合して埋め戻し、高うねにして植え付けています。植え付け後は、厚さ一〇cmほどに各種の有機物マルチを行っています。

●植え付け距離

(1)アメリカでは機械の大きさに合わせて植え付け

アメリカでは大規模栽培園が多く、各種の栽培管理、果実の収穫に機械を使用するため、植え付け間隔は機械の大きさに合わせています。一般的には、うね間が三m、株間が一・二～一・五mの間隔が標準です。

(2)日本では一樹ずつ大切に

日本では、一樹ずつを比較的ていねいに管理する方法が一般的ですので、植え付け間隔は広くなり、北部ハイブッシュでは一・五×二m、樹が大型のラビットアイでは二×三mが普通です。今後、栽培の本格化が予想される南部ハイブッシュは、樹が小型のため一〇a当たり三〇〇樹くらいの植え付けが適当でしょう。

●土壌管理

(1)アメリカでは若木時代は有機物マルチ

好適土壌の多いアメリカであっても植え付け後の土壌管理、灌水は十分に行われています。幼樹や若木時代には、株もと（樹冠下）にはほとんど例外なく厚さ一〇cm以上にバークがマルチされ、また、適期に灌水されています。うね間は清耕法か草生マルチ法の管理が多いようです。

成木樹（園）の場合、適地土壌の北部ハイブッシュ園では樹冠下、うね間ともに清耕法が見られます。これに対し、土壌条件に難点のある所では樹冠下にバークがマルチされ、うね間は草生としている例が多く見られます。

⑵日本ではマルチと灌水が必須条件

日本では、ブルーベリーの生育に好適な土壌は限られていますので、植え付け時の土壌改良に加えて、植え付け後の土壌管理としてモミガラ、オガクズ、チップ、キノコかす、乾燥芝等を園全面に厚さ一〇cm程度に、単品であるいは混合使用して樹の健全な生育をはかっています。

また、多くの園では定期的に灌水しています。

●結実管理

アメリカでは、ブルーベリーの受粉を確実に行い、結実率を高めるために園の中にミツバチの巣箱を設置することが勧められています。目安は一〇a当たり一巣です。

日本でもこの方法を勧めていますが、他の作業の繁忙や自然状態でもよく結実しているなどの理由で、対応していない例が多いようです。

●剪定時期

アメリカでは、北部の栽培地帯のミシガン州、ニュージャージー州（ハイブッシュのみの栽培地帯）と、南部地帯のフロリダ州、ミシシッピー州、ノースカロライナ州などでは、剪定の時期に違いがあるという特徴があります。

北部地帯では、休眠期に行う冬季剪定が中心ですが、南部地帯ではハイブッシュ、ラビットアイともに夏季剪定が中心です。果実の収穫後に行う夏季剪定によって、二次新梢の伸長と花芽の形成がそろい、花芽数が多くなります。

夏季剪定をしない場合には、夏季の厳しい乾燥のため新しい栄養生長の開始が遅れ、一次新梢葉が老化して落葉が早まり、花芽形成が不ぞろいになるといわれています。

日本では、ハイブッシュ、ラビットアイともに冬季剪定が中心です。

剪定の基本である望ましい樹形、除去すべき枝などについては、もちろん日本とアメリカとに違いはありません。

●病害虫防除

ブルーベリーには、他の種類の果樹や作物と比較して、壊滅的な害を及ぼすような病害虫は少ないといえます。しかし、病害は良品質の果実生産のうえで大きい障害となっていることは、アメリカでも日本でも同様です。

アメリカでは、生産州によって重要な病害虫の種類が異なるため、州ごとに具体的な防除基準（暦）が作成されています。

日本でも、花、葉、果実、枝、根に加害する病害虫は見られます。しかし詳しい調査研究が少なく、病害虫の同定とともに防除法はいまだ確立されていません。そのため、現状ではアメリカのブルーベリー園や日本の他の果樹の例を参考にしています。

●果実の収穫と取り扱い

(1)アメリカの場合

機械収穫の多いアメリカでも、生果で販売（出荷）される果実は大半が人手（外国人労働者）で一果実ずつ収穫されています。

機械収穫される果実はほとんどが加工用です。大型機械による収穫は枝に振動を与えて果実を落下させる方法のため果実に傷がつきやすく、葉や小枝等がまざります。当然、果実の選別が必要となりますから、栽培者は、規模の大小はありますが機械選果場と包装施設を備えています。

出荷容器は、プラスチック製の一パイントボックス（約四五〇g入り）が一般的のようです。ふたの上部には各産地や各園の特徴的なシールやマークが貼付《てんぷ》されています。

(2)日本の場合

日本ではほとんどが手収穫です。そのため、葉や小枝、未熟果や障害果などとの選別は収穫の段階ですでに終わっており、機械選別の施設をとくに必要としません。

容器の大きさは、プラスチック製の一〇〇g入り容器が普及しています。

樹列をまたいで走行する大型の収穫機械（枝に震動を与えて落下させて収穫する）

選果場でベルトコンベヤーを流れる間に未熟果や加熟果などを取り除く

選果過程を経た果実をパック詰めする。容器はプラスチック製の1パイントボックス

Q 47　栽培法の確立と研究開発はどのように進められていますか

●栽培法の確立

高品質果実生産のうえで課題となっている梅雨時の対策、土壌の適地化（改良）、水田転換園への植え付け方法などの課題は解決されつつあります。

(1)施設栽培

多くの産地では、ハイブッシュの成熟期が梅雨時（一般的な特徴は日照不足、高い空中湿度、多い土壌水分含量）のため、良品質の果実生産が難しく、品質の劣化が早いのが特徴です。

この課題の解決法は普及の段階にまで進んでいます。一つは雨よけ栽培であり、樹上にカマボコ型にパイプハウスを組み立てて果実の成熟樹に被覆して、果実が雨に濡れることを防ぎ、土壌水分の過湿を防ぐ方法です。それにより成熟果の裂果《れっか》がなくなり、甘味の強い果実を生産できるようになります。

もう一つはハウス栽培です。一例ですが、ポット栽培樹を二月下旬から無加温（一時期加温）のビニールハウスの中に入れて育て（三月下旬に開花）、五月初旬から出荷している方法です。果実は成熟期が早まり、早期出荷されています。

(2)栽培土壌の改良

栽培が非常に困難な粘土質土壌、あるいは水田土壌に新植する場合は、土壌の改良が必要です。

開墾地の例では、粘土質土壌に新植するに当たり、幅六〇〜八〇cm、深さ六〇cmくらいの溝状に植え穴を掘り、最下層にモミガラを一〇cmの厚さに敷いて暗きょを設けます。その穴に黒土や砂質土、ピートモスを混合した土を埋め戻して全面的な土壌改良を実施しました。水田転作の既植園の例では、排水を良好にするために深耕機を使って下層の硬盤を破壊し、排水性を改善しています。その結果、いずれの例でも樹の生育は旺盛になりました。

(3)接ぎ木苗の育成と利用

ラビットアイは、ハイブッシュと比較して樹勢が旺盛で土壌適応性が広いため、水田転換園や粘土質土壌でも比較的生育が優れますので、ラビットアイを台木にしてハイブッシュに接いだ苗の養成と植え付けです。

接ぎ木苗から成木に達した園もありますが、産地によっては全体に普及させる方向で苗木の養成が検討されているところもあります。

課題として接ぎ木親和性、自根樹と接ぎ木樹の果実品質の調査などが残されていますが、必ず成功させたい技術の一つです。

●日本での研究開発の方向

(1)日本独自の品種開発

日本の気象条件、土壌条件、消費者

の志向にあった新品種の育成は至急、取り組むべき重要課題です。

大果で風味の優れた形質、日持ち性や輸送性の優れた形質、耐水性や耐酸性の形質、健康機能性のより優れた形質を備えた品種の育成は、日本で育成したいものです。

(2)栽培技術の確立

普通畑ではもちろん、水田転換園での栽培、施設栽培の確立、高品質果実の安定生産、省力化をはかるための研究により、日本での栽培技術を確立することが求められています。

(3)収穫後の果実の取り扱い

梅雨時や盛夏の高温多湿時期に収穫されるブルーベリーは、収穫後に品質を良好に保持して消費者に届けるための条件と流通体制の研究が重要です。

(4)産地育成の方向

比較的規模の大きいブルーベリー産地の形成、加工品分野などの地場産業の発展のためには、個人対応だけでは限界があります。そのため、行政あるいは団体主導によるそれらの導入も検討したいものです。

(5)国民の健康増進

国民の健康増進に広く貢献することが、本来の農業、食品産業の姿であるといわれます。幸いにしてブルーベリーは風味が優れ、栄養性と機能性に富んでいます。他の種類の果実を含めて健康機能性に関する実証試験が数多く行われ、学問的な裏付けが強化されることが期待されています。

ブルーベリー栽培者は、消費者の嗜好に合った「風味に富んでおいしく、そのうえ、安全で健康に優れたブルーベリー果実」の生産に直接関わる一人として、国民の健康の維持増進に直結している果実製造業という視点を持ちたいものです。

Q 48 整枝・剪定の時期・手順を教えてください

●整枝・剪定の必要性

樹高が二・五～三mを超え、樹冠幅が広がり、枝梢《ししょう》が密生している樹を見かけます。ほとんどが放任状態か数年に一回しか剪定されていない樹であり、栽培管理上不便をきたし、新梢生長と収量・品質のバランスが悪いことが一目でわかります。

樹冠内部に太陽光線がよく行きわたり、通風が良くなるように枝を配置する整枝・剪定によって、樹勢と果実生産性が長年にわたって維持され病害虫の発生が少なくなります。その結果、大きくて品質の優れた果実が安定生産され、収穫に適した樹形を作ることができます。

●剪定の対象となる枝

枝の種類を明確にするため、アメリカでの樹姿を図５に示しました。

剪定では、次のような枝を切除します。

①冬季に障害を受けた枝

②病気や害虫による被害枝

③地面に着くように下垂している枝

④地際部から発生した短くてやわらかい枝

⑤樹冠の先端部、側部から極端にはみ

剪定後

剪定前

右側の写真は剪定前で、樹齢が20年の樹。いったん剪定した後、３年後の姿で、強いシュートが多すぎる。左側の写真はその樹の剪定後の姿。強いシュートを間引き、また内部の混み合っている枝を取り去った

図5　休眠期におけるハイブッシュの樹形と枝の種類名

（Pritts,ら、1992）

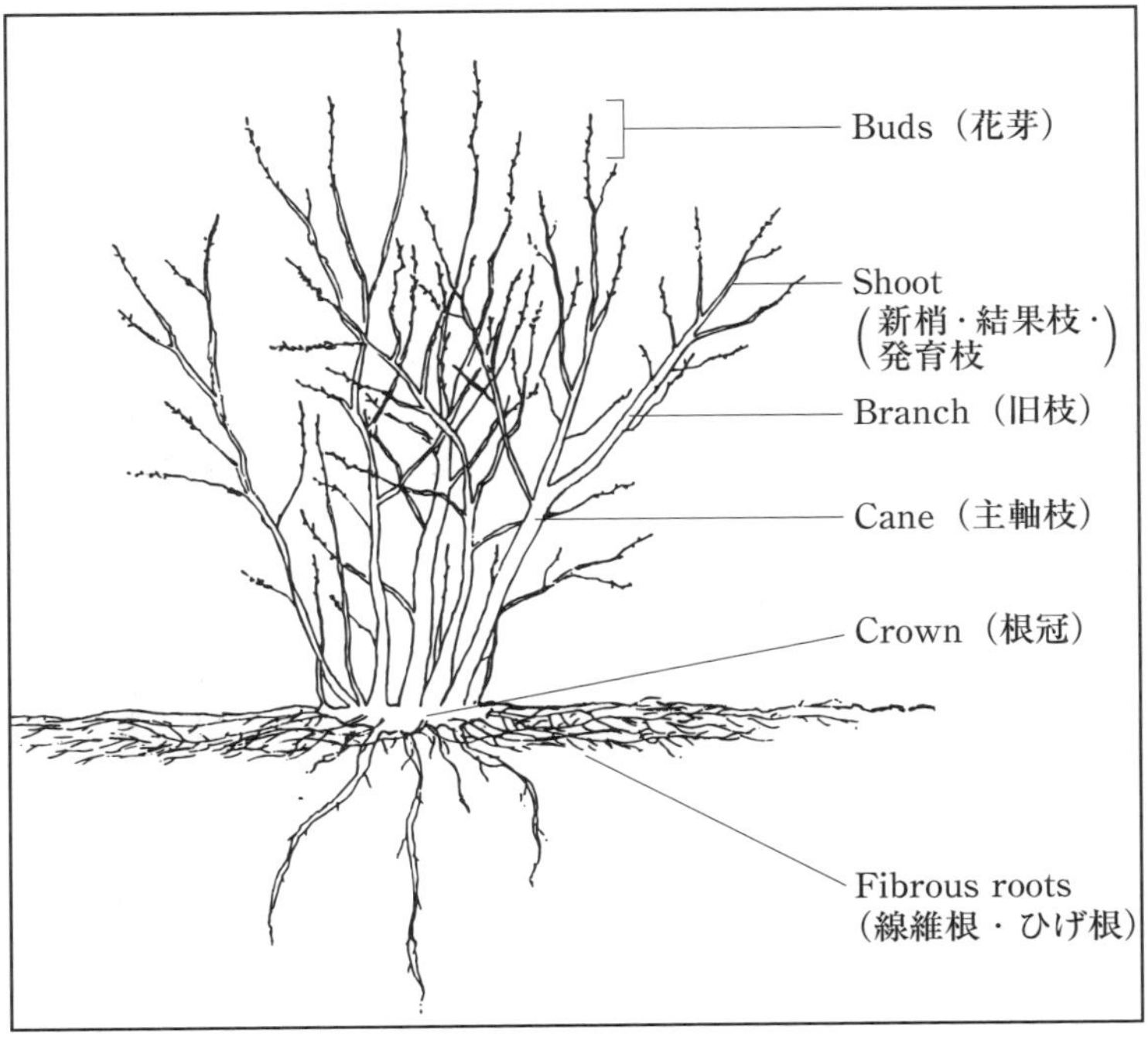

出している弱くて細い枝

⑥樹冠中心部に日光の投射を妨げている混み合い、交差している枝

⑦必要であれば古い主軸枝と弱い主軸枝を間引く

⑧樹が結実過多の傾向にある場合には、多数の花芽を着けている小枝は先端を切って間引く

切り方がきわめて重要であり、いずれも発生している分岐部で切り取ります。

●剪定時期

剪定の期間には幅があり、果実の収穫後から翌春の萌芽《ほうが》までの期間中であればよいといわれています。望ましい時期は、関東南部では二月中旬から三月中旬ころまでで、この時期になると冬季間に障害を受けた枝の確認が容易になるからです。冬季の低温が厳しかったり、積雪の多い地方では四月ころになるでしょう。

●望ましい毎年の剪定

剪定は毎年行うのが原則です。毎年の剪定によって樹形や樹の大きさを整え、主軸枝を一定数に保ち、品質の優れた果実を安定して生産することができます。

剪定によって枝や幹が若返ります。そのため、葉の光合成によって作られた炭水化物が古い枝や幹の材部だけでなく、新梢、花芽形成や果実肥大に向けられるようになります。

また、数年おきに剪定すると樹が大きくなりすぎ、樹形が乱雑になり、主軸枝が過剰になります。また、弱い枝や細い枝の発生が多くなり、樹間や樹冠内部で枝が混み合い、栄養生長と生殖生長との均衡がくずれてきます。その結果、品質の優れた果実を安定生産することが非常に困難になります。

Q 49 整枝・剪定の樹齢別の方法を教えてください

●若木の剪定

剪定のポイントは樹齢によって異なります。

(1)植え付け後二年間

植え付け二年目は枝上の花（果）芽はすべて除去し（手で簡単に取れる）、新梢と地下部の生長を促します。

(2)植え付け三年目

二年生苗を植え付けて三年目には樹高が六〇cmから一m以上になり、多数の結果枝を着けます。しかし、全部の花芽に果実を着けるのではなく、勢力が中位以上（約二〇cmの結果枝）の枝にのみ結実させ、弱い枝からは花（果）芽を取り除きます。

樹形の基本を作る年で、株もとから

図6　植え付け3年目の冬の剪定と目標樹形

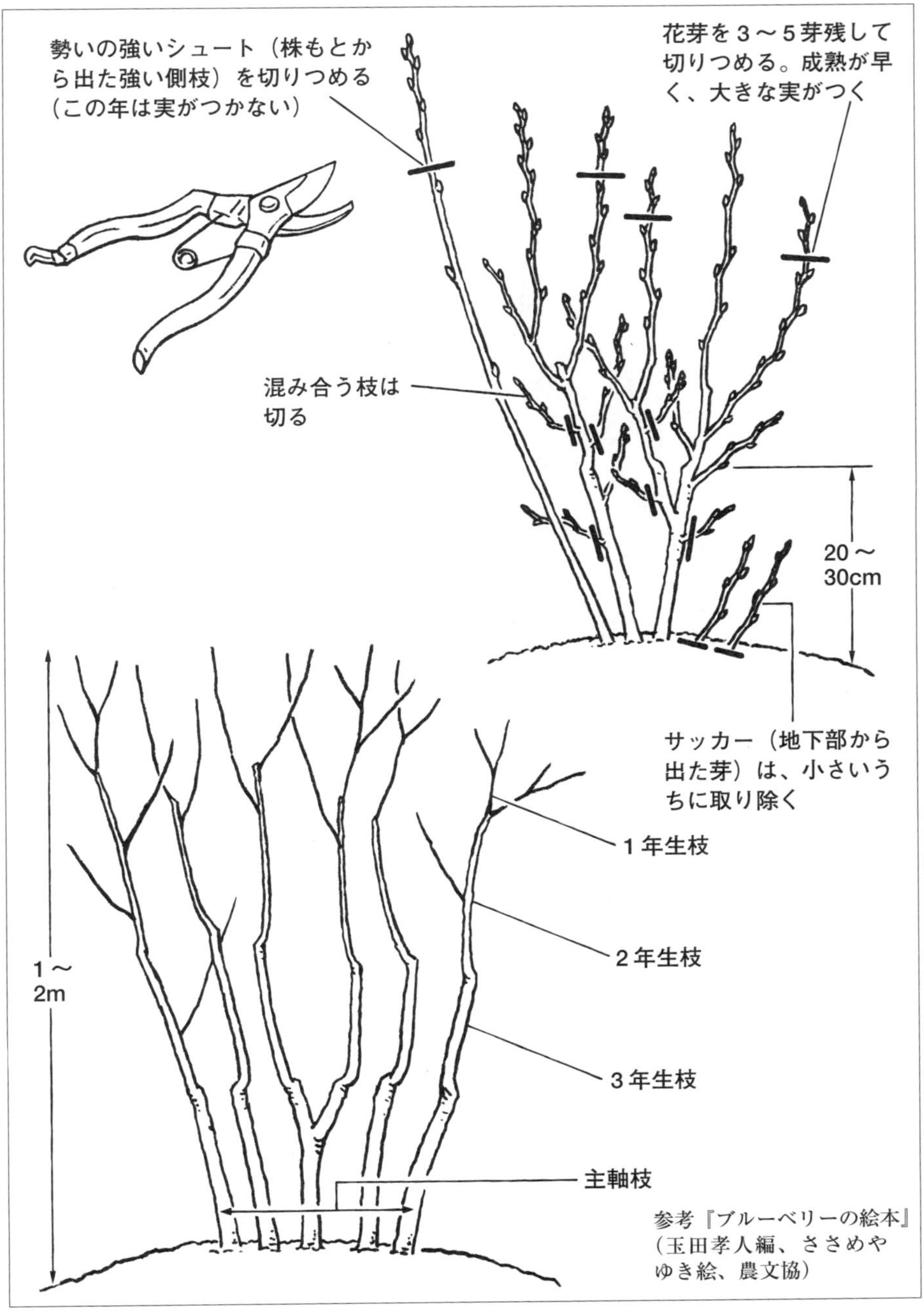
勢いの強いシュート（株もとから出た強い側枝）を切りつめる（この年は実がつかない）
花芽を３～５芽残して切りつめる。成熟が早く、大きな実がつく
混み合う枝は切る
20～30cm
サッカー（地下部から出た芽）は、小さいうちに取り除く
1～2m
１年生枝
２年生枝
３年生枝
主軸枝

参考『ブルーベリーの絵本』（玉田孝人編、ささめやゆき絵、農文協）

図7　植え付け5〜6年目以降の剪定

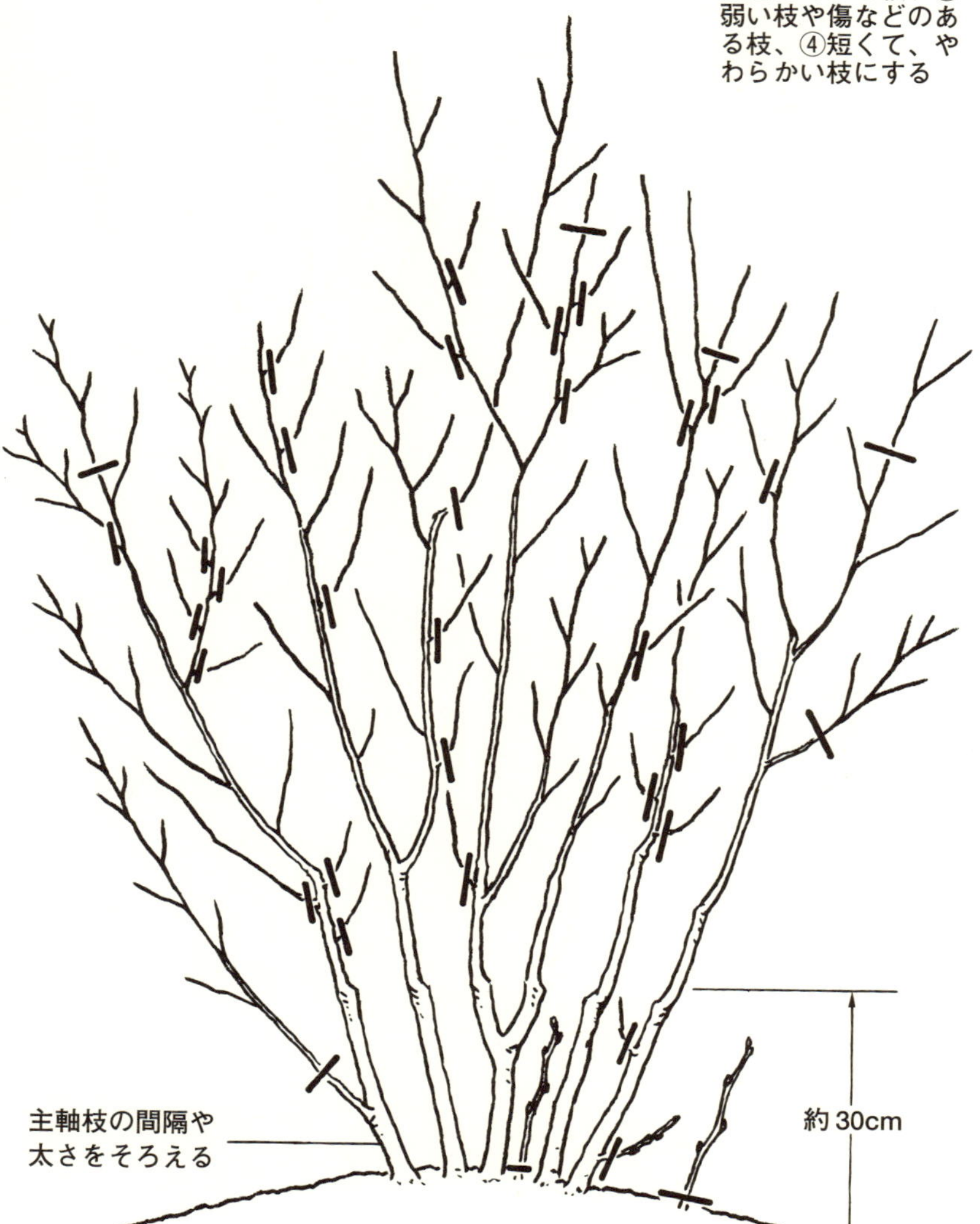
剪定する枝は、①混み合っている枝、②交差している枝、③弱い枝や傷などのある枝、④短くて、やわらかい枝にする

参考『ブルーベリーの絵本』（玉田孝人編、ささめや ゆき絵、農文協）

伸長している勢力が旺盛な強い新梢二本を残して将来の主軸枝とし、他の枝は切除します。枯れ枝や病害虫の被害枝、細い枝、弱い枝は切除します。

(3)植え付け後四年目

四年目は、主軸枝が五～六本ある状態が望まれますので、樹の中央部で混んでいる強い新梢を切除します。

樹冠内部まで太陽光線がよく入り、管理が便利なように旧枝、内向枝、下垂枝、余分な吸枝は取り除きます。細い枝や弱い枝を除いて、ほとんどの結果枝には結実させてよいでしょう

(4)植え付け五～六年目

剪定の仕方と結実は四年目と同じようにします。結実させると新梢伸長が少し落ち着いたような感じを受けます。これは、栄養生長と生殖生長とのバランスがとれていることを示しています。

●成木樹の剪定

一般的に、成木樹は望ましい樹高・樹冠幅になっており、樹冠の拡大は終了していますので、連年の主軸枝の更新と太くて強い新梢を多く発生させ、大きくておいしい果実を安定収穫できるようにすることが剪定の中心となります。主軸枝は八～一〇本あるのが望ましい状態です。

一年生の主軸枝では、枝の上部から発生する二次伸長枝が少ないために着果量も少なくなります。しかし、二～三年生の主軸枝には力のある側枝と結果枝が着き、花芽の着生数が多くなり、果実の肥大が優れ、良品質の果実が生産されます。

また、主軸枝が五年以上たって古くなると側枝の勢力も弱まり、発生する新梢も細くて弱くなります。そのため、着生花芽数が少なくなり、果実の肥大が著しく劣るようになります。

同一の主軸枝を五～六年以上利用しなくてもよい樹にするためには、株もとから毎年、二本以上の強い新梢の発生が必要です。そのためには、強い新梢が数本発生する、生育旺盛な樹に育てる必要があります。

●古い樹の若返り

樹齢が一五年から二〇年以上になる古い樹では、勢力の強い新梢の発生が少なくなって樹勢の維持が困難になり、果実収量が少なくなります。その場合、樹を一定の高さ（地上三〇～七〇㎝）から切り戻し、強い新梢を発生させて樹を若返りさせる方法が取られます（台刈り更新）。

ラビットアイでは、この方法には一挙刈り込み（シュート〔発育枝、新梢〕やサッカー〔地下茎から伸びるひこばえ〕の発生がほとんど見られない樹に対して行う）、二分の一刈り込み、三分の一刈り込み（シュートやサッカーが発生している樹）の三つがあります（図８）。一挙更新は一～二年目に果実収量は減収しますが、一果重は増し、三年目では収量が回復しています。

日本では、栽培が古くて植え付け後

二〇年以上たった樹に対して、樹勢回復のために応用できる更新（剪定）法であると考えられます。

ラビットアイの一挙刈り込み更新２年目。側枝の発生が多い

図8　ブルーベリー樹の更新方法の３タイプ

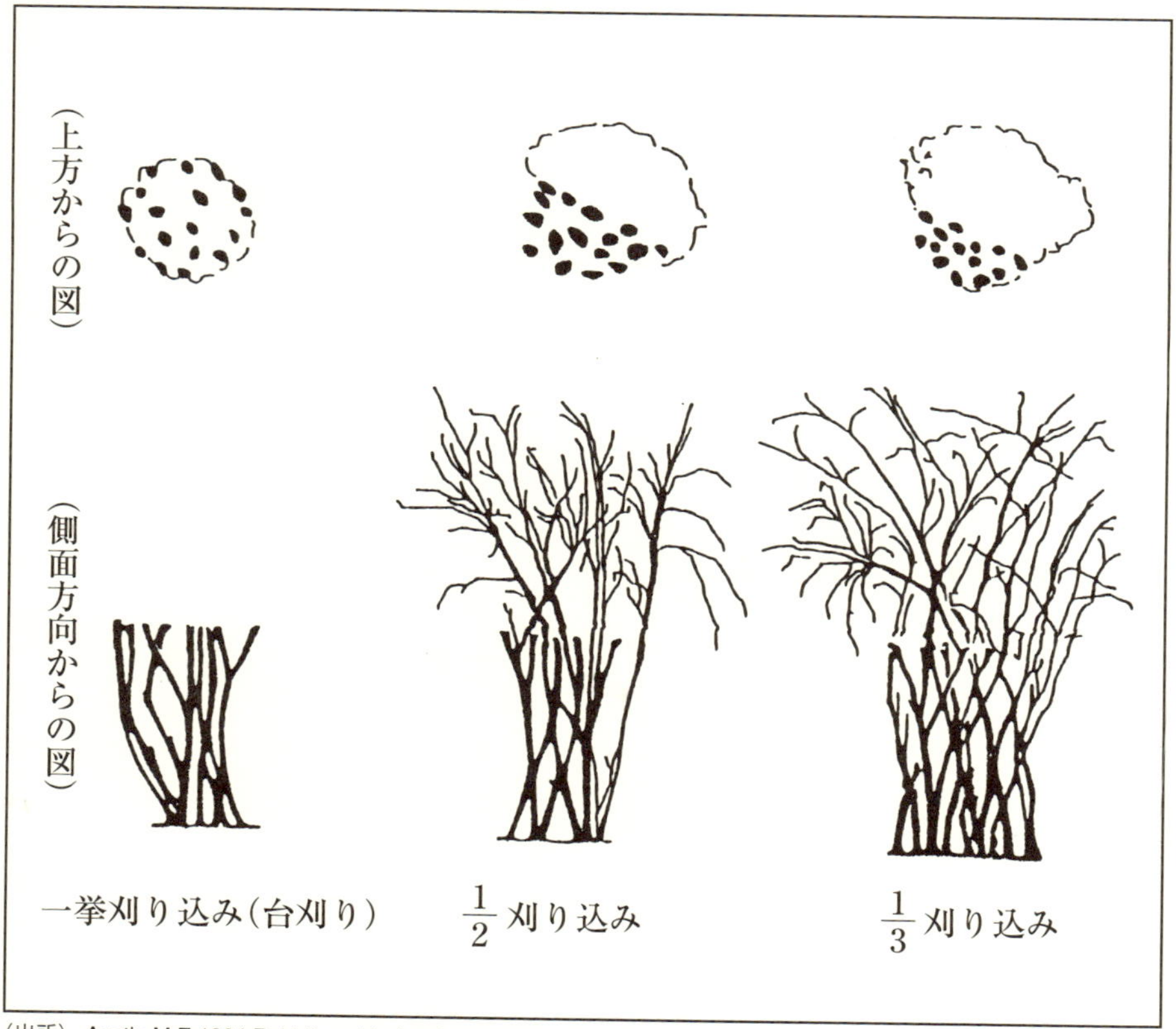

（出所）　Austin,M.E.1994.Rabbiteye.blueberries.p.80.Fig.11.1.Agscience,Inc.Auburndale,Florida

Q 50 落果（花）の原因について教えてください

●種子の発育

ブルーベリーでは、受粉後、花粉管が伸長して花柱を通り胚珠《はいしゅ》まで達するまでにはおよそ四日間を必要とします。

多くの場合、胚珠（種子）の八〇％は発育不良であるといわれ、この発育不良は二つのタイプに分けられます。一つは胚珠の半分が不受精によるものであり、もう一つは果実発育のステージⅠ期（幼果期）からⅡ期（肥大停滞期）への移行期に、あるいは発育ステージⅡ期の初期に胚が正常に発育していなかったことによるものです（図9参照）。

胚珠の発育不良は、普通には、成熟果実の種子の形態から判別できます。不受精による種子の場合、細胞はほとんど崩壊しており完全に受精したものと比較して小さく、形がさまざまです。また、種皮内に孔隙《こうげき》（すきま）があるため種は容易に水に浮かびます。

一方、胚珠の発育不良による種子は大きさが中ぐらいであり、生存力のない胚を持ち、木質化しているのが特徴です。

●落　果

適切に管理されたブルーベリー樹では、開花した花のすべてが結実できる力があります。また、果実の落下は非常に少ないのですが、最終的な結実率を一〇〇％にすることは困難です。

ブルーベリーでは、開花三～四週間後に大きい生理落果が見られます。原因は胚珠の発育不良によるものです。生理落果が落ち着いた、落果終了時期（だいたい果実の生長ステージがⅡ期の初めころ、関東南部では六月上旬ころ）の結実率が最終的な結実率と見てよいでしょう。

落果する果実は発育ステージの段階で明らかに異なります。果実の大きさが増大せず、果皮が赤味を帯びていることから健全果と区別できます。

ハイブッシュの花の構造（とくに、花冠の長さ）と最終の結実率との関係が調査されています。

結実率の優劣から、品種を優（結実率八六～一〇〇％）、良（七一～八五％）、普通（五六～七〇％）、劣る（五五％以下）の四段階に分けると、主要品種では、ブルークロップは優、ダロー、バーリントン、ペンバートン、デキシー、ウェイマウス、ブルーレーは良、バークレー、コリンス、ジャージー、ハーバートは普通、アーリーブルー、コビルは劣るでした。

ラビットアイでも落果の程度は品種によって異なります。アメリカのフロリダ州での自然受粉の調査では、ティフブルーの最終結実率は三六％と低

ミツバチ、ハナアブなどの訪花昆虫により受粉

く、サウスランドでは比較的高く七五%でした。

　このような落果を少なくし、最終的な結実率を高める観点から、ハイブッシュおよびラビットアイの栽培では、十分な他家受粉が行われるように同一園に数品種を植え付け、開花期間中は園内にミツバチの巣箱を設置することが勧められる理由です。

Q51 果実の生長と着色との関係について教えてください

●果実の生長周期

(1)二重S字型曲線

ブルーベリーはモモ、ウメ、オウトウ、ブドウ、イチジクと同じように二重S字型曲線を描いて生長します。

　生長周期は種類と品種が異なっても二重S字型曲線をし、ハイブッシュとラビットアイ数品種の自然受粉果実の生長周期（果実重、横径、縦径）は、明らかに三つのステージ（期）に分けられます（図9）。

　生長周期第Ⅰ期は果実が急激な生長肥大を示す段階であり（幼果期）、第Ⅱ期は生長の停滞期です（肥大停滞期）。その後再び生長肥大が盛んになる第Ⅲ期となり（最大肥大期）、果実の大きさは最大に達し、果皮は赤色に着色を始め、ついで果実全体が濃い青紫色になって成熟します。

(2)細胞分裂と肥大

　果実の発育は、原則的には個々の細胞の分裂増殖と容積の増大、細胞間隙《かんげき》の拡大によります。

　ブルーベリーでは受精後果実の急激な生長が見られる第Ⅰ期は細胞分裂の時期に当たります。果肉のゆるやかな生長を示す第Ⅱ期（肥大停滞期）には種子、胚と胚珠が急速に発育します。第Ⅲ期の果肉が再び急激に生育する期間（最大肥大期）は、果実の成熟期まで続く細胞の肥大期です（図9の横径参照）。

(3)果実の生長周期と成熟の早晩

　開花から果実が成熟するまでの期間の長短は、とくに、果実の生長周期第Ⅱ期の長さと密接に関係しています（図9の果実の生長ステージⅡの線の長さ参照）。種類間で見ると、ラビッ

図9　ハイブッシュブルーベリー（Hb）の2品種およびラビットアイブルーベリー（Rb）の2品種の果実の発育、果皮色、呼吸量およびエチレン排出量の経時的変化

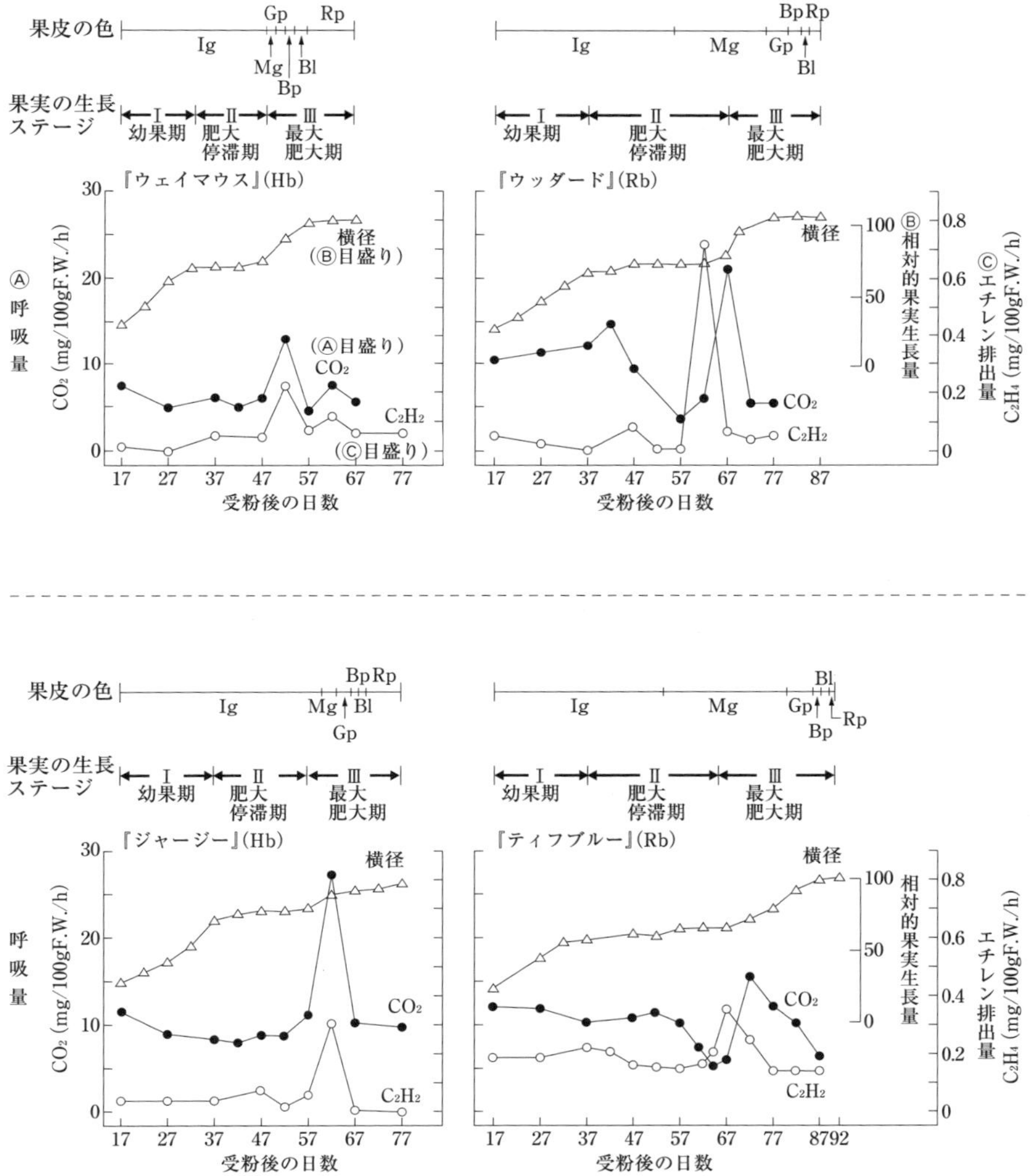

（注）　内容の理解にあたっては本文参照。
（出所）　志村　勲・小林幹夫・石川駿二「ブルーベリー果実の発育特性とその品種間差異について」（園学雑　55(1)」P.46-50。1986）から引用・加筆した。

トアイよりも成熟期の早いハイブッシュの各品種では、果実の生長周期第Ⅱ期の始まりが早く、その期間が短くなっています。同一品種内では成熟の早い果実は大きく、成熟の遅れた果実は小さいのが普通です。

⑷果実の生長周期と種子数

早期に成熟した果実は、一般的には晩期に成熟したものよりも多数の種子を含んでいます。

●果実の着色ステージの区分

果実の生長周期が二重S字型曲線を示すブルーベリーでは、生長周期第Ⅲ期は着色ステージ（成熟段階）とほぼ一致しています（**図9**の果皮の色参照）。この期間中に果実の品質が決定される果皮色、糖度、酸度、肉質などが大きく変化します。

果実の形態的・生理的変化を詳細に比較検討するためには、着色ステージをさらに区分する必要があります。

区分の基準は容易に判別できることが望ましく、果皮の着色状態から次の六つに分けるのが一般的です。

①未熟な緑色期（Immature green）

果実はかたく、果皮全体が暗緑色の段階（**図9**ではIgと略記）

②成熟過程の緑色期（Mature green）

果実はやわらかになり、果皮全体が明緑色の段階（Mgと略記）

③グリーンピンク期（Green-pink）

果皮は全体的に明緑色であるが、がく（萼）の先端がいくぶんピンクになった段階（Gpと略記）

④ブルーピンク期（Blue-pink）

果皮は全体的にブルーであるが、茎の端がいくぶんピンク色を呈している段階（Bpと略記）

⑤ブルー期（Blue）

全体の果皮がほとんど完全にブルーであるが、スカー（果柄痕）の周囲にわずかにピンク色が残っている段階（Blと略記）

⑥成熟期（Ripe）

果皮全体がブルー色になった段階（Rpと略記）

●クライマクテリック型果実

ブルーベリーは成熟過程に入ってから呼吸量が上昇する、クライマクテリック型果実です。

ハイブッシュのウェイマウス、ジャージー、ラビットアイのウッダード、ティフブルーの各二品種を用いた実験では、果実の肥大曲線はダブルシグモイド（二重S字型曲線）を示し、果実の呼吸量は肥大周期の第Ⅱ期の終わりころ、第Ⅲ期の初めに一時的増加がありました（**図9**のCO_2のグラフ参照）。また、エチレン排出量のピークは呼吸のクライマクテリックピークと同時期、あるいはやや早い時期にあります（**図9**のC2H4のグラフ参照）。

Q 52　ブルーベリーの施設栽培について教えてください

日本でのブルーベリー栽培の大きな課題の一つは、果実の成熟期が梅雨と重複することです（Q23参照）。そこで、梅雨以前あるいは梅雨期間中に品質の優れた果実を生産して有利に販売するため、ブルーベリーの施設栽培への取り組みが始まったのです。

千葉県の実際の事例から、施設栽培の概要を述べてみましょう。

●品　種

関東南部ですと、例年、梅雨は六月上旬から始まり七月中・下旬まで続きます。そのためブルーベリーの施設栽培のねらいは、この時期よりも以前の収穫、あるいはこの期間中の雨避けになります。そのうえ、果実を有利に販売する条件が加わります。

このようなことから、施設栽培では成熟期の早い北部ハイブッシュまたは南部ハイブッシュがよく、なかでも早生種が適した品種です。

収穫期間が重ならないことと、結実率を高め大きい果実を収穫するために数品種を栽培します。

●施設の構造

ブルーベリーは樹高が低いため、高さ三m程度の一般的なパイプハウスでよいでしょう。ハウス屋根部付近の高温を防ぐため、サイドの巻き上げ可能な部分はなるべく高い位置まで巻き上げられるようにします。フイルムは、紫外線ノンカットのものを使用します。

●鉢栽培

定植した樹を用いたハウス栽培もありますが、ここでは鉢栽培を取り上げます。樹は四～五年生のものを用い、用土は、ピートモス、腐葉土、赤玉土を１：１：１の割合でよく混和して用います。

鉢は尺鉢（一〇号）の大きさのものは毎年春に植え替えが必要で、六〇ℓの大型の鉢では五～六年、樹勢を維持できるようです。

●被覆期間と温度管理

ブルーベリーの自発休眠は、普通には一月下旬には目覚めていると思われますが、被覆開始は二月以降とします。

無加温の場合には、ハウスの被覆が早すぎると発芽後に被害を受けるため、二月下旬以降に被覆します。

しかし、芽が活動してから寒害を受ける危険性があるため、ハウス内にストーブなどの暖房施設を置き、氷点下にならないように温度管理の必要があります。

また、三月を過ぎると日中のハウス内の温度は四〇℃以上の異常高温になることもありますので、三〇℃以上にならないように、換気などに注意して管理します。

収穫が終わったら、被覆をはがすか鉢を戸外に搬出します。

●灌水と施肥

灌水と施肥は最も重要な管理作業です。灌水は鉢ごとの手灌水かチューブ灌水が一般的です。

灌水は一日一回は必要で、尺鉢の大きさでは約二ℓ、もっと大きい鉢の場合には五ℓくらいが必要でしょう。

また、灌水による肥料分の流亡が多いため、肥料はこまめに施用します。灌水を兼ねて一週間に一回、定期的に液肥（アンモニア態窒素で、リン、カリを含むもの）の形で施用します。葉が展開してからは葉色をよく観察し、淡くなったら随時施用します。

●受　粉

無加温の場合、二月下旬ころに被覆すると開花期は四月上旬となります。また、加温した場合には三月中・下旬ころから開花します。

結実率を高めるためにミツバチを一つのハウスに一群導入します。

●収　穫

収穫期の五月は、快晴時の日中のハウス内温度は四〇℃以上になることもありますので、気温が上がりはじめる前に収穫します。また、温度は三〇℃以下になるように管理します。

収穫した果実は、選果までの間は日陰の涼しい場所に保管します。

千葉県産の施設栽培の果実は、五月上・中旬には市場に出荷され、品質の優れた早生物として高値で販売されています。

●病害虫防除

ハウス栽培では雨が樹にかからないため、アブラムシ類が発生します。また、開花時期から幼果の時期に通風不良でハウス内の湿度が高くなると、灰色カビ病の発生が多くなります。無農薬栽培のためにはハウス内の温度と湿度の管理、灌水がとくに重要です。

●収穫後の鉢の管理

収穫後、鉢は戸外で育てます。鉢が乾いて根が障害を受けないよう、とくに灌水に注意します。

同じ樹を数年連続して使用する場合には、剪定して下垂した枝、内部で混み合った枝、細くて弱々しい枝は切除します。

秋から初冬のころ（紅葉が終わったころ）、樹はいったん鉢からはずし、根部外周と中央の土を軽く取り去り、新しい用土に替えます。翌年の一月下旬から二月上旬まで、一週間に一回はたっぷりと灌水し、冬季の乾燥から花芽や根の生育を守ります。

第4章

ブルーベリーの収穫と保管

収穫したばかりのブルーベリー熟果

Q 53 果実の収穫適期はどう判断すべきですか

●果実の成熟

ブルーベリー果実は二重S字状曲線を描いて生長します（前章のQ51）。そのため、生長周期の第Ⅲ期に当たる期間、赤色から青色に変わる七～一〇日間で果実は急激に肥大してやわらかくなり、糖度が高まり酸が減少します。その結果、品種固有の風味が醸し出され最もおいしい果実となるのです。

●果実の収量

ブルーベリー成木樹の単位面積当たりの収量は一トン前後が標準です。この収量を一〇a当たり植え付け本数で割ると、一樹の収量は、ハイブッシュで約三～四kg、南部・半樹高ハイブッシュで約一・五～二kg、ラビットアイで約四～六kgとなります。

●成熟（収穫）期間

成熟期間は、関東南部（千葉県東金《とうがね》市）のハイブッシュ（北部、南部、半樹高）早生種では六月上・中旬から始まり、中生種、晩生種の収穫と続き、極晩生種では七月下旬に終わります。ラビットアイでは品種を組み合わせた場合、収穫は七月上・中旬から始まって九月上旬ころまで続きます。

●収穫適期

収穫適期の目安は、果皮《かひ》が明青色に変化してから一週間前後です。果実の着色段階と大きさ、糖や酸含量、アントシアニン色素との関係を表1に示しました。

完熟すると果柄《かへい》の付け根まで完全に青色に着色しており、外観から未熟果との区別が容易につきます。未熟果は果柄の付け根にピンク色が残っています。

また、成熟すると軸と果実との間に離層ができるため、果実を指で挟み横に傾ける程度の力で収穫できます。未熟果を摘み取るには少し引っ張るような力が必要です。

さらに、成熟果の果肉は、手で触ってはっきりと区別できるほどにやわらかくなっています。

一品種の収穫期間は三～四週間も続くため、五～七日間隔で三～六回の収穫作業が必要となります。

果実の成熟度は同一果房でも異なる

ブルーベリーの果実の構造（横断面）

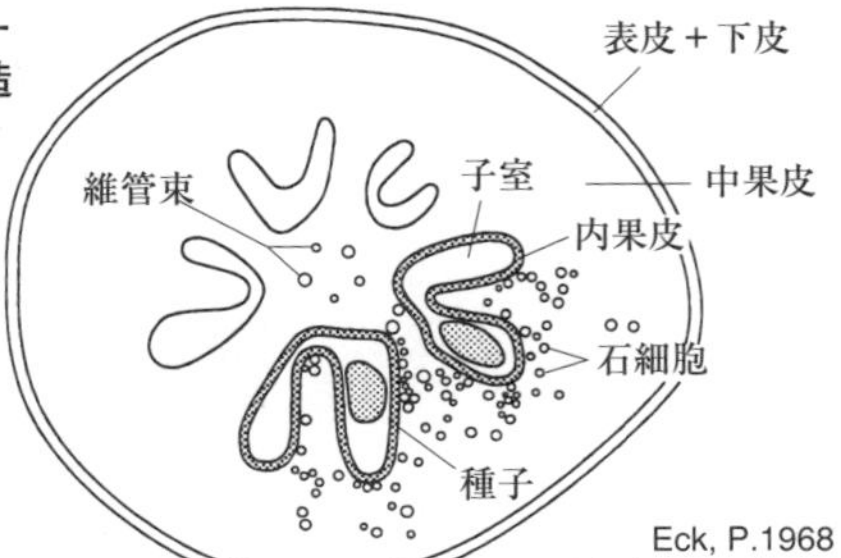

Eck, P.1968
Blueberry culture.
p.39から引用

表１　ハイブッシュ『ウォルコット』種の果実の成熟ステージと果実成分

成熟ステージ	pH	全酸（クエン酸として）（%）	可溶性固形物（%）	可溶性固形物／クエン酸比	全糖（%）	全糖／クエン酸比	アントシアニン（mg／100g）	果実重（g）	１果中の酸含量（mg）	１果中の糖含量（mg）
1	2.60	4.10	6.83	1.67	1.15	0.28	—	0.31	12.9	4.0
2	2.68	3.88	7.20	1.86	1.70	0.46	—	0.52	20.2	9.4
3	2.74	3.19	8.96	2.83	4.03	1.28	—	0.64	20.2	25.6
4	2.81	2.36	9.88	4.22	5.27	2.28	85	0.74	17.5	38.9
5	2.96	1.95	10.49	5.48	6.20	3.26	173	0.80	15.7	49.7
6	3.04	1.50	10.79	7.30	6.87	4.69	332	0.91	13.7	62.3
7	3.33	0.76	11.72	15.42	8.57	11.18	593	1.18	9.0	101.3
8	3.80	0.50	12.42	24.84	9.87	19.95	1033	1.72	8.6	169.3
1sd (0.05)*	0.14	0.23	0.30	0.38	0.36	0.25	20	0.06	1.5	3.7

（注）　＊成熟ステージ１から６までについて行った。

（付記）　成熟ステージの概要
１：果実は小さく果皮が深緑色
２：果皮が明るい緑色
３：がく（萼）の周りがわずかに赤色
４：果皮の半分くらいが赤色化
５：果皮がほとんど赤色化
６：果皮全体が青ー赤色
７：果皮が全体に青色
８：完全に青色

（出所）　Ballinger, W. E,. & L. J. Kushman. 1970. Relationship of stage or ripeness to composition and keeping quality of highbush blueberries. J. Amer. Soc. Hort.Sci. 95：239-242

Q 54 収穫方法の注意点を教えてください

●早採りは避ける

果実の収穫適期の目安は果皮が明青色に変化してから一週間前後です。出荷段階の果実の傷みを心配して完全に着色する前の未熟果を収穫しがちですが、早採りは絶対に避けてください。

ブルーベリーは他の果実とは特性が大きく異なり、未熟な果実は収穫後に変化するのは果色だけであり、糖・酸含量はほとんど変化しませんので、風味が高まり、おいしくなることはありません。また、早採りした果実は果柄《かへい》痕《こん》が湿っており、そこから水分が蒸発するためにしおれやすく、水滴がつくために腐敗菌の発生源になります。早採り果実は、風味が劣って消費者の期待を裏切るだけです。

●収穫方法

機械収穫が主流の海外とは異なり、わが国では、成熟果を一果ずつ手で摘み取る方法がほとんどです。一樹に対する収穫は五～七日間隔で行うのが標準です。

成人一人一日当たりの平均収量は約三〇kgですが、熟練者は八〇kgも収穫するといわれます。

収穫最盛期には、一〇a当たり四～五人が必要となります。労力が少ないと、毎日収穫を続けていても過熟果ができたり落果させることが多くなります。底の浅い容器を腰にしばりつけ両手で収穫すると能率があがります。

一定量になったなら底の浅いメッシュ容器に移し替え、品質の低下を抑えるため、果実温を上げないように日陰に置きます。

収穫は晴天の日の午前中に行うことが望ましいのですか、梅雨時には雨天でも収穫する必要があります。その場合には、収穫後、濡れた果実を通風の良い場所に広げて湿気を除き、乾かしてから調整します。

●手摘み収穫のメリット

ブルーベリー栽培で最も人手を要するのは収穫作業です。鈴なりに成った果実を、一粒ずつ果色を確認しながらの手摘み収穫は大変です。

しかし、機械収穫（大規模栽培の海外に多い）と比較して、果実の大きさと果色がそろい、傷みが少なく、小枝や葉との選別の必要がないことなどの長所があります。

とくに、出荷容器に直接収穫する場合には手摘みのメリットが大きいといえます。

収穫は熟度を確認して、ていねいに

Q 55 収穫後の取り扱い方法を教えてください

●果実温の低下

収穫期は、多くは梅雨から盛夏のころにかけてです。いわゆる、果実の傷みやすい時期ですから、品質を保持するために特別な注意が必要です。

果実の傷みや軟化は高温条件下で進行し、低温下で抑制されます。収穫した果実は、できるだけ速やかに涼しい場所に置いて果実温を下げ、出荷のために選別や包装などの調整をします。果実が濡れている場合には扇風機などの風を利用して乾かします。

●選果と規格

⑴選果基準

ブルーベリーでは、明確な出荷規格はなく、ほとんどが、農協や生産者個々の規格による選別出荷です。多くの場合、果実の大きさと熟度をそろえ、小果柄をつけず、未熟果や過熟果、病害虫障害果、風害果、押し傷などによる障害果、葉、小枝を含まないように注意して容器に詰めています。

出荷用に調整するためには、選果機は必要としませんが、収穫した果実を広げ、選別して容器に詰める場所は、明るく清潔であり、室温が低いことが望ましい条件です。

未熟果や過熟果、枝葉が混合しないように注意し、成熟果を直接、出荷容器に収穫する方法もあります。海外の例ですが、左手に一五〇g入りの塩ビ製容器を持ち、それを樹上の成熟した果実に寄せて一個ずつ摘み取ります。

一ケース（容器が一二個）になったら、作業小屋内にある調整室に運んで容器内の果実重量をそろえます。

この方法は成熟果を傷める機会が最も少ないのですが、小面積の場合か労賃の安価なところでしかできません。

⑵規　格

出荷に当たっての等階級規格は、果実の大きさの品種間差が大きく、産地や農家によってまちまちです。そのため、統一規格はない状況ですが、産地によっては出荷時に最低の大きさを設定し、横径が一〇mm以上の果実だけを出荷しているところもあります。

ブルーベリーの出荷容器（千葉県木更津市）

Q56 出荷時の取り扱い方法と出荷容器について教えてください

●出荷容器と包装容器

⑴出荷容器

アメリカでの出荷容器の種類、温度と果実の傷みとの関係について表2に示しましたが、果実の傷みは出荷容器の種類に左右されません。

日本での市場向け出荷容器は、かつては産地によってさまざまでしたが、最近は塩ビ製で一〇〇g入りのものに統一されつつあります。

⑵包装容器

千葉県の例では、通気を良くした網目のついた塩ビパックに、直径一〇㎜以上の果実を一二〇g詰め、八パックを一ケースとして出荷しています。

出荷容器はダンボール箱で、その箱の側面に五％程度の穴を箱の角から五㎝程度離して開けてあります。

●予冷と保冷

⑴予冷出荷で品質保持

果実を収穫後できるだけ早く凍らない範囲で低温にする予冷は、カビの発生、果汁の漏出、腐敗や糖、有機酸などの内容成分の減少を抑制することができます。

予冷出荷がブルーベリーの品質保持に有効なため、実用化している産地もあります。

ブルーベリーの予冷では、果実の形から差圧通風方式が適します。実際に行っている例では、ダンボール箱の相対する二側面に設けた通気孔を通して、予冷庫内の冷気を強制的にダンボール箱内に導入するものです。こうすると、果実の品温を三～五時間で約五℃に冷却することができます。

この差圧通風方式では、冷蔵庫内の積み付けに注意しないと冷気が箱内に回らない場合もあります。出荷容器を冷蔵庫内に積む場合には、箱を壁面に付けたり、冷蔵庫内に満杯にしたりすることは避けなければなりません。

⑵保冷輸送の必要性

輸送中の品質低下要因としては、振動・衝撃などによる物理的な機械的損傷、温度や微生物などによる生理的変質などがあります。

高温期に出荷するブルーベリー果実の品質を保持するためには、適正な包装をし、予冷してから冷蔵輸送する必要があります。一〇℃以下の低温で輸送できれば、十分その効果は期待できます。

予冷した果実は、常温にさらされると結露して表面に露がつきますが、これが原因でブルーム（果粉）が消えたり、腐敗が早くなったりするようなことはないといわれています。

最近、冷凍トラックや冷凍コンテナで予冷しながら輸送するという事例もありますので、その場合、冷凍機の冷凍能力をよく確認して取り組むことが必要です。

(3) 一時保管は保冷倉庫で

出荷作業などの関係で一時保管することが必要な場合があります。その場合でも、収穫後はできるだけ早く予冷し、〇～二℃に保管すれば三～五日は品質変化がなく貯蔵できます。

表２　容器の種類および貯蔵温度の相違がラビットアイの『クライマックス』種および南部ハイブッシュの『シャープブルー』種の果実の品質に及ぼす影響

品種	容器	可溶性固形物（%）	クエン酸（%）	食味指標	果肉指標	可溶性固形物（%）	クエン酸（%）	食味指標	果肉指標
		1℃で１週間				1℃で１週間＋16℃で２日間			
クライマックス（Climax）	ポリエチレン製	15.9	0.17	77.0	74.3	15.9	0.16	77.4	78.4
	紙製	16.1	0.17	74.3	77.7	15.9	0.16	69.2	77.1
シャープブルー（Sharpblue）	ポリエチレン製	13.1	0.26	72.5	80.2	12.9	0.27	74.1	83.5
	紙製	12.7	0.27	71.6	80.3	12.8	0.28	74.0	79.7
最小有意差*	品種	＊	＊	NS	NS	＊	＊	NS	＊
	容器	NS	NS	NS	NS	NS	＊	NS	NS

（注）　*　＊は0.05%で有意差があり、NSは有意差がなかったことを示す。
（出所）　Miller, W. R., R. T. McDnald & T. E. Crocker. 1993. Quality of two Florida blueberry cultivars after packaging and storage. HortScience 28（2）：144-147.

パック詰めのブルーベリー

品質保持のため出荷作業は室温の低い所で行う

Q 57　ブルーベリーの貯蔵方法を教えてください

●予冷と低温貯蔵

低温に保管することによってブルーベリーの品質低下を著しく抑えることができます。アメリカの例では、収穫後は早急に一〇～一五℃に下げることが勧められており、品質を保持するためには、品温を早く下げることとしています。日本でもいくつかの産地では出荷前に予冷しています。

予冷した場合としなかった場合の比較では、二℃で予冷した場合は、一〇℃で予冷した場合よりも果実の腐敗が少なく、日持ちが著しく良くなることが明らかにされています（**表３**）。

ブルーベリーを低温貯蔵した場合には、果実の品質により二週間から一カ

表3　予冷（2℃で2時間）および無予冷（10℃）後21℃においたブルーベリー果実の腐敗率（%）

処理	10℃までの時間	10℃で3日間貯蔵		10℃で3日間貯蔵後21℃に保持			
				24時間		48時間	
		1976年	1977年	1976年	1977年	1976年	1977年
無予冷	24	2.0 a[2]	3.3 a	6.8 b	9.2 c	24.9 c	26.2 d
無予冷	48	3.8 b	4.7 b	15.0 c	17.8 c	32.0 d	32.9 c
予冷	24	1.9 a	2.7 a	2.6 a	2.6 a	13.6 b	15.9 b
予冷	48	1.5 a	3.0 a	2.9 a	2.9 a	15.4 b	21.9 c
予冷[1]	—	0.9 a	1.8 a	1.8 a	2.5 a	2.5 a	7.4 a

（注）　1) 処理期間中2℃で継続した。
　2) 異なる英小文字間には5%レベルで有意差がある。
（出所）　Hudson, D. E.. & W. H. Tietjen. 1981. Effects of cooling rate on shelf-life and decay of highbush blueberries. HortScience 16：656-657.

ブルーベリーの予冷庫（千葉県木更津市）

月程度は貯蔵できます。試験結果では、貯蔵温度はマイナス〇・六〜〇℃で、相対湿度九〇〜九五%で約二週間は品質変化がなかったという報告があります。

また、貯蔵庫内のガス組成をコントロールして貯蔵するCA貯蔵では、炭酸ガス一五〜二〇%、酸素五%、貯蔵温度五℃で行った場合、四二日間貯蔵しても果実のかたさや味に変化がなかったという報告もありますが、このCA貯蔵は実用にいたっていません。

●冷凍貯蔵

ブルーベリーの冷凍貯蔵温度は、マイナス二〇〜二三℃です。ブルーベリーは凍結・解凍によっても急激な酸化による変化が起こることがなく、また組織や肉質、構造の損失を生じないといわれます。そのため、生果《せいか》と同じように各種の製品に利用できます。一〇〜一二カ月は色調・肉質などの変化は小さいとされています。

Q 58 鮮度保持には収穫後の管理が大事と聞きますが

果実は収穫されて枝から離れても呼吸して生きていますので、果実にとって快適な環境条件での保管こそ鮮度保持の秘訣です。

とくに、ブルーベリーの果実は小さいことや果皮が薄いため、周囲の環境や衝撃・傷による品質変化を受けやすいので、品質保持には注意しなければなりません。

●収穫直後の管理が肝心

ブルーベリーの鮮度保持では収穫直後の管理が重要です。しかし、ブルーベリーの収穫期は梅雨時から盛夏ですので、果実の濡れや品温の高さなど、この時期は果実の鮮度保持には要注意の時期です。

収穫時が雨の場合など、果実が濡れている場合は、鮮度保持には最悪な状況ですので、できるだけ早く、果実の表面を乾燥させ濡れた状況の回避が必要です。

また、収穫時間が朝の気温が低い時期であれば品温はまだ低いのですが、日中の気温が高い時間帯に収穫した果実は品温が高く、収穫した直後から呼吸量が多い状況になりますので、できるだけ早く品温を下げなくてはなりません。

品温を下げる方法は、出荷量が多い場合には予冷施設があれば好都合ですが、少量の場合には冷房がよく効いた室などに置くのも一つの方法です。

そのため出荷作業は、濡れている場合には扇風機などで果実を乾燥した後に、冷房で室温を下げた室で、計量・箱詰め作業を行うことが大事です。

また一度品温を下げた果実は、その後も低温で取り扱わないと鮮度保持には逆効果です。これは、果実の場合、低温から高温に出すと急激に呼吸が上がり、常温に置いたときよりも劣化が進むからです。

品質にも留意して出荷したい

●予冷の方法

予冷は、果実の糖や酸など内容成分減少の抑制、果柄痕の乾燥、カビ発生の抑制をする効果があります。

ブルーベリーの場合には、形が丸いため差圧通風方式が適しています。この予冷は出荷容器で行うのが一般的ですが、使う容器は通気が容易な方式のものが必要です。

使用する容器は、側面に編目が入ったパックに入れ、パックを入れるダンボールも側面に五％程度の穴を開け通気を良くした容器を使います。

実際の予冷では、ダンボール箱の穴と穴を合わせ、箱内に冷気がよく回るような積み付けをしてシートで覆い、有圧ファンで箱内の空気を引き出して冷気を入れます。この予冷方式で品温は三～五時間で五℃まで下げることができます。

Q 59 生果実の鮮度保持の注意点を教えてください

●悪果の除去と温度管理

果実の鮮度保持には、温度管理をする前に傷果、カビ果、腐敗果を取り除くことが重要です。とくにブルーベリーは、果皮が薄くて傷つきやすいことや果柄痕からカビが発生しやすいので、流通に乗せる前に問題のある果実は除去します。

輸送中は傷つきやすいため、輸送には小型容器に果実をしっかり入れ、ダンボール箱に小型容器が動かないように箱詰することが必要です。

宅配で送る場合も同じですが、生ものであること、箱の上に荷物を乗せないこと、平積みにすることなどを箱にしっかり明記（または宅配業者専用シールを貼《は》る）することを忘れてはなりません。そして、温度管理ができる輸送方法を使います。

管理温度は○℃から六℃で行いますが、二℃から四℃が適温です。冷凍トラックの冷凍機が古いと温度ムラが大きいため、あまり低温での輸送は凍結の危険性があるため注意しなければなりません。小売店頭で問題になるのがカビの発生などによる果実の腐敗で、管理温度が高い場合には発生しやすいので、小売店では販売時に障害果と腐敗果を除去する管理が必要です。

また、家庭での管理は冷蔵庫での保管が必要です。冷蔵庫によっては温度が一○℃以上になる場合もありますので、冷蔵庫の温度状況をよく確認して保管してください。保管が進みますとカビの発生やしおれた果実が出てきますので、早めに食べることをお勧めします。劣化して生食に向かないような果実はジャムなどに加工して保存食品にするとよいでしょう。

第5章

ブルーベリー園の経営

広い通路のブルーベリー園（千葉県流山市）

Q 60 ブルーベリー園経営の要点は何ですか

●良い果実が生産できるか

果樹栽培では、品質の良いものを作って消費者に届けることが果樹園経営の基本です。そのため、ブルーベリーでも良い果実が生産できる条件で取り組みをしないと、ブルーベリー栽培からの収益は期待できません。

●第一に考えるのが栽培条件

ブルーベリーはどこでも栽培できるというのではなく、作物ですから園地の土壌条件、排水の良否、年間気温の状況、降水量などをよく把握し、その園地がブルーベリー栽培に合うかどうかを専門家に判断してもらうとよいでしょう。そして、園地の環境・土壌条件に合い、しかも自分のめざしている販売条件に合った品種を導入することが重要です。

また、苗木の良否はその後の収益を大きく左右しますので、信頼のおける苗木屋さんから、品種をよく確認して、しっかりした苗木を購入することが必要です。

●第二に考えるのが人的条件

ブルーベリー栽培で最も時間と手間がかかるのが収穫作業です。収穫は手作業になりますので、この労力事情を考えて栽培面積を決めるとよいでしょう。そして、家族の中で栽培管理、収穫した果実の管理、出荷作業、販売などの担当を決めて取り組むのも一つの方法です。

収穫労力の確保が難しい場合には、観光摘み取り園経営を検討するのも一つの取り組み方法です。とくに、大消費地に近い、高速道路のインターチェンジから近い、近くに大型観光施設があるなどの場合は、観光摘み取り園での取り組みも経営方策としては有力です。

ブルーベリー栽培では、植栽してからの肥培管理や病害虫防除は他の果樹ほどかかりませんが、植え付けの時の苗木代やピートモスなどの初期投資が必要なこと、植え付け後、十分な結実があるまでの数年間は収益が期待できませんので、このことを念頭においた経営計画が必要です。

取り組み面積は、最初から大規模経営の方法もあるのですが、栽培状況、家族の協力体制、販売方法の検討などから考えると、一〇a（一反）程度の面積から取り組み、栽培に慣れ、販売先の見通しがつけば面積拡大を計画していくのも方法です。

●開園資本の考え方

ブルーベリー栽培を始めるに当たっては資本が必要になります。園地の有無、園地の条件によってその額は異なりますが、排水を含めた園地整備、苗木の用意、投入するピートモスなどの初期投資はかなりの額が必要です。

とくに、ブルーベリーでは多くの品種を栽培することになりますので、素性の知れた苗木の確保とピートモスの大量投入が必要となります。この投資を怠ると、その後の栽培に問題を起こし、かえって資金がいることになります。

また、植え付け後三年間は収益がほとんどなく、五年後以降になると収益が増えてきますが、この間は経営費の投入のみとなりますので、このことも理解しての取り組みが必要です。

●販売先を考えて

ブルーベリーは生果《せいか》、ジャム、ソース、ワイン、お菓子など用途の広い果実ですので、経営に当たっては「どの販売方法を主体にした経営で取り組むか」をよく考える必要があります。

日本のブルーベリー園の経営では、加工原料向け出荷が主体の栽培では、販売単価が安いため収益に限度があります。そのため、生果実販売を主体にしないと経営は難しくなります。

生果実を販売する経営では、市場出荷、生協等への大口出荷、加工業者への出荷、宅配による直販、地元顧客への販売、観光摘み取り園経営による直売など、販売形態はいろいろと考えられますので、経営を展開するうえでめざすもの、立地条件、労力条件などをよく検討して販売先を決める必要があ

樹間をとって植栽された
ブルーベリー園

栽培条件として人的条件を考えた開園が必要

ブルーベリー園は通路を広くとっておくと作業がしやすい

ります。

この中で、市場への出荷は価格が不安定なため、ブルーベリーでは市場出荷以外の販売をまず考えたほうが経営的には無難です。しかし、地域的に早期出荷ができる条件に恵まれている産地や、地域の出荷量がまとまる条件のところでは、市場出荷は大きなメリットがあります。

また加工品の販売では、個人経営でも取り組みやすい品目にジャムがありますが、原料価格から考えて、市販品より割高で販売しなければ原価価格が取れませんので、「訳あり商品」としての販売が必要です。ソースやワインの取り組み事例も多く見られますが、加工・販売規模が大きくないとメリットが薄いでしょう。

●単位面積当たり収益

ブルーベリー園経営では、樹齢、品種構成、販売方法を基本に、時期別の収穫量を考えて取り組む必要があります。一般的には、園地一〇a（一反）当たり収量を想定し、「一kg当たり何円で販売したらよいか」ということになります。

この場合、販売単価は高くても経費がかかれば収益が少ないということになり、単価が高くても収穫量が少なかったり、また、収穫量が多くても時期によっては単価が安かったりしますので、導入品種の収穫時期と量、販売時期と方法をよく考えて経営に取り組んでください。

Q 61 経営面積はどの程度にすべきですか

●さまざまな検討が必要

果樹栽培では、永年作物のため収益を得るまでに年数がかかりますので、開園に当たってはさまざまな検討が必要となります。

●検討に当たって

最初に検討することは、どの程度の経営面積で取り組むかということですが、専業経営、複合経営、副業的経営など、果樹をわが家の経営の中でどう位置づけて考えるかによります。

果樹では技術的要素が収益を大きく左右するため、技術取得の程度も大きな要素となります。

また、果樹では他の作物と比較して

収穫作業を考えて面積を決める

収穫と防除作業に対する労力の比率が高いのが特徴です。しかし、ブルーベリーでは収穫作業は果樹の中でもいちばん過酷な反面、防除回数は少なくてすむという特徴があり、このことを理解しての取り組みが必要となります。

このような果樹栽培での特徴を理解し、ブルーベリーの経営に取り組むに当たっては、園地、資本、労力を主体にまず検討するとよいでしょう。

●経営面積をどう考えたらよいか

資本と条件に合った農地があり、栽培と販売に要する人手が確保できるような好条件がそろっていれば大規模経営は成り立ちますが、このような条件は日本ではほとんど不可能です。

そのため、一般的な取り組みとして技術を研鑽《けんさん》しながら少ない面積から取り組むのが無難です。

将来に向けての経営計画は必要ですが、取り組んでから五年間程度は収益は計上できないため、他からの収益を得ながらの取り組みが必要です。

ブルーベリーは樹が小さいため、たとえば、一〇ａ（一反）の面積を経営することを考え、二〇〇本を植栽することとして、それに要する苗木代やピートモスなどの初期投資を試算してください（植栽方法によっては三〇〇本植えることも可能です）。

そして、成木になった時の収穫労力と販売先も考え、一〇ａの経営面積が可能かどうか検討してみてください。

摘み取り園内にレストランを設置するのも集客に効果的

●販売形態による経営面積

ブルーベリー栽培の取り組みに当たって、「将来は経営の柱にする」、あるいは「家族の楽しみで取り組み、収益が出ればよい」など、さまざまな取り組みへの考え方があると思いますが、栽培する以上は収益をあげることを考えて取り組むことが、高品質果実の栽培につながります。

ブルーベリー栽培の場合、収益を得るためにはいろいろある販売方法の中からどの方法を選択するかにより、栽培面積も異なります。とくに、観光摘み取り園をめざした開園では、地域の園地状況により異なりますが、顧客を満足させるためにはある程度の経営面積は必要となります。

Q 62 労力と栽培面積はどう考えればよいですか

●作業の時間把握が必要

ブルーベリーの栽培では、園地や樹の管理、収穫・出荷作業の中で、どの仕事に人手と時間がかかるかをよく把握しておくことが必要です。

この管理・販売にかかる人手・時間や年間作業は、ブルーベリー栽培の専門家や近くの取り組んでいる農家に聞いてみれば把握できるでしょう。そのようにして樹を植える前に問題点を把握してから取り組みをするとよいでしょう。

労力の中で人手と時間がかかる収穫・出荷作業を基本に試算すると、どのくらいの面積に取り組んだらよいか考えやすいと思います。

品種のわかった良い苗木の入手が成功をもたらす

●時間がかかる収穫作業

ブルーベリーの収穫は、栽培規模が大きい北米では機械で収穫をしていますが、規模が小さい日本では機械化に

摘み取りを経営の柱にする園地も多く見られる

よる収穫はまだ難しい状況にあります。そのため、収穫作業は果実の成熟したものから手作業で行うことになります。

この、収穫作業に要する時間を試算しますと、たとえば一〇a当たり収穫量を八〇〇kgとし、収穫作業が大人二人で一日四〇kgできるとすれば、二〇日で可能という計算になりますが、実際には品種ごとに収穫時期が違ったり出荷や販売作業があったりして、このとおりにはいきません。収穫時には一〇a（一反）でも最低四人程度は必要です。

この試算は、雨などの天候を加味しない想定ですので、実際はこれよりも時間と人手は要します。とくに、ハイブッシュの産地では、収穫時は梅雨時になりますので、これ以上に人手を要します。

生果で出荷する場合には、収穫を雨天や雨上がりの時に行わざるをえない場合がありますが、出荷時に果実が濡れていると品質劣化を起こしますので、出荷時に乾燥などの調整が必要なこともあります。少し余裕を持った取り組みを考えてください。

また、収穫作業を軽減する経営として摘み取り園経営がありますが、経営面積については立地状況などにより異なりますので、初期投資、経営資金などをよく検討してから経営面積を決めてください。

●除草作業を軽視しないこと

収穫作業のほかの管理作業では、園内の雑草除去があります。除草剤を使えば除去作業は楽ですが、環境汚染問題もありますので手作業や草刈機で除去することを考えてください。草刈機で刈り倒したままにしている農家もありますが、この作業も人手と時間がかかります。

管理・収穫の人手確保については、地域の高齢者や社会福祉団体に依頼するなどさまざまな事例も見られますので、最初は家族労力で考え、経営が進む中で人手の確保を考えていくとよいでしょう。

Q 63 家族の役割分担を考えた経営とは

●家族で取り組める果樹

ブルーベリー栽培が女性や高齢者向きといわれるように、果実が小さくて軽いため、他の果実に比べて、収穫から出荷作業での重労働が軽減されるという利点があります。

通常の果樹栽培では、樹高が高いためハシゴやキャタツは欠くことのできない農具ですが、ブルーベリーの場合は、樹高が低いため、栽培管理や収穫作業がハシゴやキャタツを使わないで足を地に着けてできる、という大きな利点があります。

また、ブルーベリーは生果だけでなく、ジャムやソースなど加工品への取り組み、お菓子作りや料理への活用など、さまざまなバリエーションを楽しみながら取り組めます。

このように、ブルーベリーは家族で楽しみながら取り組むことのできる果樹ですので、高齢者から小・中学生のお手伝いまで、家族での経営を基本に考えて取り組んでみてください。

そのため、ブルーベリー栽培では、他の作物の栽培管理、あるいは仕事をお持ちの方は本業との兼ね合いがありますが、家族の中で役割分担を決めておくと経営がやりやすくなります。

●家族で役割を分担

たとえば、ブルーベリー園経営の中心となる主婦は出荷・販売、ほかに仕事を持つ主人は栽培管理、年寄り夫婦と子供は栽培管理や出荷・販売の補助要員となり、収穫は販売担当の主婦を除く全員でやるといった具合です。

時間的に余裕があれば、主婦主体に加工品やお菓子作りに取り組み、栽培管理についても剪定《せんてい》などは家族全員の行事として、剪定をする人や片付けなどを役割分担して取り組むというように、楽しみながら分担を決めていくとよいでしょう。

家族でブルーベリー園を経営する場合には、ブルーベリーに関する収支は別会計にすると、他の収入と区分けができ、収益目標をたてやすくなります。

面積の大きい専業経営でも、それなりに仕事の分担を家族で行って、成功している事例も見られますので、要は中心になってやる方の考え方であると思います。

ブルーベリー栽培で得た収益は家族旅行に使うとか、地域のブルーベリー農家との交流や研鑽に使うようなことも考えてください。

小面積の経営では家族だけで足りていた労力も、経営規模が拡大してくると家族の労力だけでは足りない場合が出てきます。

この場合は雇用労力に頼ることになりますが、ブルーベリーは栽培・収穫作業に取り組みやすい果樹ですので、高齢者や地域の福祉労働者に働いてもらっている事例も多くありますので、経営の中で工夫しながら取り組んでください。

家族の役割分担を考えた経営を実現したい

Q 64　販売面を考えた経営の取り組みについて教えてください

●販売方法の選択

ブルーベリー園の経営は、収穫量が多くなってきた時の販売方法を、事前によく検討して取り組む必要があります。

ブルーベリーの販売は、他の果実と異なり、選択肢が多いのが特徴です。生果実の販売では、園地での消費者への直接販売、宅配便での予約販売、大口需要者への契約販売、卸売市場への出荷、摘み取り園での販売など、多くの方法があります。

また、ブルーベリーは、加工適性に優れていますので、ジャム、ソース、ワインの原料として優れた商品ができる果実です。ジャムとソースは取り組んでいる事例は多くありますが、ワインは醸造免許が必要なため、酒造メーカーなどへ原料を送り、作ってもらう方法をとっている産地が多いのが現状です。

観光摘み取り園の経営や地域の「みやげ物店」での販売を主体とする場合には、顧客確保のため販売品目を増やさなくてはなりません。自分の経営規模や地域の状況に応じて取り組むことが必要です。

●立地条件による販売方法の検討

日本でのブルーベリー栽培では、収穫作業を考えると大規模経営は難しいこと、最初は生果販売を主体にした経営にならざるをえないことから、園地の立地条件が栽培管理・販売方法の大きな要素となります。これは、生果実の販売では地域住民への販売や摘み取り園経営がいちばん効率の良い販売方法ですので、園地の周りに消費者が多いほうが有利になるからです。

園地に消費者を多く呼べない立地条件では宅配での直売や市場出荷となりますが、もう一つの販売方法として、ジャムやソースなどの加工品への取り組み例も多く見られます。

●産地化と販売方法

ブルーベリーの販売では、最初は自分一人で取り組んでいても、販売が拡大するにしたがって産地化の必要があります。たとえば、観光摘み取り園では、押しかける顧客を満足させるためには地域のブルーベリー農家が連携をとっての取り組みが必要です。

また、直売や市場出荷でも、経営年数が経過するにしたがって販売数量の確保が必要になってきますので、地域の結束により取り組むとメリットが出てきます。ブルーベリー園の経営者がお互いに手を取り合っての販売が重要となります。

この地域でのまとまりは、加工品の販売では最も重要で、経営規模が小さい産地では、加工品需要が多くなってくると製造や販売対応は個々では難しくなってくるからです。

●ブルーベリー園経営の方向

機能性食品として消費者へ訴求をしてきたブルーベリー産業も、今後は消費者の認知度の変化も予想されることから、売れなかった第一期と機能性の追い風に乗った第二期が経過し、量的な消費を画策する第三期に入ったといえます。

国産ブルーベリー生産の増加とともに量的な販売という課題を抱え、これからがブルーベリー園経営に工夫と努力を傾注する時です。消費者のブルーベリーへのニーズをよくつかみ、他の果実や食品の動向に対するアンテナを高くして対応すべき時期に来ているとの認識が必要です。

この状況への対応は、ブルーベリー園の経営に成功した事例が大いに参考になります。わが国では不可能と思われた大規模経営の事例や多人数での法人経営など、今後のブルーベリー園の経営展開も、栽培することから、販売・経営を考えた一歩踏み込んだ経営展開への取り組みが始まっています。

摘み取り園では株もとに足が入らないような工夫（マルチなど）が必要

Q 65 観光摘み取り園を始めたいのですが

●大事な立地条件

観光摘み取り園に取り組むに当たっては、立地条件をよく調査したうえで計画をたてる必要があります。

最初に、栽培面積、年間供給量、入園者数などを想定して計画をたててください。厳密な計画は難しいと思いますが、すでに取り組んでいる観光摘み取り園の事例を参考にすれば想定はできると思います。

次に考えるのが園地周辺の立地条件です。摘み取り園に至る道路状況、園地の周囲の状況（周囲の住宅などに迷惑がかからないかなど）、駐車場となる土地、地域にある他のブルーベリー園の協力の可否などがあります。

そして、重要なのが顧客確保です。摘み取り園も観光施設と考えると、地域の観光施設の確認と年間どのくらいの観光客の来訪があるかを調査することから始めてください。

通常、観光地として成り立つためには年間三〇万人の観光客の来訪が必要であるといわれています。近くに温泉場や遊園地など大きな観光施設があり、その道筋に立地していれば好都合ということになります。

●面積はどれくらい必要か

観光摘み取り園の開園には、ブルーベリーを植える面積のほかに、取り付け道路、駐車場、休憩所などの土地の確保が必要です。

また、園内に摘み取り客が入りますので、通路と樹間の幅は広めにとっておく必要があります。そのため、植栽も余裕を持った本数にしなければなりません。

観光摘み取り園は、年数が経過するにしたがって、適正価格で販売していれば顧客は増えてきます。どうしても、最初からのお客さんは大事にしたいことと、新たな顧客確保も必要になってきますので、栽培面積は他の販売方法での取り組みに比べて多めに必要です。

栽培面積として五〇 aあれば経営は展開できますが、園地管理の労力、開園期間のさまざまな人手確保などから経営面積を決める必要があります。

●家族の協力が必要

観光摘み取り園では、顧客からの電話での申し込みや問い合わせなどもあり、目に見えない人手がいります。そのため、家族全体での取り組みが基本になります。

最繁忙期には、パートを雇ったりする必要がありますが、頼りになるのは家族です。役割分担をしっかり決めて、家族全員の合意による経営が、長続きする要因です。

●株もとを踏み固められない工夫を

摘み取り園では多くの人が入りますので、園地は踏み固められます。とくに株もとが踏み固められると樹の生育に影響がありますので、株もとは盛土やマルチで高くして、来園客に踏み固められないようにしておく必要があります。また、通路は、踏み固められてもよいように樹から離して用意します。

摘み取り園で、踏み固められた例として、ピートモスを大量に入れたにもかかわらず、枯れはじめた園がありました。その原因は、株もとに摘み取り客の足が入るような植え方をしていたためということでした。このような園地では、土中に空気を入れる機械を使って園地を回復する必要があります。

●開園期間を考えて品種を決める

摘み取り園の開園期間は、園の立地条件からおいしい果実が収穫できる時期を主に考え、周囲の観光施設の集客時期、他の農作物管理作業との兼ね合い、労力事情などから考えます。

このほかにも開園期間を決める要件はあると思いますが、品種導入前に検討しておかないと後からでは大変です。ハイブッシュの早生から晩生種、ラビットアイのどのような品種を選択するかは、専門家に相談にのってもらうとよいでしょう。

また、摘み取り園では甘味の強い品種を好む人、酸味の強い品種を好む人など、さまざまな顧客が訪れますので、収穫時期と果実の品質の両面を考えての品種選択も必要です。

●多くの資金が必要

摘み取り園の経営に当たっては、園地と付帯設備に多くの資金が必要になります。

園地に摘み取り客を入れて営業するまでには、植栽してから五年間は必要です。というのは、顧客確保を継続的にできる安定経営をするためには、園地が顧客の要求に耐えられる状況からの開園が望ましいからです。そのため、開園までの資金は相当多くいることになります。

摘み取り園では、サービス業ですの

摘み取り園には子供客も多いので害虫などの駆除が必要

で、園地以外の付帯設備の充実に気を配らなくてはなりません。開園当初から、駐車場、トイレ、休憩所は用意しなくてはなりません。

適熟果の収穫のしかたを指導すると喜ばれる

●顧客確保の工夫を

年々、顧客の要望が強くなりますので、加工品の製造・販売、ブルーベリーの料理やお菓子を食べさせる施設など、工夫次第では大きな経営展開ができますが、顧客あっての摘み取り園であることを忘れない取り組みが大切となります。

摘み取り園の中には、本格的なコテージを建設している例、宿泊施設を持っている例、本格的な料理を供給するためコックを雇ってレストラン経営をしている例などがあり、日本でも成功事例はあるのです。

成功した事例は、最初は園地の摘み取りから始めた園が多いことから、一歩一歩積み上げた経営展開が、ブルーベリー摘み取り園の成功のポイントといえます。

Q 66　立地条件の違いによる観光摘み取り園の取り組み方を教えてください

観光摘み取り園の経営安定には、顧客確保が最大の要件になりますので、住宅地の近くや観光地の中の園地は好条件の摘み取り園となります。立地条件の違いによる取り組み方法について考えてみましょう。

●農山村地帯での展開の場合

近くに観光地や温泉があれば摘み取り園経営は取り組みやすいのですが、近くに観光資源がない場合は工夫しないと摘み取り園経営は難しいです。

経営が可能かどうかの大きなポイントになるのは、園地までの道路状況です。高速道路のインターチェンジに近いとか幹線道に近いという場合は好都合ですが、自動車で入るのが困難とか、園地まで幹線道からかなりの距離を徒歩で入るような状況では顧客確保は難しいでしょう。

顧客が来れる目安として、住居地から乗物で一時間くらいの距離ですと、顧客は摘み取りに来ることが可能です。

また、最近増えてきたグリーンツーリズムの一環として、ブルーベリーの摘み取りを組み入れる方法も考えてみたいものです。近くに森林浴可能な場所や宿泊施設があれば、訪問客は自然を求めて来る人たちですから、ブルーベリーの摘み取りへの勧誘も行いやすいでしょう。

地域によっては、大都市の自治体と「都市と田舎交流」に取り組んでいる市町村もあり、この交流による顧客確保も一つの方法です。この場合には行政の協力が必要です。

●観光地に立地の場合

摘み取り園経営の立地条件としては適しますが、特異な立地条件ですので顧客確保や販売単価に注意して取り組む必要があります。

観光地に立地している場合には、観光ルートの途中にあれば最適です。この場合には、地元の観光協会や旅行会社とのタイアップ、道路沿いに看板を掲げての勧誘など、他の地域にはできない展開が可能です。

取り組みに当たって考えなくてはならないことは、観光地にある摘み取り園ですので、多くの観光客が訪問することを想定してある程度の規模は必要です。また、トイレ、休憩所、加工品の販売所など設備投資が必要になってきます。最初は、付帯設備のない園での開園も可能でしょうが、安定経営を続けるためには施設化は考えなければなりません。

観光地にある摘み取り園では、入園料や生果販売価格を適正価格で経営することが大事です。観光客は安らぎや息抜きを求め、あるいは家族サービスのため観光地を訪問するのですから、心地よい対応が必要と思います。適正価格で高品質果実の摘み取りを行っていれば毎年のように来る「なじみ客」も確保できるようになるでしょう。

注意しなくてはならないことは、観光地では、客一人の購買額が高いことから、売れることをよいことに販売品を高値に設定しがちなことです。また、品質の吟味も手抜きをしがちですので、あくまでも顧客あっての経営ということを念頭において取り組みたいものです。

観光客の中には飲酒しながら来る方や、マナーの悪い人もいると思いますがこのような人たちへの対応も事前に考えておくとよいでしょう。トラブルが大きくなるのは避けたいものです。

●地方都市の郊外の場合

摘み取り園の経営では取り組みやすい地域です。全国の成功例でも、地方都市の郊外に立地して成功している摘み取り園が数多くあります。この地域では、顧客に毎年のようにマイカーで訪れる「なじみ客」が多いのが特徴で、毎年安定した収入が得られますので、比較的、経営は安定してきます。

顧客確保はお客さんの口コミが最良の方法ですので、一度来た顧客を逃さないように考えて取り組みたいものです。開園当初は、地域のミニコミ紙などを活用することも一つの方法です。

注意しなくてはならないことは、高品質果実を適正な販売価格で供給することが経営の基本になるということです。そのため、顧客の信用をなくすようなことは絶対に避けなければなりません。

たとえば、途中で販売価格を値上げしたり、入園者を多くしすぎて生果の持ち帰る量を制限したりすると、顧客が寄りつかなくなりますので、信用ある経営を考えて取り組んでください。

この地域でも、毎年、顧客に対して摘み取りだけの対応では先細りしてしまいますので、顧客の要望に応じて駐車場、トイレ、軽食が可能な休憩所などを考えていきたいものです。

また、ブルーベリーに関する商品だけでなく、近くの農家で生産した新鮮な野菜などを販売することも顧客の確保につながります。

●大都市近郊の場合

顧客確保の面から考えると、立地条件は良いのですが、住宅地の中に農園を展開することになりますので、地域住民の環境に対する苦情などに注意しながらの取り組みとなります。

経営展開は地方都市郊外の園地と同様ですが、経営での課題は園地の面積確保と駐車場確保の問題です。地代が高い地域ですので、自分の土地であればやりやすいのですが、借地の場合には契約内容を明確にして取り組む必要があります。

地域住民との距離が近いということは、経営面でもさまざまな展開ができます。たとえば、ブルーベリーを使ったお菓子を提供する喫茶店も可能かもしれません。

また、周囲の住民が日頃から園地を見ていますので、地域に認知されたブルーベリー園であることが必要です。地域住民とのトラブルは大きなマイナスになります。

コテージ２階に喫茶を開設（東京都青梅市）

Q 67 観光摘み取り園経営のポイントは何ですか

摘み取り園の経営に当たっては、顧客確保が第一です。ブーム前は摘み取り客を集めるのが大変でしたが、ブームが到来すると、摘み取り客の予約は一日で終了するなど異常な状況になっています。

しかし、売れなかった時のことを考えると、このブームがこれからも長く続くとは考えられませんので、ブームが去った時のことも考えて対応策をいろいろと考えておく必要があります。

●適正価格での顧客確保

観光果樹園は家族で訪れる観光施設と考えると、家族全体の支出金額には限度があります。お客さんに毎年来ていただくためには、適正価格での生果や加工品の販売を考えなくてはなりません。ブームの時に慢心しすぎると後になって後悔することになりますので、顧客の立場にたって、入園料や販売価格を決めてください。

この価格の目安は、家族四人が一日に使う観光に対する費用を考えれば、自園の販売価格の想定はつくものと思います。

地域のブルーベリー園で協定価格を決めている場合もあると思いますが、協定価格の例では、どこも高めですので、継続的に顧客を確保するためにはkg当たり一〇〇〇円での生果実販売を基本に考えるとよいでしょう。

●入園客に気を配る

摘み取りにはさまざまな客がやってきます。なかには果実の付いた枝ごと持ち帰る人、未熟果を多く摘み取っていく人などがいます。

そのため、摘み取り客には園内の摘み取りルールと、完熟果の摘み取り方法を教えなくてはなりません。園地に顧客係を配置できればトラブルは少なくなりますが、なかなかできませんので、印刷物を用意するとか、園内に入る前によく説明するなどの対策が必要になります。

また、入園料を取っている場合には園内の事故（虫さされ、枝などでの引っかき傷など）も園主の責任となる場合もありますので、事故が起きないように、害虫防除や雑草管理などの園内整備に気を配ってください。

このように考えてくると、摘み取り園では樹間距離をあけ、樹の回りにいる摘み取り客が隣の枝に触れないような栽培管理が必要です。樹間距離があれば摘み取り客の園内での状況はつかみやすいものがあります。

●摘み取り客は自動車で来る

全国のブルーベリー園には、自動車が入る道路が整備されていない例が数多くあります。

摘み取り園を営業していない場合には、道路の不便さは自分の工夫でカバーできますが、摘み取り客は道路がなくては来てくれません。

新たな道路を作ることは容易ではありません。行政が理解してくれて、取り付け道路を整備してくれればよいのですが、このような事例はあまりありませんので、摘み取り園設置場所を道路本位に考える必要があります。

また、駐車場の確保も重要なことになります。限られた時期での開園のため、道路駐車でもよいかと考えがちですが、違法駐車での摘み取り園への顧客導入は良くありません。

●顧客確保は「口コミ」で

ブルーベリー園の存在を示し、摘み取り園に来てもらわなければ経営は成り立ちません。客集め、顧客確保は重要な仕事になります。

開園当初は、地域のミニコミ紙などでの宣伝も必要ですが、何といっても「口コミ」による顧客確保がいちばん良い方法です。

この「口コミ」による確保には、訪問客に満足を与えないと、良い評判にはつながりません。どのようなサービスをして、どう経営を展開するか、日頃から考え、時には専門家やブルーベリー栽培農家のアドバイスも聞いてみることが大事です。

保育園児を招いてブルーベリーに親しんでもらう（岩手県盛岡市）

顧客との語らいも経営のポイントのひとつ

Q 68 観光摘み取り園の経営を安定させるための注意点は何ですか

観光摘み取り園の経営は顧客あっての経営ですので、経営の柱にするためには次のようなことに注意するとよいでしょう。

●欠かせない誘導看板と駐車場

摘み取り園への道路状況の良し悪しは顧客確保の大きな要素です。そのため、幹線道路から摘み取り園までの誘導看板は欠かせません。看板はドライバーから見てできるだけわかりやすい書き方が必要です。

園地の近くには駐車場への誘導看板を立てます。駐車場への誘導方法としては、旗を立てたり、顧客の多い日には誘導員を配置する配慮も大事です。

摘み取り園経営当初は、駐車場の必要スペースの見当がつきませんが、顧客確保は最初が肝心ですので、近所の空き地も借りて多めのスペースを確保しておくとよいでしょう。

●付帯設備の準備

摘み取り園の面積が小さかったり、顧客が少ない状況では、トイレや休息場はおいおい考えていけば対応できます。しかし、面積が増えたりあるいは最初からある程度の面積で始める場合には、トイレと休息場は当初から必要となります。

摘み取り園は顧客から見れば観光施設であり、日頃のストレス解消や家族サービスの場ですので、ゆったりとした気持ちにさせる施設にしなければなりません。そのため、飲食できる場所は必要になってきますので、開園当初から考えておくとよいでしょう。

摘み取り園の経営が進んでくると、固定客からの要望がエスカレートしてきますので、ジャム作りや染色などが体験できる加工場の設置も考えていきます。また大規模園では、ブルーベリーを使ったお菓子や料理を提供するレストランを開設することも顧客確保の有力な手段となります。

●入園料の考え方

全国の摘み取り園では入園料の徴収はまちまちです。入園料を徴収した場合には、園内でのブルーベリー果実の試食に制限が設けられないことや、摘み取りしながらの飲食にも文句が言えないことが多いのが実情です。

園内での虫さされや子供の事故などに対しても責任が生じます。また、各地でトラブルの多い枝折りや枝ごとの持ち帰りなどへの対策も必要です。

入園料を取った場合には、観光施設としての意味合いが強まりますので、付帯設備が完備してからの徴収を考えなければなりません。単に「園内で果実が食べられるから徴収する」というのでは顧客は離れていきます。

摘み取り園では樹間を考えての取り組みが必要

入園料の値段の考え方はまちまちですが、家族四人が一日に使うお金を考えると、持ち帰る摘み取り果実の価格を含めて高く設定すれば顧客は違う観光施設に行ってしまいます。顧客に「高いな」と思わせる入園料金は慎むべきでしょう。

●生果の販売価格

摘み取り果実の販売価格の設定は大事です。現状では、ブームを反映して高めの価格設定ですが、摘み取り園では収穫する労力がかからないメリットなどがありますので、これからブームが下火になった時のことを考えると、kg当たり一〇〇〇円程度以下に抑えた価格設定が必要です。

最初決めた価格を値下げするのは好印象を持たれますが、販売価格を途中で値上げしたり、顧客数を多くするあまり、持ち帰る果実の数量制限をしたりすると顧客に不信感を与え、次回から来園しなくなります。

●摘み取り園での栽培管理の注意点

園内に摘み取り客が入ることを想定しての植え付けや栽培管理が必要となります。

小さいころからブルーベリーの味をよく知ってもらう

摘み取り園での植え付けは、顧客が周囲の枝に触れないような距離を考えての植え付けが必要です。また、枝が混み合うような剪定では、摘み取りがやりにくくなることや、枝折りの要因になりますので注意が必要ですし、樹高も摘み取りやすい高さを基本に考えます。また、株もとに摘み取り客の足が入るような植栽方法では数年後には株もとが踏み固められて樹が枯れる原因にもなりますので、株もとはマルチをして少し高くし、摘み取り客に踏み固められないような対策が必要です。

踏み固められた園地は、土中に空気を注入して土壌の物理性を良くするような対策をします。この場合には、摘み取り園には一定の期間顧客を入れないような決断も必要です。

摘み取り園では、顧客に対しての労力が多いので、園地や樹の管理はおろそかになりがちです。しかし、栽培管理に手を抜くと品質が目に見えて悪くなってきますので、あくまでも「高品質果実の供給」が基本だと肝《きも》に銘じて栽培管理に取り組むべきです。

●摘み取り園の導入品種

植え付ける品種は、摘み取り園の開園期間を考えて導入しますが、早生から晩生までそろえると経営期間が長くなります。しかし、園地の気象条件から完熟しない品種などは避けます。

また、いろいろな好みの人が訪れますので、甘味の強い品種から酸味の強い品種までそろえるとよいでしょう。

また、栽培を続けてくると自分の園地に合った品種がだんだんわかってきますし、顧客が好む品種もわかってきますので、品種の切り替えも行っていくとよいでしょう。

●継続客を確保するために

ブルーベリーのブームの時には断れないほど来た顧客も、ブームが下火になれば来なくなるので、いろいろなメリットを用意しても来園客を確保できない状況がくることもありえることを、今から想定しておかなければならないでしょう。

そのため、ブルーベリーの摘み取り園経営では、適正料金での顧客の確保を基本に、休憩所、お菓子や料理などの供給、ジャム作り体験、染色体験、加工品の販売など、リピート客確保に知恵を出して取り組んでいくことが大切です。

●地域での連携をとって

ブルーベリー摘み取り園経営では、地域の同様な園と連携をとって経営すると取り組みやすくなります。

この場合のメリットは、栽培技術の研鑽、品種導入の情報収集、摘み取り客の融通などがあります。

地域連携での課題は、品質と入園料・販売価格です。品質は常に均質のものを提供しないと顧客は離れていってしまいます。また、入園料や生果価格の料金が各園でまちまちでは顧客の不信感を増長させるだけです。地域でのリーダーを中心に秩序ある取り組みをしていくことが安定経営の基本となります。

Q 69 観光摘み取り園成功の事例を教えてください

●観光施設の中での成功例

千葉県富津市《ふっつ》にある「マザー牧場」では園内にブルーベリー摘み取り園を設けています。日本の摘み取りブルーベリー園の中では歴史のあるブルーベリー園です。

大型観光施設だけに、年間のイベントの中に、「ブルーベリー祭り」のような、ブルーベリーに関する行事を位置づけています。

ここでは、観光施設に訪れる家族連れの観光客や内房《うちぼう》への海水浴客などを顧客にしています。最近では、東京湾横断道路アクアラインの開通により入園客は増えており、観光地の道路の重要性を示しています。

マザー牧場に導入したブルーベリーはラビットアイの比率が高いので、営業は七月下旬～八月になりますが、夏休みシーズンに入っての開園となることや、内房の海水浴帰りの顧客もこの時期に訪れてくるので、観光施設の内容、立地条件と開園時期がよく合っている事例です。

大規模な摘み取りを行っているマザー牧場（千葉県富津市）

園内の摘み取りは、決められた容器を客に渡し、「箱一杯○○円」というような方式をとっており、園地に隣接してジャムや染色の体験コーナーを設けて専属の従業員を配置するなど、摘み取った果実の楽しみ方についてもよく対応をしています。

●観光施設としての成功例

静岡県小笠町《おがさちょう》にある「ブルーベリーオガサ」（西下はつよさん経営）は、家族経営による観光施設です。経営は園主の西下さんを主体に、娘さんと息子さんが担当業務を分担して取り組んでいます。

施設は、ブルーベリー園、レストハウス、苗木ほ場などを合わせると四・九haに及び、ブルーベリー観光園としては大型な施設です。経営規模が大きいため貯蔵施設や選果機の設備も備えています。

経営は、ブルーベリー摘み取り園だけでなく、苗木の販売、ジャム、ソー

販売品目が多く、施設内でも食事ができる「ブルーベリーオガサ」

ス、サワー、パスタ、ブルーベリー茶などを手掛け、レストハウスで販売するだけでなく、地域物産店でも販売したり、ホテルの食材として納品するなど、多角経営を展開しています。

この施設は、広い面積を茶園跡地などの借地により確保してスタートしており、園内の土木作業も自分たちでこなしたなど、家族で苦労して作り上げたブルーベリーです。

周囲に観光施設のない立地条件の観光園ですが、大型化し、販売品目を多くする多角経営で顧客を確保し、そのハンデを克服しています。また、集客をはかるための営業活動を積極的に行っていることも特徴です。

●レストランを主体とした成功例

滋賀県大津市にある「Blueberry-Fields紀伊國屋」（岩田康子さん経営）は、琵琶湖が一望できるロケーションが良い園地にブルーベリー園を開園しています。

ここでは、ブルーベリーだけでなくハーブガーデンもあり、ブルーベリーの摘み取りや多種のハーブでの楽しみを満喫できる経営となっています。

この園の大きな特徴は、客席四〇のレストランが経営の主体となっていることです。レストランではブルーベリーを使ったフランス料理を専任のシェフにより調理し提供しています。

レストランも園内で経営している「Blueberry-Fields紀伊國屋」

●顧客数を制限した成功例

ブルーベリー摘み取り園に来た顧客に「ゆったりした気分」で一日を楽しんでもらおう、という園もあります。

盛岡市郊外にある「松本園」では、一日の摘み取り客を三組に制限して、楽しい一日を過ごしてもらおうと取り組んでいます。

ハーブによる防除に取り組んでいる「松本園」

この摘み取り園では、収穫を楽しんだ後に、ハーブティーによる経営者自らによる接客・交流により好評を得ています。

この園では、地域との交流をはかることも積極的に行っており、保育園児の無料招待など、いろいろな楽しい企画に取り組んでいます。

●東京郊外の住宅地立地での成功例

東京都青梅《おうめ》市で観光摘み取り園「ベリーコテージ」を経営する関塚直子さんは、栽培品種をラビットアイにし、樹間距離の幅をとって顧客にゆったりとした摘み取りをしていただいています。

また、この園ではブルーベリーを使ったケーキなどが楽しめるコテージを設置し、摘み取り客だけでなく、ブルーベリーを楽しむ多くの顧客を集めています。

何よりも、立地条件に恵まれた園地だけに顧客確保は容易な面がありますが、毎年訪れる継続的な顧客を確保するために、顧客を満足させる施設を設けたり提供する食事にも工夫して成功しています。

住宅街の中にある「ベリーコテージ」の園地

第6章

ブルーベリーの産地形成と販売

産地振興への研究会（熊本県蘇陽町）

Q 70 ブルーベリーによる地域振興を考えてみたいのですが

●ブルーベリーを特産品に

過疎化や高齢化が進む農山村では、新しい産業を興すことにより地域の活性化をはかることが必要になってきています。働き場所がないため、若者を中心とした労働力が地域を出てしまって、高齢者のほうが多くなってしまった農山村は、全国に数多く見られます。

しかし、最近の経済環境低迷化による雇用不安や、自然回帰の願望から農業に取り組みたいとする人たちも出てきています。また、全国各地では地域の働き場所の創設と特産品の販売を目的に「一村一品運動」に取り組んでいる事例もあります。

そして、この地域特産品にブルーベリーを考えているところも出てきています。

この地域振興品目の一つとしてのブルーベリーは、日本ではまだ新しい作物であることや、乳製品との相性も良く女性や若者にも好まれ、生果実でも、ジャムなどに加工してもおいしく食べられるため、取り組み体制や方法によっては大きな可能性がある農産物といえます。

●ブルーベリー導入のメリット

ブルーベリージャムが年間を通じて豊富に出回っていますので、ブルーベリーはジャムにして食べる果物と思っている人も多くいます。ブルーベリーになじみの深いアメリカやヨーロッパの国々では、生果実、お菓子や料理への利用、自家加工品への取り組みなど、かなり広い用途を持った果実として食生活に定着しています。

この外国の状況が日本の食生活に定着するためには時間がかかりますが、変化してきた日本の食生活に入っていく可能性を持った果樹の一つです。

ブルーベリーの花を楽しむ

また最近は、食品に対し安全や健康を考えた食べ方をしている人が増えてきています。そのため、機能性食品としての果実や野菜の消費が見直されてきており、ブルーベリーの「眼に良い」とされる機能性は消費者に訴える大きな要素でもあります。

ブルーベリーの消費が、生果実だけでなくジャム、ソース、ワインなどの加工品でも楽しめるのは大きな利点ですが、この販売品目の多さは取り組み方法によっては多彩な販売展開ができ

「ブルーベリーオガサ」（静岡県小笠町）では入口から売店までの通路も工夫している

ブルーベリーパスタなども開発し大規模摘み取り園の顧客確保に取り組んでいる

ます。しかし、販売方法や販売品を絞らないと販売が散漫となりやすいため、地域のおかれた立地条件をもとに最適な販売方法を考えて取り組むとよいでしょう。

ブルーベリーは、この販売しやすいというメリットのほかに、農作物として他の品目にない大きな利点も持っています。

とくに寒冷地で高原野菜の栽培ができる程度の地域や、リンゴなどの果樹栽培に取り組んでいても春先の凍霜害を受けやすい産地などは、代替え農作物の一つとしてブルーベリー導入を考えるとよいと思います。

また、ブルーベリーは、果実が軽いことと樹高が低いことから、女性や高齢者の栽培に向いている果樹です。

初期投資をしっかりやっておけば、その後の農薬・肥料代などの栽培資材費が少なくてすむ、環境にやさしい農作物であることも大きな特徴の一つです。

Q 71 ブルーベリーによる地域振興に取り組む場合の注意点は何ですか

●重要な植栽前の検討

栽培を始めてしまってから、失敗がわかって植え替えするなどの手直しをするのでは経営的に問題ですので、植える前によく考えて取り組むとよいでしょう。

園地の選択では、気象条件、園地の傾斜度、排水の状況、風の強さと方向、年間の日照条件など、ブルーベリー栽培が可能な園地を選択することが重要です。とくに、ブルーベリー栽培では、苗木やピートモス代など最初の投資額が大きいため、この資金確保が必要です。

販売面を加味した立地条件も考えて取り組みたいものです。生果実の販売では、直売、市場出荷、摘み取り園での販売などがありますが、消費地への輸送距離、収穫時期などにより販売展開も大きく変わってきます。

また加工品の取り組みでは、一農家では製造数量も限度がありますので、地域で協力体制を作って取り組むのも一つの方法です。加工場建設などについては行政の援助があると取り組みが進みます。

ブルーベリー栽培は技術的要素が強い作物ですので、栽培指導は専門家から受けるとよいでしょう。ある程度栽培が軌道に乗ってきたときには、自分の園地の状況もつかめますので、園地に合った栽培方法を研究しながら取り組んでください。

自園の状況については、栽培の専門家や技術を持った栽培農家に見てもらうのもよいでしょう。この場合、指導を仰ぐ費用を支出するような考えがないと、次の時に教えてもらえないこともありますので、謙虚な気持ちが大事です。

また、地域でブルーベリーを推進するためには、生産・販売の推進リーダー役となる、地域での中心的な役割を務める農家の存在は大きいものがあります。

そのため、この体制を考えた組織作りも重要となります。とくに、地域の農家の技術レベルが同時に上がっていけば問題はないのですが、果樹栽培では個々の農家の技術レベルが開く特徴がありますので、五年ごとに技術レベルを見直し、地域全体の技術レベルが落ちないように、地域の指導者や推進リーダーは考えていかなくてはなりません。

●地域振興に向けて

植栽から数年経過すると、行政の援助のあった地域でも人的・財政的援助がなくなり、農家は自分の考えと資本で経営していかなくてはならなくなります。

管理作業、販売目的に合った植栽を行う

ブルーベリー栽培が地域の商材として成り立つためには、地域住民へ「ブルーベリーによる地域振興への取り組み」への理解を得ておかなくてはなりません。この地域住民の援助が、販売展開で大きな力となることが多いのです。

また、生産量が増えてきますと販売面の課題が多くなりますので、主要販売品で利益を確保し、余力で他の製品等の販売を試みるなど、販売の主体を明確にして取り組むことが地域振興を成功させるポイントとなります。

ブルーベリーによる地域振興は、立地条件を考慮した方法で取り組めばその可能性は開けてくるものと考えられますが、成功のポイントは、あくまでも消費者の継続的な購買を意識し、高品質果実・加工品の適正価格での供給を行う取り組みが重要です。

Q 72 立地条件の違いによる地域振興の方法を教えてください

立地条件の違いによる地域振興については、条件によって展開方法が大きく異なりますので、地域に合った振興方法を見つけて取り組むことが、成功のカギとなります。

●過疎化が進む中山間地の場合

知名度が低く消費地から遠いため販売面での制約が多い地域です。観光地や温泉場が近くにあれば、摘み取り園経営やみやげ物店での生果・加工品の販売は可能ですが、それ以外の地域は、販売戦略を十分にたてて取り組まないと苦戦を強いられることになります。

しかし、産業が育ちにくい地域のため園地や労力確保は容易で、行政の対応も期待できる地域です。

生果実の販売では宅配が主体となります。市場出荷では集荷・運送のコストがかかりますので、園地が分散していては収益確保は他の地域より困難となります。

また、加工品の製造・販売の取り組みは、生果実の販売が軌道に乗ったころに考えるとよいと思います。

このような地域では、行政の援助があれば、ジャムなどの加工品も早い時期からの取り組みも可能です。消費地で開催される地域物産展や各種イベントに積極的に参加して販路拡大をはかることが必要な地域です。

●観光地を持つ地域の場合

観光地として成り立つためには年間の訪問者が三〇万人程度必要といわれています。そのため、地域の観光資源の状況、観光地の規模、観光地への交通状況（とくに道路）、観光客の流れなどをよく検討して、地域振興のメニューとしてのブルーベリー導入を検討します。

この地域での課題は、観光地と一体化した展開が地域振興のカギとなりますので、観光地として成立しているかどうかの状況把握が重要です。ブルーベリー販売面から考えると好立地条件ですので、行政の観光計画にも組み込みやすい地域です。

販売の主体は、直売所での生果実・加工品の販売となりますが、摘み取り園経営も可能な地域です。直売所では、ブルーベリー製品だけでなく地域の農産品・特産品をそろえた売店でないと観光客は遠ざかってしまうので、品ぞろえに工夫をして観光客に対応します。

●消費地に近い地域の場合

ブルーベリーでの地域振興については最も取り組みやすい地域です。消費者への直売や摘み取り園経営が、他の地区よりは行いやすい地域です。

ここでの課題は、地域でまとまって販売しなくても農家個々での販売が可能ですので、果実品質と販売単価がバラバラになりやすく、このことが消費者の不信を招いて産地として停滞することがありますので、統一品質と価格

消費地に近い園地では摘み取り園としての立案が無難

をしっかりと決め、全体で結束することが大事です。

労力面では、雇用労力が確保しやすい地域ですが、地価が高く面積確保が容易ではありませんので、地域振興に当たっては、地域での生産者数、市街地の中での産地化、中心的な人物など検討課題は多くあります。

また、市街地に近い地域での農園ですので、周りの民家から悪臭、病害虫などの苦情が出ないようにすることも重要なことです。

好評のブルーベリーショップ
（東京都青梅市）

Q 73 ブルーベリー産地形成のための販売展開はどのように行えばよいですか

●ブルーベリーの販売

ここ数年のブルーベリーブームで、機能性食品としてよく知られるようになったことから、生産者が驚くほどの順調な販売となりました。そのため、ブームが来る前に販売で苦労したことなど、忘れ去られようとしています。

しかし、国内産地ではこれからは結果期を迎えるブルーベリーが多く、生産量の増加と、輸入果実の攻勢による国内への供給増が予想されます。一方では、機能性食品としての定着の度合も心配されることから、販売の厳しさが予想されます。そのため、今まで以上の経営感覚を持った対応が求められます。

食品業界雑誌では、ブルーベリーの機能性食品としてのブームは下火になったと報じています。ほかにも機能性食品として消費が伸びていたワインやブドウジュースが以前のような消費が見られないこと、ブルーベリーの代わりにクランベリー関連商品が消費を伸ばしていた状況もあったことから、機能性食品についての消費者の反応は変わりつつあります。

このような中で、ブルーベリー振興のため生果や加工品をどのように販売し、収益を確保していくかが大きな課題となります。今までのような消費者からの求めは下火になることも予想されますので、高品質果実・加工品の供給を基本に、適正価格による積極的な販売に取り組んでいく必要があるでしょう。

●食品・商品としてのブルーベリー

輸入品の販売時期が早まってきています。アメリカ産のブルーベリーが六月には小売店の店頭で国産価格より安く売られています。この状況は、今後さらにエスカレートしてきますので、国内産地の競合だけを考えた販売では通用しません。

自園の経営の中で、収益確保の目標とする販売価格を考えての取り組みが基本ですが、ブルーベリーは単位面積当たりの収量が少ないことから、販売単価を高く設定したいのは共通の想いです。

しかし、青果市場でもkg当たり一〇〇〇円以上で販売している果実は少ないことや、経済環境の低迷の中で消費者の購買行動を考えると、各地で販売しているkg当たり二〇〇〇円程度での販売では消費者は買えなくなってしまいます。

そのため、kg当たり一〇〇〇円程度の価格で販売をすることで経営が成り立つ方法を考えていかなくてはなりません。また、直売や観光摘み取り園での販売価格も適正価格に近づけていくことが経営を続けるポイントです。

食品・商品としてのブルーベリーの生果・加工品の製造・販売であることを念頭においての取り組みが重要で、あくまでも「おいしくて適正価格での供給」が販売の基本です。

販売を念頭に入れた産地形成が必要

労力確保も経営を続けるポイントのひとつ

Q 74 ブルーベリーを地域に導入するための栽培面の考え方を教えてください

ブルーベリー栽培は、果樹が低樹高であること、一〇a当たり植栽本数が多いこと、各産地の適地適品種が模索状態であること、一樹当たり収穫日数が長いこと、収穫作業に労力が多く必要であることなど、他の果樹栽培と大きな違いがありますので、この特徴をよく理解して取り組むことが大事です。

●果樹が低樹高である

高所作業の多い果樹栽培では、ハシゴやキャタツを使わないで作業ができることは大きな利点です。ブルーベリーはこの特徴から女性や高齢者に適しているといわれています。

また、果樹栽培では過酷な作業として防除作業がありますが、ブルーベリーでは防除作業が極端に少ないこと、施肥量も少なくてすむなど、環境にやさしい果樹です。

●作業効率の良い植栽本数に

他の果樹と比較して一〇a当たりの植栽本数が多いため、樹の生育年数が経るにしたがって間伐や枝の整理が必要になってきます。

しかし、全国の園地では樹が混み合い管理作業が大変な園も多く見られますので、管理作業を主体においた樹間と枝管理を行う必要があります。

●品種選択の重要性

日本でのブルーベリーは、栽培の歴史が浅いため、全国の産地では、環境条件に合った適品種を模索している産地もあります。

しかし、品種導入の基本は自園の土壌や気象条件に合った品種ですので、販売方法を考え、早生から晩生までの品種をどう導入するかが産地振興にとって重要なことです。

果樹園経営では、品種導入と作型の選択が経営を左右するといわれていますので、ブルーベリーでも地域に合っ

作業効率の良い植栽本数に

た品種の導入を主体に、地域振興と各農家の経営安定をはかっていきたいものです。

●収穫労力を考える

ブルーベリーの経営面積は収穫労力で決まるといっても過言ではないほど、収穫作業に手がかかります。これは、日本では生果実での出荷が多い経営形態にならざるをえない状況がありますので(経営面積が小さい日本では、生果実出荷を主体にしないと収益確保が困難な場合が多い)、人手による一果ずつの収穫作業となるからです。そのため、収穫労力の確保が産地の振興にとって大きな要素になります。

幸い、ブルーベリーは果実が小さくて軽いこと、地面に足をつけたまま管理作業ができることから、収穫作業も一般人でも取り組みやすい果樹ですので、労力を広範囲に確保することも可能です。

Q 75 産地形成の成功事例を教えてください

全国各地でブルーベリーの産地化が取り組まれていますが、その環境条件や立地条件はさまざまで、過酷な条件を克服して取り組んでいる産地もあります。

代表的な産地について産地化の状況を紹介しますので、産地形成がなぜ成功したのか、どうしたら成功するのか、産地化へ取り組む場合の参考にしてください。

●岩手県盛岡市のリンゴ産地

盛岡市郊外のリンゴ産地では、リンゴとブルーベリーの果樹複合経営に取り組んでいます。

二つの果樹を選択した理由は、重要な作業が重ならないことや、違う地域・業種から嫁いできた女性がブルーベリーのような新しい農業に取り組むことにより、ブルーベリーとの複合経営に対して地域の農業習慣などからの重圧が少なかったからです。それが成功の大きな要因となっています。

栽培農家では、農協のブルーベリー部会や行事などへの出席は夫婦で参加

リンゴ産地の中のブルーベリー園(岩手県盛岡市)

するなど、楽しみながらブルーベリー経営に取り組んでいます。また、ブルーベリー農家の女性で組織する会も設立し、女性の交流の場として有意義な場となっています。

この産地では、ブルーベリーを通して地域との交流に力を注いでいます。その取り組みの一環として、地域の保育園児をブルーベリー園に招待しています。これは、小さいころからブルーベリーに親しんでもらうことを目的に取り組んでいるものです。

摘み取り園経営と直販が主体の産地ですが、摘み取り園では一日の入園客数を制限するとか、接客の工夫により、「安らぎをもたらす」施設としてブルーベリー経営に取り組んでいます。

直販では、岩手大学で開催された「母親大会」でブルーベリーに関心を持った人の名簿を大切にして活用するとか、地域の直販についても、顧客の行事に合わせて配送するなど、気を配った販売に取り組んでいます。

地域で既存の農業に取り組んでいたならば、地域のしがらみなどからの重圧によって伸び伸びとしたブルーベリー栽培はできなかった、と思える産地です。

●山形県羽黒町《はぐろまち》

山形県羽黒町は山形県の日本海側の庄内平野にあり、霊峰・月山《がっさん》、山伏や五重塔（国宝）で有名な羽黒山《やま》のある所です。町の農業は水稲と柿《かき》（平核無）が中心で、とくに柿は高品質なものが生産できるため有名な産地です。

しかし、この作物の組み合わせでは収益性に問題があることから、町では農業の核となる新しい農作物を模索していました。このような時に、農業に取り組んでいた鈴木繁治さんが中心となり、八名によるブルーベリー栽培が始まったのです。

産地化の特徴は、町と農協がスクラムを組んで推進したことです。現在、農協のブルーベリー部会には一九名が所属し、栽培面積も増えてきていることから、町でも特産品として位置づけて振興に取り組んでいます。

観光摘み取り園には、年間、延べ四〇〇〇人ものお客さんを集めるまでになっています。また、生果実の販売や摘み取り園の経営だけでなく、ジュー

にぎわう羽黒観光ブルーベリー園入口

ス、ジャムなどの加工品にも取り組み、お客さんから好評を得ています。

消費地から遠い産地ですが、摘み取り客も確保し、加工品にも取り組み、農村の中で産地化したモデルとすべき産地です。

●茨城県つくば市

茨城県の南部に広がる研究学園都市つくば市は、中心街の発展は目ざましいものがありますが、市街地から少し離れた郊外には以前からの田園地帯が広がっています。

この地域では、ゴルフ場増設が盛んな時期に、それまで野菜などを栽培した畑を芝生の造成畑に替え、芝生を供給する産地として発展してきました。

しかし、バブル経済崩壊とともにゴルフ場建設が下火になり、芝生の需要も冷え込んできたため、代替作物を探していました。その作物としてブルーベリーに注目し導入を進めることにしたのです。

この振興には、つくば市も苗木代などに補助を出し産地化に取り組んでいます。

つくば市が、ブルーベリーを芝生の代替作物として選んだのは、市の中心街にある筑波大学の福島正幸さんが長年にわたってブルーベリーの研究に取り組んでいたこと、また、筑波大学が開催したブルーベリー栽培公開講座の受講生有志で組織している「茨城県ブルーベリー愛好会」の活発な活動があったからです。

また、この公開講座受講生の中で市内でブルーベリー栽培に長年取り組んできた鈴木太美雄さんの摘み取り園での実績や、近接した土浦《つちうら》市でブルーベリー苗木の生産・販売を行っている大関充功さんもブルーベリー産地化の大きな牽引《けんいん》力になりました。

この産地では、新たな試みとして協業による法人経営のブルーベリー園の取り組みが始まり、この法人に対しても市の援助があり、行政が振興への手助けをしています。

市内では、このほかにも取り組んでいる人が多いことや、つくば市という大きな消費地を控えての産地だけに、これから大きな産地として発展する条件を備えています。

剪定の講習会（茨城県つくば市）

●群馬県川場村

川場村《かわばむら》のブルーベリー農家では、上越新幹線の上毛高原《じょうもうこうげん》駅、関越《かんえつ》高速道の沼田《ぬまた》インターチェンジに近いという交通の利点を生かし、観光摘み取り園主体の経営に取り組んでいます。

この地域は、リンゴを中心とした果樹産地として以前から知られていましたが、首都圏から近いこともあり、リンゴの観光園により果樹経営に取り組んでいました。

とくに川場村は、東京都世田谷区と深い関係を持ち、「都市と農村の交流」には多くの実績があります。村内には児童が宿泊学習できる施設を設置しているなど、都市住民との交流に力を入れています。

このような状況の中で、村でリンゴ栽培に取り組んでいた宮田光雄さんが、ブルーベリーの将来性に着目し、苗木を育成・供給することで産地化をはかってきました。

ブルーベリー栽培は協業経営の観光摘み取り園主体ですが、ブルーベリー園の近くに加工場を設置してジャムなどの製造・販売に取り組むなど、経営の多角化にも取り組んでいます。

また、村内にある「道の駅」では、果実や加工品の販売だけでなく、周囲の山林にブルーベリーの植え付けを行い、観光客に村の産業としてブルーベリーを印象づける取り組みをしています。

「道の駅」周囲の山林に苗木を植栽(群馬県川場村)

「ブルーベリーの丘」の案内板

●千葉県木更津市

木更津《きさらづ》市は、日本のブルーベリー産地の中では早い時期に取り組みが始まった産地です。一九八三年、木更津市富来田《ふくた》農協（現在は木更津市農協に合併）で組合長をしていた佐藤宗治郎さんが、地域の新しい農産物として、ブルーベリーの将来性に着目して産地化し、農協の主導により振興がはかられました。

産地形成に当たって、農協では、集落座談会を開催して栽培に取り組む農家を募ったり、長野県などの先進産地を視察し産地化の構想を練りました。

また技術面では、当時、千葉県農業大学校に在職していた玉田孝人さんの指導を受け、農協にも担当専門職員を配置して、苗木の植え付けや営農指導などに取り組み、農協が形成した産地です。

販売は生果実主体です。とくに、ハイブッシュでは全国的にも収穫時期が早く、東京の大消費地に近いという立地条件の良さもあり、青果市場出荷のメリットは大きいものがあります。また市場出荷については鮮度保持出荷をしており、農協の集荷場に予冷施設を設置し、鮮度保持出荷に取り組んでいます。販売は、青果市場への出荷だけでなく生協や加工業者などの大口需要者にも供給しており、販売先は確立されています。

また、この産地で農協に勤めブルーベリーの営農指導に携わっていた江澤貞雄さんは、ブルーベリー専業農家として観光摘み取り園の運営、苗木の供給など、大きな面積での経営に取り組んでいます。

これからの課題は、生産者の高齢化と担い手の確保、産地内の農家間の品質格差の是正、加工品への取り組み、観光摘み取り園の経営などがありますが、地元駅前での直売所での販売など積極的な取り組みをしており、大きな夢を持ってブルーベリーに取り組んでいる産地です。

栽培に歴史のある園地（千葉県木更津市）

●東京都日野市

日野《ひの》市は東京の都心から三〇km、八《はち》王子《おうじ》市と立川《たちかわ》市に挟まれたベッドタウンです。

戦前は、米、養蚕《ようさん》を主体とした農業地帯で、果樹ではナシの栽培が盛んで

住宅地に隣接したブルーベリー園（東京都日野市）

した。しかし、戦後になって急速な宅地開発が進み、今ではわずかな農地が点在する地域になっています。

一九七五年ころ、水田の転換作物としてブルーベリーが植えられました。最初はハイブッシュを植えたのですが生育が悪かったため、ラビットアイに替えて産地化が進められてきました。

このブルーベリーの取り組みに対し、日野市も行政として援助し、また東京都の助成もあり、住民の身近にある農園としての価値を認め、ブルーベリーの振興をはかっています。

現在、一四戸の農家で「日野市ブルーベリー研究会」を発足させています。摘み取り園や即売が容易な地域だけに、堅実な経営に取り組んでいます。

大消費地の住宅地の中にあるブルーベリー産地の好事例です。

●長野県信濃町

信濃町《しなのまち》は黒姫《くろひめ》高原に近い高冷地にあり、年平均気温は一〇℃と長野県の中でも寒い所です。

冬は二mを超す積雪があり、春の訪れも遅く五月には晩霜《おそじも》被害にも遭遇します。夏は朝・夕に霧が出る日が多く農作物が干害を受けることは少ないのですが、秋は早くやってきます。

この産地は、気象環境から栽培できる農作物が限られるため、主要農作物は水稲で、果樹ではリンゴ栽培に取り組んでいますが、地区によっては晩霜により開花した花が被害にあうことがあります。

そのため、寒さに強いブルーベリーに取り組むことにし、地域の農家・伊藤国治さん（現在は息子さんの伊藤利

ハイブッシュの新植園（長野県信濃町）

定さんが継承）が、一九七一年に試験的に導入したのが最初です。

また、長野県果樹試験場の小池洋男さんの技術面での援助も大きく、近くの外国人別荘地へ販売ができるという販売環境にも恵まれ、産地化に取り組みました。

気象条件からハイブッシュを導入していますが、土壌条件もブルーベリーに合っていることもあり、日本での栽培適地の一つで、現在、一三名の農家が栽培に取り組み、栽培では、バークマルチの導入や無農薬栽培の取り組みなど技術的に高い産地です。

●石川県柳田村

柳田村《やなぎだむら》は能登半島にあり、朝市で知られる輪島市に隣接しています。海に面していない村のため、産業は農業が中心です。この地域は、冬の寒さなど環境条件の厳しさと、痩《や》せ地という土壌条件のため、栽培する農作物の選定は難しいものがありました。

そのため、地域の条件に合った農作物の模索を続け、果樹では、ウメ、柿、クリなどの産地化をめざして取り組みましたが、気象・土壌条件の厳しさと栽培面での課題が多く、産地化にいたらなかったことを経験しています。

一九八二年、当時、農協組合長の駒寄孝造さんは、過酷な環境条件、水田転換の進行、農家の高齢化と担い手不足という悪条件の中、村の農業に危機感を抱き、地域の核となる農作物にブルーベリーを導入したのです。

この産地の特徴は、消費地から遠いという販売条件もあってか、ブルーベリーの植栽と同時にワインなどの加工品に取り組んだことが、その後の振興に実を結びました。

一九八三年、集団栽培に取り組みましたが、排水対策の不備、技術の未熟と過酷な栽培条件から、ブルーベリー産地として継続が危ぶまれました。

そのため、村では一九九三年に「ふれあいの里公社」を設立し、これを契機にブルーベリー祭りを開催し、全国の研究者と交流する機会を得たことで指導を受けることができ、産地は再び活気を取り戻したのです。

中核施設の「モデル農場」（石川県柳田村）

村では、農業指導の中核施設として「モデル農場」を設置し、農場長の田原義昭さんを中心にブルーベリーの栽培指導を行っています。また、第三セクターの加工工場も村内に設立し、ジャム、ゼリー、アイスクリームなどの製造と販売にも取り組んでいます。

このように、この産地では行政主導により、過酷な条件を乗り越えて産地化に取り組んでいます。環境・販売条件がやや劣る産地でも、ブルーベリーの栽培に取り組める好事例です。

●広島県大崎町

大崎町《おおさきちょう》は瀬戸内海に浮かぶ大崎上島《かみじま》にあります。離島にも指定されている島の主要産業は漁業とミカンです。

この島にブルーベリーを導入したのは横本正樹さんです。一九七六年に苗木一〇〇〇本を導入し、八人で研究会を結成して取り組みが始まりました。

地域では新しい果樹のため、農協からは取り扱いに難色を示されたこともあり、取り組み当初は果実の販売に苦戦しました。

そのため、販路開拓、苗木生産、加工品開発を独自で行ってきましたが、導入から一〇年たった一九八六年、法人組織「神峰園」を設立し、生産・販売に取り組んできました。

法人発足当時、増加する栽培面積に販路拡大が追いつかず、お菓子屋さんへの売り込みに苦労したり、作ったジャムが売れ残ったり、苦難な時代が続きました。

このような時期が長く続いたため、生産者・面積とも一時的に減少しましたが、平成に入り、ブルーベリーの持つ機能性が注目され、行政や農協の援助もあり産地化が進められています。

地域に根ざしたブルーベリー園の経営（広島県大崎町）

ブルーベリーの栽培研究会（広島県大崎町）

ここでは、大崎町の環境条件に合ったラビットアイでの産地化が進んでいます。最近では、町内の身体障害者に栽培管理に携わっていただくなど、福祉を目的とした地域に根ざしたブルーベリー経営にも取り組んでいます。

大崎町のブルーベリーは、離島という条件下で、ジャムの製造・販売を主体とした経営展開で成功してきた好事例です。

●熊本県蘇陽町

蘇陽町《そようまち》は阿蘇山の南麓《なんろく》にあり、標高五〇〇～八〇〇mの間に農地、山林、原野が広がっている農林業の町です。

この地域は年平均気温は一三℃と九州では低く、昼夜の温度格差が大きい高冷地特有の気温で、晩霜などにより大きな被害をもたらすこともあります。また、夏から秋にかけて雨量が多いという環境条件です。

地域の農作物は水稲、クリ、野菜が中心ですが、夏期に収穫するものがないため、この時期に作業がある農作物を模索していました。

一九八二年、鹿児島大学から苗木を導入し、ブルーベリー栽培が始まりました。研究会も設立され取り組み農家も増えてきましたが、販売不振から経営は苦しい状況が続きました。

この状況の中で、町・農協・生産者が一体となって、消費者にブルーベリーの良さを宣伝することにより、九州では「蘇陽町はブルーベリーの町」というイメージが定着してきました。

温度条件からハイブッシュの栽培が主体ですが、収穫期に雨が多いという気象条件のため、最近では雨よけ栽培にも取り組んでいます。

楽しいブルーベリーの摘み取り（熊本県蘇陽町）

中心施設の「ブルーベリー館」（熊本県蘇陽町）

町ではブルーベリーを地域起こしの主要農作物として推進しています。町役場の近くには、ホテル、スポーツ施設、体験加工場のある「そよ風パーク」があります。ここの中心施設はブルーベリーの果実を模した「ブルーベリー館」で、蘇陽町がブルーベリーに大きく期待するものがあることがわかります。

●他の産地事例

紹介した産地のほかに、全国では多くの産地がブルーベリーに取り組んでいます。

北海道　果樹産地の仁木町《にきちょう》は、大手量販店との契約栽培から産地化が始まりました。また、駒ヶ岳山麓の砂原町《さわらちょう》では、町が主体となり苗木の配布や町有地での栽培などに取り組んでいます。

東北地方　岩手県には盛岡市周辺のほかにも国内としては大きな産地があります。ハイブッシュ栽培では気候条件に合った産地として早い時期から取り組みが始まり、岩手町《まち》、胆沢町《いさわちょう》、一《いち》関市《のせき》などの産地が摘み取り園経営、契約栽培、直販などに取り組んでいます。

青森県、秋田県、宮城県でもブルーベリーの産地化が進められています。

関東地方　茨城県では県下全地域にブルーベリー産地があります。栃木県では宇都宮市に日光ブルーベリー研究会があり、地域に認められた産地になっています。群馬県でも川場村のほかに吾妻郡《あがつま》、前橋市など県下に広がりつつあります。

埼玉県江南町《こうなんまち》・さいたま市、神奈川県横浜市・小田原市・相模原市《さがみはら》、東京都では青梅市《おうめ》や日《ひ》の出町《でまち》に都市近郊の摘み取り園が見られます。

甲信越地方　長野県ではブルーベリー栽培では好適な環境条件のため、日本では取り組みが早かった産地です。試験研究機関の援助もあり、南信《なんしん》から北信《ほくしん》まで栽培されています。

山梨県では八ヶ岳山麓の長坂町《ながさかちょう》・明《あけ》野村《のむら》、富士山麓の河口湖町《かわぐちこまち》で、新潟県でも取り組みが見られます。

東海・近畿地方　静岡県小笠町《おがさちょう》、滋賀県大津市に企業的経営に取り組んでいるブルーベリー園があります。

中国地方　広島県のほか島根県大田《おおだ》市には「神原《かんばら》エーデルファーム」があり、山を切り開いた園地で、生果実、冷凍果実、さまざまな加工品の開発を手がけ、日本では一カ所にまとまった大きな園地です。

また、鳥取県大山町《だいせんちょう》にも産地化に取り組んでいる産地があります。

九州地方　熊本県のほか、大分県湯《ゆ》布院町《ふいんちょう》、宮崎県霧島山麓、鹿児島県で産地化され、ラビットアイを栽培している園地が多くありますが、最近の傾向として南部ハイブッシュの導入も試みられています。

また、九州地方の研究者・生産者を主体に、ブルーベリーの振興を目的に「西南暖地ブルーベリー研究会」を設立し、活動を行っています。

Q 76 ブルーベリーの生果実と加工品の販売上の注意点は何ですか

●販売方法の検討

ブルーベリーの販売は多岐にわたるため、地域の社会的・人的条件、わが家の経営面積・労働力を基本に、収益が確保できる販売展開を考えての取り組みが大事です。

●生果の販売

生果実の販売では、販売時期と方法を基本に品種導入を考え、地域の消費者への直売、宅配による直売、地域産品直売店（道の駅、観光みやげ店、アンテナショップなど）での販売、摘み取り園経営による直売、大口需要者への販売、加工業者への販売、市場出荷などの販売方法が考えられます。

⑴消費者への直販

生果実の販売方法で基本としたいのが消費者への直販です。地域といっても、最近の自動車社会を反映して、かなり遠距離から買いに来る人もいますので、最近の販売範囲はかなり広範囲になっているものと思います。

直売では「口コミ」で販売先が広っていきますので、高品質適熟果の適正価格での販売を続ければ経営は安定します。現在、ブルーベリー経営を軌道に乗せている各地のブルーベリー園では、この販売方法が大きな柱になっていますので、最初に取り組みたい販売方法です。

この販売でのポイントは、「おいしい果実」の供給を基本に、価格もkg当たり一〇〇〇円程度で販売すれば顧客を継続的に確保できます。

⑵宅配での直販

宅配便の発達とともに鮮度を保持した輸送が可能となり、販売の中でも主力になっています。園地での直販同様に高品質果実の適正価格での販売が基本ですが、消費者に届いた時の品質が良くなければ顧客確保はままならないのも宅配での販売の弱点です。

消費者に対しては、異常気象による品質劣化などは理由になりません。そのため、毎年、均質な果実供給をしなければなりません。生産量に合った顧客数による販売が重要です。

⑶市場出荷

市場出荷は量的に販売できるという利点がありますが、出荷容器、市場までの運賃、市場での販売手数料など、流通経費を考えての取り組みが必要です。

とくに市場出荷では、一つの市場への出荷量を多く、しかも継続的に行わなければ市場出荷のメリットが出ないという、市場取引の特徴をよく理解しての取り組みが必要です。また、市場での販売価格は表面的に高くても実際の手取りは五〜六割程度ですので、このことも理解しておかなくてはなりません。

最近は、量販店の販売ロスを意識した未熟果の出荷要請が果実・野菜を問わず強くなっていますが、未熟果の流通は消費者軽視につながり、消費面から見た場合にはマイナスとなりますので、厳に慎まなければなりません。

また果実の販売では、市場の販売価格は早期ほど高いことから、収穫期が早い産地ほど有利になることと、シーズンを通じて販売する産地が有利となりますので、この状況も認識しての取り組みが必要です。

(4) 輸入品との競合

わが国で生果実が高く売れていることから、生果実の輸入は年々増加しています。六月に入れば小売店の店頭で輸入品が販売されていますので、国産産地にとっては脅威です。

とくに、外国産は、果実の生産コストが安いだけに、船便で鮮度保持輸送してくれれば小売価格もかなり安く設定できますので、国産も品質面で負けないような果実を生産し、輸入品への対応を考えることが大事です。

●加工品の製造・販売

加工品で最も取り組みやすいのがジャムとソースです。小売店で販売されているブルーベリージャムの多くは、国内で製造されていても原料は輸入冷凍果実を使っている製品が多い状況にあります。

この冷凍の主原料にペクチンや香料を添加した製品が多いことから、国産果実を使った差別化製品の製造は可能です。しかし、自園の果実を使っての製造では販売価格を高めに設定しなくては収益があがらないため、「手造り品」としての特徴と味を消費者に知らしめる必要があります。

冷凍輸入果実を使い、市販品と同じようなジャム・ソースの製造・販売を地域で考えている場合もあると思いますが、輸入原料を使った製品と同じような味では、消費者からの支持は得られません。

ブルーベリーワインについては取り組んでいる事例は数多くありますが、ワインの製造は免許がいることから、ワインメーカーへ原料を送って委託製造の形態をとっている産地が多いのが特徴です。産地振興を取り組むうえでは加えたい品目です。収益の分岐点をよく検討して取り組んでください。

ブルーベリージャムの検査

第7章

ブルーベリーの庭先栽培

コンテナ栽培のブルーベリーの収穫

Q 77 ブルーベリーを家庭果樹として楽しむコツを教えてください

家庭果樹、あるいはガーデニングという言葉は、植物（果樹）と人間の共生を最も親密に伝えています。

わが家の庭、あるいはベランダに果樹があることによって、命あるものを育てる喜び、四季折々の樹の生長や変化に感動し、生命の逞《たくま》しさに感銘を受け、花や紅葉を愛《め》で、果実の収穫に感謝し、食べる楽しみといった非常に多くの喜びを味わうことができます。

ストレス社会といわれる今日、ブルーベリーを庭に植え、あるいはポットで育てることにより、人間の心の健康を回復し、また、高い機能性を持つ果実を自分で育て、食することによって、身体の健康の維持増進をはかることができるのです。

家庭果樹として、ガーデニングの植物として、ブルーベリーはまさに最適なのです。

●どうして家庭果樹に向くのか

すべての植物（果樹）が、庭植えが可能であり、あるいは、ポットで育てることができるわけではありません。普通には、植え付ける場所が限られており、場所によって条件が異なります。

ブルーベリーが家庭果樹、あるいはフルーツガーデニングに最も適しているのは、次のような特性（特徴）を持っているからです。

①ブルーベリーは種類・品種を選べば北海道から沖縄まで、全国どこでも栽培が可能です。

②樹が低木で小型なため、扱い方や管理が比較的容易です。面積に限りがある庭植えやポットで育てる場合には、大きくなる樹では管理がだんだんに困難になります。

③病害虫が少ないため、管理を十分に行って健全な樹に育てれば、無農薬栽培が可能です。

④花や紅葉、果色の変化など観賞価値が高く、また、よく結実するため食用としても楽しめます。

⑤果実の利用範囲が広く、生食のほかに、ジャム、ジュース、ケーキなどさまざまな加工品が作れます。

⑥亜鉛やマンガンなどの無機塩類、比較的高いビタミンC含量、食物繊維含量などの保健成分を含有し、ブルーの果色を発現するアントシアニン色素は高い抗酸化性を持ち、人間の健康に優れた効果があります。

●庭木としての魅力

実の成る庭木としてのブルーベリーの魅力はたくさんあります。

①休眠期間中の枝は茶褐色から赤褐色になり、冬の寒さにじっと耐えています。しかし、春に開花し果実を着ける花芽《かが》はその間にも生長を続け、肥大しているのが見分けられます。

その姿には生命の強さを感じます。

②早春の芽吹き、そして四月には（関東地方南部）白色からピンク色までの美しく可憐《かれん》な花が咲き誇ります。

開花より少し遅れる新葉の黄色がかった新緑は目を楽しませ、生命の躍動を感じさせてくれます。

③初夏から初秋にかけては果実の成熟期です。果実は、緑色からピンク色（ラビットアイではさらに赤色の段階がある）に、そして青色に変化し成熟します。収穫の喜びと食の楽しみです。丹精込めて育てた樹から果実を収穫する喜びは何と表現すればよいのでしょう。

④収穫とともに、各種の加工品作りが始まります。果実を冷凍しておくと、年間を通して果実の新鮮な味を味わうことができます。自分の好みでジャムやジュースにしたり、パイやクッキーを作るなど、好みに応じて加工品や料理を作り、ほかの人に分けることも楽しみのひとつです。

⑤心の健康とともに身体の健康を維持できます。四季折々のブルーベリー樹の姿の観賞、果実の利用を通しての食の楽しみ、これらによる心の健康と身体の健康保持は、ブルーベリーの持つ大きい特徴であり、ブルーベリーだからこそできることなのです。

●容器で育てる

ブルーベリーは低木で小型なため根の広がりも限られています。狭い庭でも、あるいは庭がなくてもベランダがあれば、ポット植えなどの容器で育て、果実を収穫することもできます。

容器は、市販されているプランターや空き容器の発泡スチロール箱を利用しても育てることもできます。

ベランダのほかに、建物の屋上でも育てることもできます。鉢植えの場合には、戸外で少しのスペースがあれば、どこででも育てられ、観賞することができます。

（左上）庭先に置いたポット植え（3年生）。
（左下）プランターに2本植え付け庭先に置いた（2年生）

生け垣にすると季節の移り変わりを楽しむことができる

●実物盆栽もできます

ブルーベリーで盆栽が作れます。専門知識が少し必要ですが、ブルーベリーの実物盆栽仕立てに挑戦してみるのも楽しいでしょう。

●生け垣もおもしろい

低木のブルーベリーは、生け垣にすると庭植えやポット植えとは違った四季の変化を楽しむことができます。植え付け本数が多く、まとまっていることによりますが、一面の開花、果実の着色と成熟、そして紅葉など、生け垣の横を通る人たちにも観賞してもらうことができます。

●バードウオッチング

果実の熟すころ、庭やベランダに野鳥たちがやって来ます。都会でもヒヨドリやスズメが来ます。

少ししか成っていない果実を食べられるのはつらいものがありますが、成木になると鳥も食べきれないほど成りますから、少しぐらい分けてあげて野鳥の来るのを楽しむのも生活に潤いを持たせます。

Q 78　庭先にブルーベリーを植える方法を教えてください

販売を目的とした営利栽培でも、各人各様の楽しみ方を追求できる家庭園芸でも、失敗しない育て方をするためには、三つの条件を守ることが基本です。一つは適地適作です。その地域（場所）の気象条件下で良好に生育する種類・品種を選択し、好適な条件の土壌に植え付けることです。

二つには、樹の生育周期に合わせて適期に栽培管理することです。

三つには、営利栽培では果実の販売方法ですが、家庭果樹では各人が感じているブルーベリーの魅力とその楽しみ方を基本とします。

●住む地域の気象条件の確認を

ブルーベリーは種類と品種を選択す

ると、北海道から沖縄まで育てることができます。そのためには、住んでいる地域の気象条件を把握し、そのうえで品種を選択します。これは、関東地方では優れた品種でも北海道では栽培できないこともあるからです。

気象条件では、Q23にあげましたが最寒月の最低気温、生長期（四～一〇月）と休眠期（一一～三月）の平均気温、晩霜《おそじも》から初霜までの期間（生長期間）などをきちんと把握しておきます。

●良い苗を手に入れる

苗は、種苗店かホームセンターのほかに、種苗会社の通信販売でも求めることができます。主に、秋から春にかけて販売しており、挿し木一年生～二年生の三〇～五〇㎝くらいの大きさのポット苗がほとんどです。

まず品種名がきちんとしている苗を選びます。苗木から品種名を正確に判定することは専門家でも難しいとされますから、購入前にあらかじめ信頼できる種苗店のカタログで調べておくとよいでしょう。

次に、枝は太くて枯れた部分がなく、芯《しん》が元気な枝に生き生きとした芽が着いているものを選びます。また、根量が重要であり、ポットから抜いたときに根がびっしり張っているものが良い苗です。そのような苗は病害虫の寄生がなく、十分な管理のもとに健全に育っていた苗木です。

●異品種を組み合わせる

植え付け後は一年でも早い結実が待たれます。結実すると今度は大きい果実がたくさん成ることを期待します。育てる人の誰もが見る夢です。

ブルーベリーでは、異なる品種を二品種以上植え付けます。そうすることによって、ハチによる他家受粉によって結実率が高まって収量が多くなり、果実も大きくなるからです。とくに、ラビットアイを植え付ける場合には、異品種の組み合わせが必要です。市販されている品種間で交配不親和（品種間の交配で結実しない、あるいは結実率が極度に劣る）のものはありません。

●植え付け場所が重要

⑴日当たりが良く排水の良い場所

ブルーベリーは太陽光線をいっぱい受けておいしい果実になります。日光が不十分な家の北側などに植えると花も咲かなくなりますので、庭の中で最も日当たりの良い場所に植えます。

ブルーベリーは、粘土質が強く排水が悪い所では根の生育が不良となり、ひどい場合には根腐れを起こして枯れることがあります。水が好きですが砂質がかった土壌や黒ボク土のようなやわらかい排水の良い場所（改良した所）に植え付けることが大事です。

⑵酸性土壌に

ブルーベリーは一般の多くの植物とは違い、強い酸性でないと育ちません（Q24参照）。有機質が多く酸性の土壌では、スコップ一つくらいの大きさの植え穴でもよく育ちますが、このような土壌は限られていますので、家庭果樹では、穴を掘って植えただけでは育たない場合が多いのです。

通常、苗木の大きさと不釣り合いなほどの大きい穴を掘り、酸性ピートモスを土とよく混合し、ブルーベリーの根群が分布する範囲の土壌を改良してから植え付けます。この植え穴の準備こそ成功するポイントです。

⑶ピートモスが重要

市販のピートモスは、カナダや北欧からの輸入品のほかに北海道産のものがあります。それぞれに繊維の大小があり特徴があります。

普通、園芸用培土として市販されているものの多くは、石灰等で酸度が中和されており、pHが高くなっていますから、酸性での生育が優れるブルーベリーには適しません。ブルーベリーの健全な生長を促すためには、強酸性（pH三・五～四）のピートモスを求めます。

最近では、園芸用品を扱っているホームセンターでは、かなり安価なピートモスが入手できます。

●植え付けは晩秋と早春に

植え付け時期は、休眠期の落葉後と早春の芽吹きの前までです。しかし、ポット苗であれば一年中植え付けは可能です。真夏でもきちんと灌水《かんすい》ができれば根づきます。

●植え付け

樹の特性を考えると、植え付け間隔は二～三mは欲しいところですが、庭の広さに余裕がなければ約一mの間隔でもよいでしょう。

植え穴の大きさは深さが四〇cm、直径五〇～六〇cmくらいにします。その穴に、酸性ピートモスを五〇ℓくらいたっぷりと入れます。たとえば、北海道産の繊維の荒いピートモスでは一袋（五〇ℓ）でいっぱいになります。

土壌をやわらかくし、根群の発達を促すことが目的ですから、ピートモスと土を混合することが必要です。所によってはピートモス単用で旺盛《おうせい》な生育をしている例もあります。乾燥圧縮したものを使う場合には、穴の中に水を十分に入れ、よく踏んでピートモスに水を吸わせてから植え付け作業にとりかかります。

植え穴は一〇cmくらい高うねにしておきます。

苗は、ポットから取り出し、底部から中心部の抱き込んだ状態の土を取り去り、根をほぐします。苗木は穴の中央に植えます。

植え付け後、支柱を立て、苗の風揺れを防ぎます。また、苗の周囲三〇cmくらいの所に水鉢を作り、十分灌水して根と土をよくなじませます。

●マルチは効果的

苗木の周りの地表にマルチをすると乾燥を抑え、雑草の発生も抑える効果があります。材料は、落ち葉、モミガラ、オガクズ、バーク、芝などの有機物が良く、常に一〇cmほどの厚さに保ちます。これは、土壌改良にもなります。

刈り込んだ芝でマルチをする（茨城県つくば市）

●肥料を施す

　植えた後、株もとの地表に油粕《あぶらかす》と骨《こっ》粉《ぷん》を一握り苗の周りに施します。その後の灌水や雨で肥料成分が徐々に溶け出して少しずつ効きます。

Q 79　庭先栽培のブルーベリーは、どのような品種がよいですか

　庭に植え付けたり鉢植えでブルーベリーの魅力を観賞する場合、品種選択の判断基準は、営利栽培の場合と同じです。また、営利栽培とは異なった視点から品種を選択してブルーベリーの魅力を堪能《たんのう》する楽しみ方もあります。

　失敗しない品種選択の条件、営利栽培と異なる視点にはどんなものがあるのでしょうか。

●自分の地域の気象条件の確認

　まず初めに、地域の気象条件を把握して（Q23参照）、そのうえで品種を選択します。

●庭植えか、鉢植えか

　庭植えか鉢植えかによって品種選択の基準が異なります。たとえば、あまり広くない庭では大型になる品種は困難かもしれませんし、また、鉢植えでは置き場所も問題になります。

　一般的には、冬の寒さや夏の暑さに強く、土壌の乾燥にも耐えられ、大型にならず、樹勢が強く、食べておいしい品種ということになるでしょう。

　しかし、育てやすく（樹勢があって病害虫に強い）、果実品質が優れるという、すべての条件を備えた品種は今のところありません。

●ハイブッシュかラビットアイか

　これまで説明してきたように、日本ではハイブッシュ（北部、南部、半樹高）とラビットアイの二種類が栽培されています。

　一般的には、北海道、東北、関東北部から信越地方にかけてはハイブッシュが向きます。関東南部から北陸、東海、近畿、中国、九州地方の一部では北部、南部、半樹高の三つのグループ

のハイブッシュとラビットアイが向いています。これらの地方ではブルーベリーのほとんどの種類が育てられます。四国、九州、沖縄ではラビットアイと南部ハイブッシュが向いています。

なお、種類と品種の特徴については第3章Q29の**表6**（66頁）を参照してください。

●果実以外の楽しみ方で選択する

果実以外に、次のような楽しみ方があります。

①花の色を楽しむ

○純白：メンディトー
○白色：ジャージー
○黄色：パトリオット、コリンス、ブルーゴールド
○黄色で大型：スパータン
○金色：ガーデンブルー
○赤〜ピンク：ブラッデン、リベイル、サンシャインブルー
○縞《しま》模様：ネルソン

②果実が大きい品種

スパータン、ダロー、シェイラ、バークレー、パトリオット、サミット、ケープフェア

③紅葉を楽しむ

ブルークロップ、ブルーレー、ノースランド、スパータン、ダロー、ティフブルー

『ティフブルー』の紅葉
（プランター栽培）

Q 80 家庭果樹として楽しむ場合の年間の管理作業を教えてください

●土作りと水やりがポイント

家庭果樹でブルーベリーを成功させるためには、二つの大前提があります。一つは酸性の有機質に富んだ土壌環境を維持すること、二つには十分な水分の保持で、保水性があり通気性も兼ね備えた排水の良い土壌です。このような土壌は、植え穴を大きく掘り酸性ピートモスを入れて土作りをします。

このような土壌でも植え付け後五年から六年たてば酸性も弱まり、根群も植え穴いっぱいに広がってきますので、樹の生長は鈍くなってきます。この場合には、株もとから三〇cm以上離れた所（植え付け当時の植え穴の外側）に一カ所だけでもスコップの幅で、深

さ四〇㎝くらいの穴を掘り、そこにピートモスを入れると、樹の生長が回復してきます。

●肥　料

ブルーベリーの生長は、硝酸態よりもアンモニア態窒素で優れます。アンモニア態窒素の代表は硫酸アンモニア（硫安）ですが、この肥料は即効性で酸性肥料ですから、土壌酸性が弱くなり葉から緑色が抜けて黄ばんできたときなどに、カンフル的にパラパラとまくと効果があります。

通常は、油粕と骨粉を株もとの地表に一握りずつまいておくと、雨や灌水のたびにじわじわと効いていきます。また、油粕と骨粉を水でこねて団子状にしたものを株の周囲に置く方法もあります。

時期は、春、芽の出る前から枝が伸び、果実が太る時に効くように適宜やります。鉢植えでは緩効性のマグアンプKの大粒を植え替えの時にやれば長くよく効き、便利です。

●授　粉

ブルーベリーでは、結実率を高め、大きい果実を収穫するために異なる品種を植え付け、訪花昆虫の力を借りて他家受粉させることが基本です。授粉は訪花昆虫（ミツバチなど）に任せるのが一番です。母爪上で行う授粉や綿棒などを使った授粉は、実験的にはできても、家庭果樹では限界があります。樹が大きくなって、一樹から三～四kgも収穫できる成木で五〇〇〇～六〇〇〇も着いた花に授粉することは困難です。

●整枝・剪定

果実が成り続けると、年の経過とともに樹勢が衰弱してきます。枝も古くなって勢力が弱い枝よりも、若くて勢いの強い枝に大きい果実が成ります。

枝の種類で見ると、三～四年連続して果実を着けた枝は果実が小さくなります。そのため、若くて勢いの強い新しい枝に更新剪定《せんてい》します。鉢植えでも同様です。

真上に向かって元気に伸びる新梢《しんしょう》（シュート）は、そのままにしておくと枝の上位部に多数の花芽《かが》が着きますが、その花芽は使わずに、枝の三分の一ぐらいの所で切り返してやると、その枝から何本かの新梢が横に出ます。この枝にはその翌年に咲く立派な花芽が着きます。

株の内側にちょっと伸びて止まっている短い枝や弱い枝は生産力はあまりなく、日当たりや風通しを悪くするので取り去ります。

花芽は前年伸びた枝先から枝の基部に向かって順に着きます。花芽は丸くて大きいため葉芽《ようが》とは容易に区別できますから、一本の枝当たりの着生花芽数が多すぎるようであれば（長さ一五㎝の枝に二果房くらいを標準として）切り詰めて制限することもできます。

着果数を制限することで、残りの果

実が大きくなる割合は品種や他の栽培条件によって異なります。普通には、果実の大きさと成熟期がそろい、樹勢の消耗は抑えられます。

庭植えでは多いのですが、地下茎から横にはって伸びるサッカー（吸枝《きゅうし》）が伸長します。そのままにしておくと株が大きくなり、樹姿が乱れ、栽培管理に支障をきたすようになりますから毎年、除去します。

●剪定の時期

(1)夏期剪定

ブルーベリーは年に二～三回、枝が伸びます。あまり長い枝は冬季剪定を待たずに、まだ花芽ができる前の夏に適当な長さに切り詰めを行います。

ラビットアイでは九月ころまでであれば剪定しても来年の花芽が着きます。鉢植えの場合でも、長い枝は整えてやったほうがよいといえます。

(2)冬季剪定

落葉後、春の芽吹きの前までの間に行う冬季剪定では、古い枝から若い枝への更新、混み合った枝や貧弱な枝、重なり合ったり逆向している枝、枯れた枝などを除去して、樹をリフレッシュしてやります。

●鳥害を防ぐ

熟したブルーベリーは野鳥も好んで食べます。ヒヨドリやムクドリ、スズメなどは人よりも先につまんでしまいます。

食べられないようにするには、青く熟す前に防鳥網で囲ってやるのが最も効果的ですが、樹上に網を被《かぶ》せるだけでも効果があります。

●収穫

関東地方南部でハイブッシュとラビットアイの両種類を育てた場合、果実は六～九月の間に順々に熟します。ブドウのように房ごとというわけにはいきませんが、果実全体が青く熟したものを選んで採ります。実際には青く熟してから二～三日たったころが完熟で糖度も上がっています。両手で包み込むようにして親指で採ると、果実を傷めずに早く採ることができます。

プランター栽培の『ティフブルー』を収穫

Q 81 家庭果樹として無農薬栽培はできますか

●無農薬栽培ができる

ブルーベリーは、他の作物と比較して加害する病害虫が少ないのが特徴ですが、管理が行き届く家庭果樹では無農薬栽培できます。全国各地で無農薬栽培に取り組んでいます。

しかし、病害や虫害が全くないというわけではありません。

害虫では、株もとにボクトウガが入ったり、枝にはカイガラムシがつき、葉にはアブラムシ、コガネムシ、ハマキムシ、ミノムシなどがつき、果実にはショウジョウバエがついたりします。しかし、これらの害虫は手で取ってつぶすことで防除ができます。

ブルーベリーでは、果実の収穫が皆無になるような病害はないといわれています。

●ハーブの害虫忌避効果

日本ブルーベリー協会編『家庭果樹ブルーベリー～育て方・楽しみ方～』（創森社）の中で紹介されていますが、いくつかの種類のハーブはブルーベリーの害虫の忌避効果があるそうです。

たとえば、ミバエには「タンジー」が、カミキリムシには「ラベンダー」のエッセンシャルオイルが効果的なようです。

ハーブはピートモスでもよく育ちます。庭にブルーベリーとハーブを組み合わせて植え付け、両者とも観賞し、そのうえ、素晴らしい果実を生産できるとあっては、まさに、一石二鳥かもしれません。

Q 82 ブルーベリーの鉢栽培の方法を教えてください

●植え付けはいつでもよい

落葉果樹は、芽が出はじめる前の三月ころまでが植え替えの適期です。ブルーベリーもそれに準じますが、ポット苗の植え替えは水管理ができれば一年中可能です。

たとえば、新梢伸長が盛んな真夏も難なくできます。

●植え付け前に根をほぐす

苗からポットをはずします。この場合、根がびっしりと張っているようであれば、ポットの形がなくなるぐらいに根をほぐすことが重要です。そうすることで新根の発生が早く、活着も促進されます。

●ピートモスで植える

ピートモスを主体に、鹿沼土《かぬまつち》や赤玉土を混合した用土が推奨されていますが、ピートモスだけでも大丈夫です。この場合、繊維の荒いものを使うとよいでしょう。

植え付け前に、水を入れた容器にピートモスを入れて手でよくもんでやり、吸水させます。保水性はきわめて良いため、その後は水を上からかけるだけで十分です。

●水が大好き―毎日灌水

鉢栽培の最大のポイントは水を切らさないことです。鉢植えでは、南風が強く暑い時期には朝晩の水やりが必要です。たっぷり雨が降ったとき以外は毎朝、水やりが必要です。鉢の底から流れ出るくらいに灌水します。

鉢の底に水を張ったりしてはいけません。排水が不良では根腐れを起こします。排水が良ければやりすぎて悪いことはありませんので、とにかくたっぷりやることが大切です。

●肥　料

(1)施肥時期

一般的には芽が出る前にやりますが、鉢植えの場合は水やりが頻繁なので、生育中も肥料成分が流亡してしまうことが多いようです。特定の時期に限らず、樹の勢いを見ながら適宜やるのがよいでしょう。

植え替えたときには、肥料は必ずやったほうが元気に根づきます。また、根が鉢の中いっぱいに張っていない苗や新しい枝が伸びないとき、葉の緑色が抜けたような場合には積極的に追肥《おいごえ》します。

(2)肥料の種類

有機肥料では、ごく一般的に、油粕に骨粉を混ぜてペレット状にしたものは市販品でもありますが、自分で水でこねて団子状にこねても簡単にできます。これを鉢のピートモスの表面に二〜三個置きます。水やりとともに徐々に肥料が溶けて長い間効きます。

●化成肥料では「マグアンプK」

化成肥料の「マグアンプK」(大粒)は、緩効性肥料で、ブルーベリーと相性がよく、五号鉢程度ならスプーン一杯もやっておけば半年程度は効きめが持続します。

即効性肥料としては硫安が適しています。とくに、新しく伸びた枝先の葉が黄色を帯びたり、クロロシス症状が出たときに施すと、やがて緑色が回復してきます。

●育てる場所

(1)ベランダ

ベランダは立派な庭です。南向きであれば日当たりもよく、工夫次第で菜園にも果樹園にもなります。低木のブルーベリーは最適で、少し大きめの容器であれば保水量も確保できるので安心して育てられます。体裁を考えなければば発泡スチロール容器の底に穴を開けるだけで簡単に育てられます。

(2)家の周囲

鉢栽培は場所をとらないので、玄関脇や庭でも可能です。日当たりの良い場所に置き、灌水を欠かさずにやることと、樹をコンパクトにすることがポイントです。

(3)屋上庭園

都会で限られた土地しかない中で注目されているのが屋上です。高いビルの屋上に木々の緑が鮮やかな光景を目にすることも多くなってきました。しっかり排水設備がされた屋上庭園ではブルーベリー栽培もできます。

日当たりは抜群でも風に対する備えが必要です。最近では、強風を防ぐ防風ネット等の資材も簡単に手に入ることから、屋上庭園では備えたいものです。

ベランダや屋上などで栽培し、楽しむことができる。大きめの容器で育てたい

Q 83 鉢栽培の年間の管理方法を教えてください

●植え替え時期

植え付け後一年もたつと細い根がびっしりと張ります。そのままにしておくとやがて元気がなくなり樹の生長が劣ります。

シュート（発育枝）と呼ばれる勢いの良い枝が出なくなったり、新しい枝が出ても葉が小さく、あまり伸びないようであれば、元気がなくなった証拠です。鉢から抜いて根の状態を観察します。褐色になった根が鉢の形にびっしり張っていたらすぐに植え替えます。

ブルーベリーの鉢植えは、通常は早春の三月に行いますが、とくに時期を選ばなくても大丈夫です。

●さらに大きくしたい場合

植え替えによって樹をもっと大きくしたい場合には、植え替え用の容器は毎年（回）一回りずつ（以上）大きいものを選びます。たとえば、今年まで五号鉢で育てていた場合には、翌年は一回り大きい六号鉢に植え替えます。こうして、樹齢が一〇年くらいまでは育てることができるでしょう。

植え付けの場合と同様に根を十分ほぐした後、水をたっぷりと含ませたピートモスで植え替えます。

植え替え後は、ピートモスの表面に油粕と骨粉のペレットか緩効性の「マグアンプK」や「IBA化成」などの肥料を置きます。

これらの肥料は、その後の十分な水やりによって徐々に効いて、樹は元気に伸びはじめます。

植え替え後も日当たりの十分なところに置き、遮光する必要はありません。

このような育て方は、ブルーベリーのすべての品種で可能です。

●大きくせず元気に育てたい場合

ベランダなどで場所に限りがある場合は、樹をどんどん大きくするわけにはいきません。しかし、根詰まり状態では元気がなくなりますので、植え替えはリフレッシュのために必要です。

容器の大きさはそのままでもよく、根をほぐし、地上部の枝も間引いてから新しい用土で植え替えをします。ちょうど盆栽の理屈で小さい状態で維持できるようになります。

このような作り方には、樹高が低い品種のノースランド、ノーススカイ、ノースブルーなどの半樹高ハイブッシュが適しています。

そのほかには、北部ハイブッシュではウェイマウスやパトリオットが推奨できます。また、南部ハイブッシュではフローダブルー、ラビットアイではティフブルーやサウスランドなどが適しています。

●どこで育てるか

(1)日当たりの良い場所に

おいしい果実をたくさん採るためには日当たりの良い所に置きます。しかし、コンクリートの上では真夏の炎天下には照り返しが強くなるため、照り返しを避ける工夫が必要です。日当たりが優先ですが、風の強い所は鉢が倒れたりしますので注意します。苗が小さいうちは、ベランダなどで日陰にならないように台の上に置きます。

(2)灌水の便利な所に

ブルーベリーは水を切らさないことが栽培管理のポイントですから、灌水の便利な所に置きます。

(3)収穫時期は雨よけできる所に

収穫時期に熟した果実が雨に当たると裂果《れっか》しやすくなります。とくに梅雨の期間（関東南部）に熟す北部ハイブッシュは、成熟期間だけ雨の当たらない場所へ移動するようにすれば裂果が防げます。

Q 84　鉢花としての楽しみ方を教えてください

ブルーベリーは、果実を着ける鉢物として、また、花を着ける鉢物としても高い観賞価値を持っています。

●花　芽

花芽分化期は、北部ハイブッシュは七～八月、ラビットアイは九～一〇月です。

ブルーベリーは前年に伸びた新梢の先端から数節下までに連続して花芽（房）が着きます。その一つの花房に七～八個ほどの鐘状花《しょうじょうか》の小花が順々に開いていきますから、花の咲いている期間は一～二週間はあります。東京での開花期は四月上旬から五月上旬まで約一カ月間です。

鉢植えの場合、挿し木後一年目でもよく着きます。鉢植えでもたくさんの花芽を着けますし、また、品種によって小花の形や大きさ、色に変化がありますから、高い鑑賞価値があります。花を着けたブルーベリーの鉢物は、鉢物市場にも出荷されています。

●温室では早く咲く

花芽が着いて年を越した樹は、温室に入れると、眠っていた花芽がどんどん生長し、一カ月もすると花が咲きます。

ラビットアイのティフブルーの鉢を一月一〇日にパイプハウス内に入れ、最低夜温を八～一〇℃に保っていたら二月一一日に開花しはじめました。戸外のものは固い花芽のままですから、この差は大きいといえます。

時期をずらして順々に温室に入れれば、露地栽培の花の時期までブルーベリーの花を三～四カ月は楽しめます。しかしミツバチでも飼育していない限り訪花昆虫はいないので、人工交配をしないと果実はほとんど着きません。

第７回産地シンポ「2001　ブルーベリー IN 川場」出品の鉢栽培のブルーベリー

第8章

ブルーベリーの加工と利用

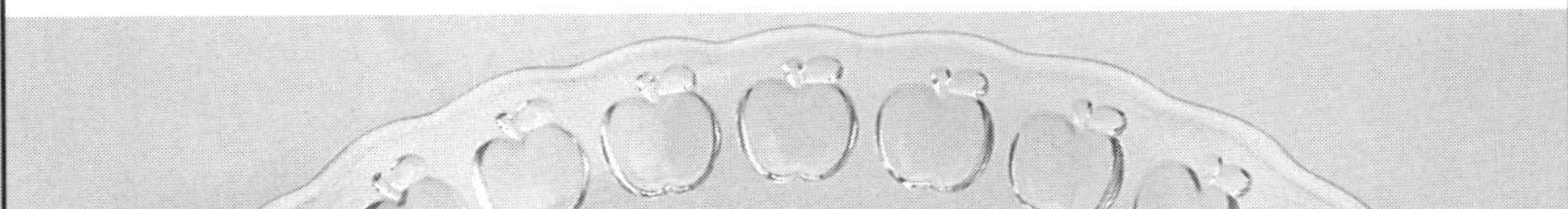

イチゴを加えたブルーベリーのパンチ

Q 85 ブルーベリーはどのように加工され、利用されていますか

ブルーベリーをおいしく体に良い果実として食べるなら生食ですが、収穫期も限られますので、加工原料用ブルーベリーは、生果《せいか》の場合もありますが、冷凍果実や缶詰などにしたものを利用するのが普通です。こうした原料をいろいろに加工し商品が作られます。

●缶詰・ビン詰

原料として生果実と冷凍果実を使います。糖液に浸漬《しんし》したものに酸、香料を添加する場合もあります。

そのまま食べるか、または製菓・料理材料として利用されています。

●乾燥果実

熱風乾燥、真空乾燥などで作りますが、加糖して砂糖漬けした後に乾燥した製品や、光沢の良い明るい製品を作るため、植物油に浸漬した製品もあります。

一kgの乾果が六kgの生果に相当し、そのまま生食や製菓材料として、ケーキ、マフィン、シリアルなどに利用されます。

凍結乾燥による乾果も優れた商品ですが、組織が多孔質ですので、貯蔵条件によっては色素、ビタミン、香りなどの変質に注意が必要です。

●ジャム・プレザーブ

原料は生果実か冷凍品を利用し、ジャムやゼリーは果実中に含まれるペクチンにより固まるもので、糖、酸、ペクチンのバランスによりゼリー化が起こります。ジャムも果実の原型をとどめたプレザーブスタイル、低甘味志向から低糖度ジャムも多く見られます。

ジャムは主としてパンにつけて食べますが、家庭用ジャムではイチゴに次ぐ人気商品です。製菓材料としても多く利用されています。

乾燥果実やジャム製品

●フルーツソース

果実を破砕して糖を加えて作ったもので、ジャムに似ていますが、ソースは粘性と流動性が要求されます。アイ

スクリーム、ヨーグルトなど乳製品とたいへん相性が良く、利用されます。

●ピューレ・果汁・濃縮果汁

ピューレは果汁と果肉を含みますので、特有の質感や濃厚感があり、果実を熱破砕機にかけ、果皮《かひ》・種子などをパルパーで除去し裏ごしをかけピューレとします。

天然果汁は新鮮な果実から搾汁《さくじゅう》を行い、種子・果皮を除去したものです。果汁は透明にするためペクチン分解酵素による処理を行い透明果汁を作っています。また濃縮することによって濃縮果汁を作ります。

ゼリーなどは固形分を除いて透明とした果汁または濃縮果汁を利用して作ります。

ブルーベリーソース

店頭のブルーベリー果汁（カナダ・バンクーバーのマーケット）

Q 86 加工原料はどのようなものが最適ですか

●熟度管理と異物除去

加工原料としての注意点は、熟度と異物除去が要点となり、加工シーズンには多量の原料が搬入されますので、これに対応した処理が必要となります。

日本のブルーベリーの生産量は少ないため、加工適性に合う品種も特定されていません。

また、熟期も一斉収穫とはいきませんので、加工品に使う場合には熟度管理が重要です。

未熟果、小果、過熟果なども加工に向きません。

異物混入についても問題で、異物としては葉、茎、小枝、他の木の実、腐敗果に集まる昆虫などがあります。時としては金属片などが混入することもあります。

●除去処理方法

これらの除去処理方法としては、風選、マグネット金属探知機による金属除去、水洗いによる衛生管理、大きさのふるい別け、色調の選別などが行われています。

加工に利用される原料としては、このような処理による、十分な衛生管理を行った果実を利用します。基本的には、異物、夾雑物《きょうざつぶつ》、未熟果などを除去し、洗浄された清浄な新鮮果実（または冷凍果実）が加工原料として最適といえましょう。

Q 87 生果実を加工するときの注意点を教えてください

●採取後にまず低温管理が必要

ブルーベリーは梅雨時から盛夏に成熟するため、摘み取った果実をそのままにしておくと、適熟果でも品温が高い状態で収穫されますので、熟度も進み、傷みも早くなります。そのため、収穫後は低温に保つ必要があります。

摘み取ったままで常温に置くと温度による品質の劣化、糖や有機酸などの内容成分の減少、さらに蒸れ、果肉の軟化、果汁の漏出、腐敗などへ進行しかねませんので、低温での管理が必要となります。

●未熟果・過熟果・小果の除去

加工品では、果実の大きさはとくに問題ではありません。しかし、缶・ビン詰の場合には均一な粒ぞろえで調整します。

問題となるのは熟度で、未熟果やかたい小果などが混入すると加工には向きません。これは、糖の浸透などがスムーズにいきませんので、まじらないようにする必要があります。

過熟果は、最終的に果実を破砕するような加工ではとくに問題ではありませんが、過熟果はすでに加工前に実くずれしている場合が多く、カビ・腐敗のおそれもあり、そうした果実は香りも変化するなど、製品化の際には異味、異臭が移行するなどの問題がありますので、注意して腐敗果が混入しないようにしなくてはなりません。

ジャムの例では、果実を糖とともにゼリー化するようになるまで加熱したものですので、砂糖と果実の割合は原料の種類、熟度で違いますが、だいたい、等量程度、最近では低甘味志向で糖の量は少な気味となっています。

●糖分は分けて加える

糖分は果実にしみこみを良くするため二～三回に分けて加えます。製造時に一度に加糖しますと、果実に対して一気に糖度が上がり、浸透圧で表面が割れて内部の果汁が出て縮まった果実となり、煮沸釜《がま》上部に浮き上がって集まってしまいます。糖が分けて加えられることで、加熱濃縮と相まって糖度が順次上がって、果実に対して糖の浸透がスムーズにいくわけです。

果実に糖分を浸透させせる
（広島県大崎町）

Q 88　冷凍果実を利用・加工する際の注意点とは

●冷凍果実とブルーベリー

冷凍果実は、年間を通じて入手でき、ある程度、可食部の分割が進んでいるため、利用しやすいものです。

現在、国内では生果は生産量より需要が上回っている状況で、果実を必要とする場合には、とくに加工原料としては外国産の冷凍果実が不可欠となっています。

果実の冷凍品はすべて生で凍結しており、ブルーベリーは一粒一粒バラバラに凍結するという方法がとられています。これは、粒が小さいので凍結時間が短く、急速冷凍しやすく、必要な分だけ解凍できるという利点があります。

多くの冷凍果実は、酵素活性はそのまま残ったままなので、解凍の時に組

ブルーベリーの冷凍果実（カナダ・バンクーバーのマーケット）

織の軟化など、果肉がくずれ気味になるなど酵素活動の活性化により色調・香味の変化があります。

このように多くの冷凍果実では、解凍時には酵素が活性化しますので注意が必要ですが、ブルーベリーはそれに比較して冷凍貯蔵に適し、解凍時の影響も少なく、また、すぐに加工利用しますので、イチゴのような解凍時の組織破壊、肉質や構造の損失も少なく、小果であることも冷凍の適応性があります。

●マイナス二三～二五℃で管理

低い温度で凍結を行い、最終的にはマイナス一八℃以下まで、一般的にはマイナス二三～二五℃の低温で貯蔵しています。

冷凍品は温度管理に注意すれば、一年は色調・肉質などの変化はきわめて少なく、加工原料として適しています。

Q 89 乾燥果実はどのようにして作られますか

●乾燥果実の作り方

乾燥果実は、収穫の時に雨が少ない場合には天日乾燥が行われます。わが国のブルーベリーの収穫時は、梅雨時で高温・多湿のため適しません。

乾燥果実の作り方は、工業的には熱風乾燥、真空乾燥、凍結乾燥などの方法があります。

⑴ 熱風乾燥

熱風乾燥は、乾燥様式により棚式、バンド式、トンネル式などに分かれていますが、六五℃の熱風の送風を二四時間行って乾燥をするものです。ブルーベリー約六kgの生果実（冷凍品）から、乾燥果実として約一kgができ上がります。

食物繊維の多い乾燥果実（カナダ・バンクーバーのマーケット）

⑵ 真空乾燥

真空乾燥は、室内の空気を減圧しながら乾燥する方法で、加熱温度は常圧乾燥より低く、短時間で処理できるので熱による成分の変化も少なく、変色も少ないので、加熱などで色調が変わりやすい果実の乾燥に利用されます。

⑶ 凍結乾燥

凍結乾燥は果実を冷凍し真空下で水分を氷に変え直ちに飛ばす方法で、製品には風味・色調の変化が少なく、水を加えると復元します。この方法はブルーベリーは組織が多孔質となっていますので、貯蔵条件によっては、色調・香りなどの変化に注意が必要です。

●乾燥果実の成分

成分的には、生果実を乾燥したものなので、水分を除去した分だけ各種成分が濃縮された形となります。

一〇〇g当たりでは食物繊維は生果実四gに対して乾燥果実は一二g、アントシアニン色素は生果実が三七〇mgに対し乾燥果実は二三七六mgという分析例があります。

アントシアニン色素の含有量を生の果実と乾燥ブルーベリーで比較したのが**表1**です。

表1　ブルーベリーの種類別生果・乾燥果のアントシアニン含有量（ビルベリーを100とした場合の比較）

種　類	生果	比較値	乾燥果	比較値
	mg/100g	%	mg/100g	%
ビルベリー	370	100	2,376	100
ローブッシュ１	188	51	1,396	59
ローブッシュ２	95	26	837	35
ローブッシュ３	153	41	1,196	50
ローブッシュ４	255	69	2,177	92
ハイブッシュ（ブルークロップ）	83	22	670	28
ハイブッシュ（コビル）	100	27	701	30
ハイブッシュ（ジャージー）	117	32	835	35
ラビットアイ（ティフブルー）☆	210	57	—	—

（出所）　Kaltら（1996）、☆Basiounyら（1988）

表2　乾燥ブルーベリーの成分（可食部100g当たりの成分値）

エネルギー	307kcal
水　分	10.7g
タンパク質	1.4g
脂　質	0.3g
糖　質	74.6g
灰　分	0.6g
ナトリウム	4.0mg
食物繊維	12.4g

（出所）　（財）日本食品衛生協会（1997年）

Q 90　上手なジャムの作り方を教えてください

●適熟期の酸味の強い果実で

ジャムは果物に砂糖を加えた甘味保存食品で、適度なゼリー状の中での酸味と甘味がおいしさのポイントです。

果実がジャムとしてその理想的な状態を作り上げているのは、果実に含まれるペクチンと酸、それに加える糖の絶妙なバランスにあります。

おいしいジャムは適熟した新鮮な果実で作られ、原料果実はできるだけペクチンを多く含む酸味の強いものが最適です。ペクチン、酸、糖のバランスにより、なめらかな好ましい状態のジャムができ上がります。

適熟期の果実を使うのが大切で、未熟果と小果は加工の時にかたくなり、

加工品も品質の良い原料を使うと良い製品ができる

過熱果は酸味が減少し、ペクチンも分解し加熱で実くずれするなど仕上がりに悪影響があります。

ジャムの製造法は大きく二分され、一つは新鮮な果実を処理してジャムにする方法と、もう一つは、果実を収穫期にボイルし缶詰として貯蔵し、これを原料として年間を通じて必要な時にジャムを製造する方法、あるいは冷凍果実を利用して製造する方法があります。

ジャム製品の中で、全形果実を原料として形が残るようにしたものはプレザーブスタイルジャムといいます。

●一般的なジャムの作り方

一般的なジャムの作り方として、果実を水洗い水切りしたもの、または冷凍原料を水洗い、解凍したものを使用します。これに果実の二割程度の量の水を加えて加熱し、沸騰したら火を弱め一〇分から一五分煮込んで果皮を柔軟にします。

砂糖を果実の八割程度の量とし、その三分の一ずつ加えて煮込みを行います。これは糖類を一度に加えると、果実がしまり、かたくなってしぼんだり、表面に浮き上がったりして、糖が徐々に浸透するという良い状態にならないからです。

加熱を続けてとろみが出てきたら、レモン果汁一％程度を加え攪拌《かくはん》してで

図1　ブルーベリージャムの製造・製品化例

原料果実　1kg
↓　解凍
加　水（対原料20％）
↓　10～15分蒸煮
加熱・濃縮
↓　砂糖40％（400g）
　　ペクチン0.8％
　　クエン酸0.2％
ゼリー化
↓
瓶詰め（ホットパック）
↓
殺　菌
↓　85℃　10分
製　品

き上がりとなります。熱いうちに容器に充填《じゅうてん》密封、湯煎《ゆせん》による加熱で殺菌します。ペクチンを加えていないジャムは、煮詰め度合によってはやや分離の傾向が見られます。

一般的なブルーベリージャムの作り方は図１に示したとおりです。

●低糖度のジャム

最近ではジャム本来の糖度の高い保存食品としてのジャムから、糖度を抑えた低糖度ジャムも多く見られます。低糖度品は糖としての旨味《うまみ》や味の深味に欠けますが、素材そのものの味が強調され、品質にはいっそうこだわるようになりました。果実含量を多くし、低糖度プレザーブスタイルで市販されています。

また、低糖度ジャムは糖度不足によりゼリー化する力が弱いので、ペクチンを加えて、製品の離水傾向を弱めることができます。

Q 91
ブルーベリージャムの楽しみ方を教えてください

ブルーベリーは特有な甘さ、酸味、香りを持つ果実ですが、新鮮な果実をそのまま食べると酸っぱいと感じる人も多いようです。

ジャムは砂糖を入れて作ってありますので、果実と糖の旨味が混然一体となり、甘さとおいしさがいっそう引き立ち、色艶《いろつや》、質感などが好まれ、いろいろな食の機会に利用されています。

●ブルーベリージャムの楽しみ方

ブルーベリージャムは生クリーム、ヨーグルト、アイスクリームなどの乳製品との相性が良いのも特徴で、次のような楽しみ方があります。

○プレーンヨーグルトにブルーベリージャムを加えて

○オートミールやコーンフレークに牛乳だけでなくブルーベリージャムを好みで加えて

○アイスクリームにブルーベリージャムを加えて

○チーズケーキに

タルト生地にブルーベリージャムを塗り、クリームチーズ、サワークリーム、生クリーム、グラニュー糖、レモン汁を加えた生地をタルト地に乗せて表面を整え、ブルーベリージャムで表面を飾る。

○マドレーヌに

白ワインでのばしたブルーベリージャムを表面に塗り、中央にブルーベリージャムを飾る。

○クレープのソースとして

ブルーベリージャムを水でのばしてブランデーを加えソースに。

○ブルーベリーパイ

パイ生地の上にブルーベリージャムを乗せ、パイ生地を帯状にして延ばし、編目模様に重ね、卵黄を塗って二〇〇℃でオーブンで焼いて。

○パンケーキ

焼き上がったパンケーキにブルーベリージャムを添えて。メープル風味ととてもよく合います。

○飲み物

少し濃く出した紅茶に、ブルーベリージャムを加えて飲み物に。ブルーベリーの香りが紅茶によく合います。

ブルーベリーを用いたレアチーズケーキ

ブルーベリーパイ

Q 92 ブルーベリージャムの製造先を教えてください

●消費増のブルーベリージャム

日本で販売されているブルーベリージャムは、国内の食品製造メーカーで大量生産している製品や手作り品、外国産の輸入品、ブルーベリー産地や農家で少量ずつ手作りしているジャムがあります。

ブルーベリージャムは、ここ数年、乳製品との相性の良さ、機能性食品として認知が広まったことから消費が伸び、今ではイチゴジャムの次に消費量が多いジャム（日本ではブルーベリージャムの消費量は二番目）になっています。

小売店で売られているジャムは、ジャム工場で大量生産された商品や輸入品が多く、販売価格はさまざまですが、ブルーベリーと糖類のほかにゲル化剤（ペクチン）を入れているジャムがほとんどです。原料も国産や輸入品を使っているものなどさまざまです。

また、原材料とともに使っている糖質（砂糖、果糖、麦芽糖、ぶどう糖）によって味が違いますので、商品の表示をよく確認して買い求めてください。

手作りジャムで、ブルーベリーと砂糖だけで作ったジャムは、パンの上に乗せるとジャムがしみこんでいくような品質になります。そのため、ペクチンを加えた製品も多いのですが、好みによって選んでください。

●ブルーベリージャム製造元いろいろ

別表に、日本ジャム工業組合に所属しているブルーベリージャムを製造しているメーカーと、日本ブルーベリー協会の会員で手作りジャムを製造・販売している産地・農家を知る範囲でま

表３　日本ジャム工業組合の組合員名簿

組合員	〒	住所	電話	FAX
アヲハタ㈱	792-2392	広島県竹原市忠海中町1-1-25	0846-26-0111	0846-26-0537
㈱スドージャム	153-0065	東京都目黒区中町2-8-7	00-3711-7446	03-3792-2103
タカ食品工業㈱	835-0023	福岡県山門郡瀬高町大字小川1189-1	0944-62-2161	0944-63-7905
ソントン食品工業㈱	112-0011	東京都文京区千石4-39-17	03-5976-5711	03-5976-7321
㈱明治屋食品工場	567-8501	大阪府茨木市西河原3-1-13	0726-24-2321	0726-26-2253
兵庫興農㈱	651-1311	神戸市北区有野町二郎305	078-981-5185	078-981-5100
アルプス食品工業㈱	116-0013	東京都荒川区西日暮里4-15-11	03-3821-3783	03-3821-0631
森食品工業㈱	387-0005	長野県更埴市大字森2543	026-272-0121	026-272-3545
小島食品製造㈱	476-0002	愛知県東海市名和町一番割中25	052-603-3511	052-603-3514
加藤産業㈱上郡工場	678-1274	兵庫県赤穂郡上郡町柏野328-6	0791-52-0520	0791-52-2459
クマモト食品工業㈱	665-0844	兵庫県宝塚市武庫川町3-20	0797-86-4561	0797-85-1332
寿食品工業㈱	116-0011	東京都荒川区西尾久7-44-2	03-3894-4501	03-3893-4655
寿高原食品㈱	389-0804	長野県埴科郡戸倉町大字戸倉1465-1	026-275-0032	026-276-4070
花太刀食品㈱	557-0011	大阪市西成区天下茶屋東2-14-31	06-6651-6001	06-6661-1073
㈱田中食品興業所	590-0002	大阪府堺市砂道町3-5-2	0722-38-0281	0722-28-4161
小出ジャム製造㈱	173-0026	東京都板橋区中丸町17-12	03-3955-6195	03-3955-6546
㈱たかはたファーム	992-0324	山形県東置賜郡高畠町大字入生田100	0238-57-4401	0238-57-4402
讃岐缶詰㈱	769-0401	香川県三豊郡財田町財田上6285	0875-67-3121	0875-67-3692
㈱両角ジャム製造所	108-0072	東京都港区白金5-7-15	03-3441-2254	03-3441-6836
カセイ食品㈱	146-0095	東京都大田区多摩川2-19-10	03-3759-6211	03-3759-6210
㈱大鰐食品加工	038-0204	青森県南津軽郡大鰐町大字唐牛字戸井頭168-8	0172-48-3265	0172-48-2707
大洋食品工業㈱	455-0804	名古屋市港区当知2-1106	052-383-1662	052-383-1686
大和食品工業㈱	632-0044	奈良県天理市兵庫町230	0743-66-0035	0743-67-2001
デイリーフーズ㈱	101-0021	東京都千代田区外神田5-2-5 セントラルコアビル	03-3832-2171	03-3832-2175
奈良県農業協同組合	630-8131	奈良市大森町57-3	0742-27-4098	0742-27-6882
㈱沢屋	389-0100	長野県北佐久郡軽井沢町大字塩沢702	0267-46-2400	0267-46-2404
三弘製薬㈱食品部山形工場	992-0262	山形県東置賜郡高畠町大字元和田2771	0238-56-3331	0238-56-3335
㈱斑尾高原農場	389-1201	長野県上水内郡三水村大字芋川1260	026-253-7002	026-253-6877
㈲共済農場	076-0162	北海道富良野市東麓郷の3	0167-29-2233	0167-29-2648
㈱新宿高野	160-0022	東京都新宿区新宿3-26-11	03-5368-5139	03-3352-1692
日本デルモンテ㈱	103-0016	東京都中央区日本橋小網町4-13	03-3669-2275	03-3667-9655

日本ジャム工業組合
〒100-0006
東京都千代田区有楽町1-7-1
有楽町電気ビル北館1213区
TEL：03-3213-4759
FAX：03-3211-1430

表4　ブルーベリージャム製造・販売元（日本ブルーベリー協会会員）

会　員	〒	住　所	電　話	FAX
岩手罐詰㈱	028-4211	岩手県岩手郡岩手町大字川口4-12-3	0195-65-2221	0195-65-2300
長坂町ブルーベリー組合	408-0021	山梨県北巨摩郡長坂町長坂上条1385	0551-32-3977	0551-20-4079
㈲ブルーベリーオガサ	437-1514	静岡県小笠郡小笠町下平川667-2	0537-73-6050	0537-73-5340
柳田食産㈱	928-0312	石川県鳳至郡柳田村字上町イ部46-6	0768-76-8100	0768-76-1848
神峰園	725-0302	広島県豊田郡大崎町原田363	08466--4-3911	08466-4-3338
神原エーデルファーム	694-0051	島根県大田市久手町波根西474	08454-5-7088	08454-5-8535
そよ風パーク	861-3913	熊本県阿蘇郡蘇陽町大字今297	0967-83-0880	0967-83-1331
アリスファーム	046-0511	北海道余市郡赤井川村字日の出253	0135-34-7007	0135-34-7007
山田園	048-2411	北海道余市郡仁木町東町12丁目38	0135-32-2131	
坂田ブルーベリー農園	037-0306	青森県北津軽郡中里町大字宮川色吉42	0173-57-3866	0173-57-3562
田中範昭	023-0402	岩手県胆沢郡胆沢町小山上一ノ台6	0197-47-0087	
岩手中央農協	020-0853	岩手県盛岡市下飯岡21-180	019-638-3219	
ジョイファーム	989-5502	宮城県栗原郡若柳町川南下大目前517	0228-32-3196	0228-35-1166
月山高原鈴木ブルーベリー農園	997-0142	山形県東田川郡羽黒町大字上野新田上台80	0235-62-4042	
宮田果樹園	378-0103	群馬県利根郡川場村大字中野132	0278-52-2700	
JAかみつが北部営農経済センター	321-2335	栃木県今市市森友926	0288-22-1178	0288-21-2742
福田農園	321-2335	栃木県今市市森友918-1	0288-22-2022	
斉藤直偉	321-2114	栃木県宇都宮市下金井町491-3	0286-65-5173	
つくばブルーベリー小野村農園	305-2631	茨城県つくば市沼崎1310	0298-47-2868	
根本園芸	311-1526	茨城県鹿島郡鉾田町半原386	0291-33-2350	
つくばブルーベリー園	300-4204	茨城県つくば市作谷1728-2	0298-69-0526	0298-69-0118
やさとブルーベリーファーム	315-0103	茨城県新治郡八郷町大字中戸103-3	0299-44-3088	
㈱マザー牧場	299-1731	千葉県富津市田倉940-3	0439-37-2002	0439-37-3337
ブルーベリー園岩佐	274-0062	千葉県船橋市坪井町111	0474-57-0623	
ベリーコテージ	198-0024	東京都青梅市新町2-15-10	0428-31-3810	
信州ブルーベリー㈱	381-2233	長野県長野市川中島上氷鉋1423	0262-84-1915	0262-83-1732
伊藤ブルーベリー農園	389-1312	長野県上水内郡信濃町大字富濃4131	0262-55-2480	0262-55-5641
㈱沢屋	389-0103	長野県北佐久郡軽井沢町塩沢702	0267-46-2400	0267-46-2404
名香園ブルーベリー園	949-2113	新潟県中頸城郡妙高高原町杉野澤	0255-86-2000	0255-86-6188
「ゆめ大国」ブルーベリー園	509-7603	岐阜県恵那郡山岡町上手向1460	0573-56-3895	
Blueberry Fields 紀伊國屋	520-0362	滋賀県大津市伊香立上竜華町673	0775-98-2623	077-598-2633
福田健治	631-0041	奈良県奈良市学園大和町1-179	0742-43-9061	0742-43-9061
社)横田町農業公社	699-1832	島根県仁多郡横田町大字横田1091	0854-52-0105	0854-52-0105
地頭農園	689-3319	鳥取県西伯郡大山町赤松1518	0859-53-8359	0859-53-8359

衛生的に製造されているブルーベリージャム（石川県柳田村）

とめてみました。
ブルーベリージャムでの疑問点や購入希望などについてのお問い合わせに活用してください。

瓶詰め後、殺菌をして製品化

㈲富士商事	879-5413	大分県大分郡庄内町大字大龍2125-4	0975-82-0034	0975-82-0037
村中義久	895-2631	鹿児島県大口市小木原955	09952-2-0668	09952-2-6676

Q 93 ブルーベリーソースの作り方を教えてください

●ソースは粘性と流動性が必要

果実を加工してソース状にしたものをフルーツソースといい、製菓、冷菓料理に利用されます。

製菓や冷菓に利用されるソースは粘性があり、かつ流動性があることが必要で、新鮮な食味と色調、透明感も要望されます。

ブルーベリーソースの利用法は、プレーンヨーグルト、プレーンアイスクリーム、パンケーキ等にかけ、色がきれいで見た目も楽しいものです。市販品の例では、アイスクリームにらせん状にブルーベリーソースをまぜこんだものもあります。

●アイスクリーム用の作り方

アイスクリーム用ソースは、粘性と流動性が必要なため、ブルーベリーはスライスし流動性を妨げないよう細かくします。この原料に濃縮果汁をブレンドし、果汁分として約四〇%の含有となるよう調整します。

製品として果実の新鮮な食味や色調を保つために、真空濃縮などにより加熱、煮つめ温度を低くし、透明度を出すため気泡を抜きます。

アイスクリームにかけたり、まぜたりしたときの粘度と流動性、アイスクリームとまぜて一緒に凍結した場合に違和感が出ない、ヨーグルトやアイスクリームと接触する部分の色が移行しないことなどの工夫が必要です。

●家庭での作り方

家庭で作るブルーベリーソースは、生果実または凍結果実に二割程度加水し、沸騰一〇分後、砂糖を半量加え、コーンスターチを水で溶き加えて加熱すると粘度が出てきます。

残りの半量を糖を加えて加熱を続け

表5　ブルーベリーソースの製造例

原料・材料	量
	g
果実スライス	100
ジュースコンク	70
上白糖	300
水あめ	300
ローメトキシルペクチン	4
キサンタンザム	0.5
クエン酸	2
クエン酸ナトリウム	1
ブルーベリー香料	1.5
発酵性香料	2
ブランデー	10
加水適量	1000

表6　家庭でのブルーベリーソース

原料・材料	①	②
	g	g
果実	1000	1000
水	200	200
砂糖	200	350
コーンスターチ	20	
レモン果汁	30	30
加水適量	1000	1000

約二〇分、弱火にしてレモン果汁を加え三分ほど混合しますと、糖度は三〇%程度で果粒を残したタイプに仕上がります。糖の量を増やせば流動性がやや重くなりますが、ソース状の製品となり十分利用できます。

ブルーベリージャムにシロップやハチミツを加えたり、香味のある洋酒（ラム、ブランデーなど）を加えたりして、流動性のあるソース状のものを簡単に作ることができます。アクセントとしてスパイス（シナモンなど）の添加なども考えられます。

ブルーベリーソース

Q 94 シロップ漬けの方法を教えてください

果実や果肉などに、砂糖の浸透圧を利用して徐々にしみこませることをキャンディングといいます。この製品が砂糖漬けで、糖液をしたたらせて除いたものはドレンド製品といいます。

●シロップ漬けの一般的な製法

一般的な製法は、糖度三〇度ブリックス（溶液砂糖の比重を計る分度計の示度）の加熱糖液に浸漬し、約八〇℃にすると一日で糖度が約一〇度低下しますので、糖液に加糖、加熱をして糖度三五度ブリックスにブルーベリーの浸漬を行い、以後、隔日に加糖、加熱して糖度を一〇度ずつ上げて糖度を七〇度にします。

糖液への加糖は、砂糖だけで行うと製品に結晶が出てくる場合がありますので、キャンディングの糖液を一部液糖とか水あめを併用する場合もあります。

果肉の糖度が七〇度になったら、糖液に香料、洋酒、有機酸などを風味つけのために加える場合もあります。風味のある糖度七五度のシロップに浸漬してある状態で製品となります。利用するときに、糖液を除いて使う場合がドレンドブルーベリーです。

クリの砂糖漬け（マロングラッセ）のように糖がなかなか浸透しにくく、果実とシロップの糖度の差が高いと実がかたくなって、全く浸透しなくなってしまいます。また、ドレンドチェリーのように、大粒の果実の原形を保ち、しぼまないように砂糖漬けをする場合、このような方法で徐々に糖度を上げてシロップ漬けを行います。

ブルーベリーは果皮もやわらかく、糖液の浸透はスムーズに行われ、果実が小果なため、利用するときにまとめて使うことが多く、また果実の保形に気を使うこともないので、一般的には時間をかけずに作ります。

　工業的には、減圧濃縮によるキャンディングが行われ、果実に対して四倍量の糖液を使用、砂糖、水あめを半々とし、糖度二〇度に調整します。これを減圧状態で温度六〇℃程度で水分を飛ばしつつ濃縮を行い、糖度を徐々に上げて所定糖度とします。

●家庭でのシロップ漬け製造法

　家庭での一般的な製造方法を表7に示しました。

　ブルーベリーの果実に対して三割の三〇%糖液を加熱したところへ、水洗して水切りをしたブルーベリー果実を投入し加熱を続けます。砂糖は果実と等量の糖を二～三回に分けて投入し、水分を飛ばしつつ順次糖度を上げると、糖液が適度な粘性となってでき上がりです。この場合の糖度は、六〇%程度です。

　そのまま、またはシロップを除いて利用します。シロップは四倍程度に薄めて飲用すればおいしく飲めます。

表7
シロップ漬けの製造方法

項　　目	重量	糖量
30%糖液	30 g	10 g
ブルーベリー	100	10
砂糖	100	100
でき上がり	200	120

（注）糖量は固形

ホームメイドのシロップ漬けを作る

Q 95 ブルーベリー果実酒の作り方を教えてください

●熟しすぎない果実で

　果実や草の根、木の皮などをアルコールに浸し、それに砂糖を加えて作った酒をリキュールといい、発酵させないのが特徴です。

　一方、果実を発酵させて作る酒を果実酒といい、ブルーベリーについてはブルーベリーワインがこれに相当しますが、製造に対する許可、販売に対する免許が必要となります。

　ここでは果実浸漬酒であるリキュールについても果実酒と呼ばれているのでこれについて述べることにします。

　原料の果実は新鮮で熟しすぎないものを選びます。果実の完熟期には着色も香気も最高となり、糖分の増加、酸度の減少が見られ、生食の場合はこの完熟期がいちばんおいしいわけです。しかし、リキュール、果実酒の原料は完熟原料では果肉がくずれやすく、リキュールの混濁の原因となります。

●ブルーベリー果実酒（リキュール）

ブルーベリーをよく水洗して十分に水を切り、漬け込みを行います。氷砂糖を加え、その上にホワイトリカーを静かに注ぎ密栓して保存します。

糖類は、酒に甘味を付けるだけでなく果実成分の浸出を果たす役割をします。糖はいちばん純度の高い氷砂糖を使うのが一般的です。糖分が徐々に溶解しながら果実成分がゆるやかに抽出されていきます。アルコールの度数は強いほど浸透力があり、三五度ホワイトリカーが成分浸出を早めることができます。

漬け込み約三カ月で氷砂糖はすっかり溶け、果実エキスも溶出して鮮やかな色がつき、果粒の表皮はややくすんで果粒もくずれ気味になり、かなりやわらかくなります。抽出が十分行われると皮の渋味を感じられるようになるので、果実を引き上げ小口のビンに分けて熟成させ、飲用します。

仕込みに使う容器は、漬かり具合や色の変化を見るため広口のガラスビンが適しており、密封のふたができるものが良く、容器は熱湯で消毒してから果実酒を仕込みます。

仕込みの状況は直射日光を避けた涼しい場所で行いますが、冷蔵庫などに入れると抽出がよく行われませんので、低温保存で抽出を行います。

（ブルーベリー果実酒の分量）

ブルーベリー果実　六〇〇g

氷砂糖　四〇〇g

三五度ホワイトリカー　一・八ℓ

オリジナルのブルーベリー果実酒

Q 96 ブルーベリーの食品工業への応用は

ブルーベリーは、生果だけでなく、加工食品として広く利用されています。最近は、機能性についてもいろいろな形で知らされ、知名度もだんだん高くなっています。

加工品は、ジャム、飲料、乳製品、菓子、キャンデー、ガム、ワイン、ゼリー、健康食品などにも利用されています。食品工業としてある程度の規模を持つブルーベリー関連製品の製造を行っている代表的な業種として、ジャム、果汁・飲料、ワインがあります。

●ジャムの製造

ジャムは、果実に糖類を加えて煮詰め、果実中のペクチン、酸によってゼリー化したものです。果実をそのままか適当に切った果実片を、糖とともに煮詰め、果実の形の残っているものはプレザーブと呼ばれ、市販されています。

家庭用のジャムはかなり商品化されています。現在、イチゴジャムに次ぐ第二位の人気商品になっており、健康的でおいしいジャムとして店頭で多くの商品が販売されています。

そのほか、業務用として、製菓、製パン、冷菓などへの用途向けブルーベリージャム・ソースが製造されています。

無農薬、無添加のブルーベリージャム

●乳製品関連商品の製造

ジャムの製造と同じ方法で、ヨーグルト用ソース、アイスクリーム用ソースが製造され、人気が出ています。ブルーベリーは乳製品との相性が良く、乳製品の白とブルーの対照的な色合いも食感をそそります。

●果汁・飲料の製造

食品加工用原料として、ブルーベリーの果実を処理してピューレ、ストレート果汁、濃縮果汁が製造され、ブルーベリー関連製品の原材料として使用されています。

濃縮果汁は希釈して飲料とします。また、糖分を加えて希釈し果実飲料として製品化しています。また、ストレート果汁に糖分を加えて希釈して製造する飲料もあります。商品としては果汁分三〇～五〇%で、香料や有機酸を加えて製品化している場合が多いのが実情です。

●ゼリー

ペクチン、カラギーナン、ゼラチンなどゼリー化剤でブルーベリーの透明な果汁を固めたものです。デザート用食品としてカップゼリーが量販されています。

●ワイン製造

ブルーベリーは糖度、酸、ミネラルなどの内容成分とともにブルーの色はワインとしても適しています。ワインは果実を破砕し、それに補糖し、発酵、圧搾、搾汁、後発酵、おりびき、濾過《ろか》を行います。果皮成分が十分に溶出したコクのある色の濃いブルーベリーワインとなります。なお、ブルーベリーワインの製造・販売については、許可、免許が必要ですので、免許を持っているメーカーで製造しています。

●その他

製造規模は大きくありませんが、リキュール、ビネガー、調理ソースなどの製造も行われています。

ブルーベリーの加工品とそれを利用した多くの商品が作られています。表8に各種加工食品とその加工内容を示しました。

表8　ブルーベリー原料と加工の実際（主に業務用の場合）

加工原料形態	加工プロセス
冷凍果実	
I.Q.F（バラ凍結）	バラ凍結
直接包装冷凍	包装後通気冷凍
液状製品	
ピューレ	破砕→パルパーフィニッシャー仕上げ
濃縮ピューレ	破砕→加熱·酵素処理→真空濃縮
ストレート果汁	破砕→圧搾→濾過→殺菌
濃縮果汁	破砕→加熱·酵素処理→圧搾→濾過→真空濃縮
室温安定製品	
缶詰（シロップ）	缶に入れる→シロップ添加→密封→殺菌
缶詰	缶に入れる→加水→密封→殺菌
乾燥製品	
脱水製品	通気乾燥→乾燥果実仕様（オイルコーティング）
凍結乾燥	瞬間冷凍→凍結乾燥
フレーク・粉末	通気乾燥→円筒乾燥→整形→（粉砕）
加糖製品	
ドレンドブルーベリー	加糖→キャンディング→シロップを切る→乾燥→砂糖まぶし

加工食品	加工内容
ジャム・プレザーブ	糖（ペクチン）（酸）
ジュース	濃縮品、100%、50%ほか。ミックスジュース
ビネガー	ブルーベリー果汁＋ワインビネガー
ワイン	加糖、発酵
製菓・冷菓用ソース	加糖、増粘剤、洋酒、香料
料理用ソース	果汁、ビネガー、サラダオイル、スパイス、香料
ゼリー	加糖、安定凝固剤（ゼラチン等）、洋酒、香料
リキュール	スピリッツ＋ブルーベリー果実、果汁
健康食品ドリンク	ブルーベリーエキス利用、糖、酸、香料
〃　錠剤	〃

Q 97 ブルーベリーエキスの活用方法は

●エキスの活用方法

一般的に、エキスとは、植物成分を抽出し、濃縮して作成したペースト状のもの、またはそれを粉末化したもの（エキス粉末）をいいます。

果実を破砕し、パルパーフィニッシャーで果皮、種子を除去した後、そのまま、またはペクチン分解酵素を働かせて透明果汁としたものを濃縮し、ブルーベリー果汁エキスを作ります。

ブルーベリー加工品は、シロップ漬缶詰、ジャム、プレザーブ、製菓材料（ブルーベリーパイ、マフィンなど）などがあり、これらには果実を利用することが多いのですが、ゼリー、ソース、ジュース、飲料などは果汁エキスが主として使用されます。

●色素成分を医薬品に利用

食品用として利用されるブルーベリーエキスとは別に、色素成分を取り出したエキスがあります。ブルーベリーの色素成分は、多くの機能性、とくに眼に関する効果効能が期待されています。

現在、医薬品として利用されるエキスは、ブルーベリー野性種の一種であるビルベリーから色素成分を抽出したものですが、この果実はアメリカ産、カナダ産のブルーベリーと比べてアントシアニン色素を多く含んでいるため、ヨーロッパではビルベリーから抽出したエキスが医薬品として利用されています。

エキスはビルベリー果実からアルコールにより色素成分の抽出を行い、精製濃縮後、凍結乾燥をして粉末としたもので、アントシアニン色素が二五％に調整されたものです。

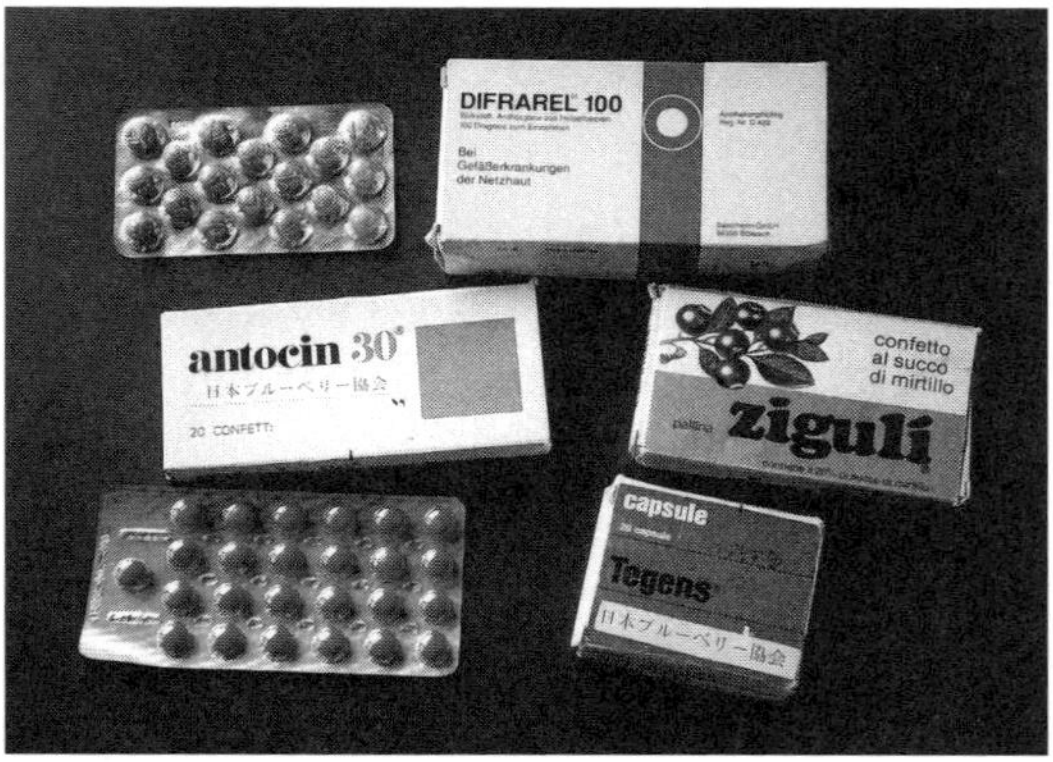

ブルーベリーエキス入り医薬品

効果は、夜盲症、毛細血管の脆弱《ぜいじゃく》、脳血管障害、胃潰瘍《いかいよう》、月経間症候群の治療に用いられています。糖尿病患者を対象とした研究から、アントシアニンが糖尿病性細胞症の出血性病変に効果的であったという報告があります。

日本では、医薬品として利用が認められておりませんので、薬理・薬効を期待した栄養補助食品として市場に出ているものが多くあります。

商品形態は、顆粒《かりゅう》、錠剤、糖衣錠、カプセルなど、粉末の状態で利用されています。

この成分のアントシアニン色素は、水溶液はpH四以上ですと不安定で、熱安定性、光安定性が悪く、飲料のような形態では利用されません。

ブルーベリーワイン製品いろいろ

Q 98　ブルーベリーワインの作り方・楽しみ方を教えてください

●ブルーベリーワインの作り方

ブルーベリーは酸もあり、糖度は生果で八～一〇%、ミネラルも一〇〇g中二〇〇mg程度含まれ、色調は濃くて美しく、果実酒に好適です。また、アントシアニンの薬効は、目に対する有効な機能性や優れた抗酸化性を持った素晴らしい果実です。

ブルーベリーワインの作り方は次のとおりですが、ただし前述のように製造に対する許可が必要です。

製造は、赤ワインの製造と同様で、収穫された果実は選果・破砕されて発酵に移ります。この時に補糖を行う場合もあり糖度二六度とします。補糖量は目的とするアルコール度数と糖度によります。

発酵温度は二〇℃前後に管理します。低温（一五～一八℃）で発酵させると、フレッシュでフルーティなものになり、高温（二二～二六℃）で発酵させると果皮成分が十分溶出したワインができます。

発酵が始まると炭酸ガスが発生して果皮が上面に浮き上がり、この部分は空気にさらされ酸化しやすくなり、好気性の有害菌が繁殖するおそれもありますので、果液中に果皮を沈めるようにします。

発酵が進行して目的の色と特徴ある渋味が出てきたら、タンクの底から液を引き抜きます。残部は圧搾して果皮などに残っているワインを絞り出します。

引き抜いた液は、糖分が完全になくなるまで発酵を続けます。炭酸ガスの発生が完全に終了したら、タンクの底に沈殿している「おり」を除去します。

これを樽《たる》に入れて熟成し、この樽熟

成を半年から二年行い、ビンに詰めて製品とします。この際、必要であれば冷却濾過や清澄《せいちょう》処理をします。

無菌水でビンを洗浄する

●ブルーベリーワインを楽しむ

ワインは料理と一緒に飲まれるもので、調理にも利用されます。白ワインは魚類のような軽い料理に、赤ワインは肉類のような濃厚な料理に飲まれることが多いようです。

右から給ビン、洗浄、充填、打栓の工程

ブルーベリーワインは鮮やかな色素のアントシアニンを十分に含んだ味の濃厚なものですから、赤ワインと同じように利用されます。脂肪の多い肉類の喉《のど》ごしをなめらかにし、ブルーベリーの渋味が料理とよく調和します。

食事前に食欲を増進するために飲まれる食前酒は比較的アルコール分が強く、甘口で、特徴ある香味を持った酒が利用されますが、ブルーベリーワインもマディラ酒、ベルモット、シェリーなどのように食前酒として賞味されます。

料理に使うときには赤ワインに準じ

ブルーベリーワイン
（福岡県田主丸町）

ラベルを貼る

表９　ブルーベリーワイン製品の販売・製造元一覧

品　名	販売者	製造者	容量	タイプ	アルコール度
ほっかいどう砂原町ブルーベリーワイン		㈱はこだてわいん（北海道亀田郡七飯町字上藤城11番地）	720mℓ	やや甘口	14%未満
銀山ブルーベリーワイン		北海道ワイン㈱（北海道小樽市朝里川温泉1）	720mℓ		14%未満
南郷の森ブルーベリーワイン	青森県南郷村ブルーベリー生産組合（青森県三戸郡南郷村大字島守字熊堂20）	ニッカウヰスキー㈱弘前工場（青森県弘前市大字栄町2-1-1）	720mℓ		10%未満
シュプールワイン北緯40°からの便り		岩手缶詰㈱岩手工場（岩手県岩手郡岩手町大字川口4-12-3　☎0195-65-2221）	720mℓ	辛口	14%未満
ブルーベリーワイン妖精の雫		同上	500mℓ		14%未満
ブルーベリーワインサファイアの輝き	JA都南（岩手県盛岡市下飯岡21-180）	ニッカウヰスキー㈱（東京都港区南青山5-4-31）	500mℓ	やや辛口	10%未満
ブルーベリーワイン沢田の味		沢田農業協同組合（群馬県吾妻郡中之条町下沢渡18　☎0279-75-2305）			
ブルーベリーワイン	㈱マザー牧場（千葉県富津市田倉940-3）	まるき葡萄酒㈱（山梨県東山梨郡勝沼町下岩崎2488）	720mℓ		15%未満
ブルーベリー酒		合同酒精㈱（東京都中央区銀座6-2-10　☎03-3575-2711）			
ブルーベリー		安曇野ワイン㈱（長野県南安曇野郡三郷村小倉6687-5　☎0263-77-6019）	720mℓ		5%未満
能登ワイン猿鬼伝説	能登酒類販売㈱（☎0768-62-1205）	㈱巨峰ワイン製造（福岡県浮羽郡田主丸町大字益生田246-1） ＊原料生産：柳田村ブルーベリー研究会（石川県鳳至郡柳田村）	360mℓ		12%未満
ブルーベリー和飲	㈲ブルーベリーオガサ（静岡県小笠郡小笠町下平川667-2）				
瀬戸内のブルーベリーワイン神峰		安曇野ワイン㈱（住所は上記） ＊原料供給者：農事組合法人神峰園（広島県豊田郡大崎町原田363）	360mℓ		14%未満
ブルーベリーワイン		㈱巨峰ワイン（福岡県浮羽郡田主丸町大字益生田246-1　☎09437-2-2382）			
阿蘇高原ブルーベリーワイン	そよ風パーク（熊本県阿蘇郡蘇陽町大字今297）	まるき葡萄酒製造㈱（山梨県東山梨郡勝沼町下岩崎2488）	360mℓ		15%未満
ブルーベリー酒		常楽酒造㈱（熊本県球磨郡錦町一武2577-13）	500mℓ		14度以上15度未満

て利用できます。原則的には肉類のような赤味のものへの利用ですが、ブルーベリーは香味が強いので、それに合った料理があり、サバのような生臭みの強い魚や、カモのような香りにくせのある料理とも相性が良いようです。

牛肉や野鳥類の肉を焼く際にも肉の色が褐色に変わり、火を止める直前にブルーベリーワインを振りかけ、まぶすようにします。また、スパゲティソースや他の濃厚な料理にも用います。

食事の際、ブルーベリーワインの料理との相性は、焼いた赤身の肉、ソースで煮込んだ肉、ツグミ、ウズラ、カモ、イノシシ、シカなどの肉と合い、くせのあるチーズなどともマッチします。

料理の最後のデザートの時に出されるのが食後酒です。この酒に、アルコール分が高く甘口のポートワインなどが用いられるように、ブルーベリーワインを食後酒として楽しむこともできます。

Q 99 ブルーベリーを料理やお菓子に使うときの注意点は何ですか

●品質をよく理解して使う

ブルーベリーは、果肉がやわらかいという特徴がありますが、他の果実のように品種が違うと味や風味が大きく異なるということはありません。

しかし、日本で栽培されている品種や輸入されている品種を比較してみると、品種の違いにより、大きさ・形、果肉のかたさ、甘味、酸味の違いがあり、料理やお菓子に使うときには、この違いをよく理解して取り組むことがブルーベリーを使った料理やお菓子作りには大切です。

また、ブルーベリー加工品を料理やお菓子に使うことがあると思いますが、加工品はメーカーごとに品質に大きな差がありますので、料理の目的により、加工品を求めるときには内容表示をよく見て買い求めてください。また、使う段階でも、一度、味を確認してから取り組むことが大事です。

ブルーベリーソース入りパイ

●品種による味の違い

小売店の店頭では品種名を表示して販売していませんので、品種を確認しての購入は不可能です。しかし、近くにブルーベリー園があって果実が購入できる場合や、自らブルーベリーを栽培している場合には品種がわかりますので、品種の特性を理解して料理やお菓子に使うことができます。

生果実で手に入る品種には、大きく分けてハイブッシュとラビットアイの二つの種類があります。この二種類は、産地、出荷時期、果実の特徴に大きな違いがあります。

第3章の**表6**（66頁）に、日本で栽培している代表的品種の収穫期と品質特性を示しました。ブルーベリーは一つの品種の収穫期はあまり長くはありませんので、その時期に収穫できる品種を活用して料理やお菓子作りに取り組んでください。

ブルーベリーソースはアイスクリームと相性が良い

●生果実を使うときの注意点

料理やお菓子に使う場合には、鮮度、未熟果の混入度合、腐敗果やカビの発生状況などをよく調べて購入します。とくに、熟度や鮮度をよく確認して果実を選択します。品質の悪い果実を使うと良い料理はできません。

生果実を使う場合に注意したいのはカビの発生です。料理の当日、自分で熟度を見て収穫した果実は心配ありませんが、小売店で購入したブルーベリーを使う場合は、カビ発生の心配がありますので、鮮度が不明の果実を購入してしまった場合には、場合によっては、熱処理して使うとよいでしょう。

●加工品を使う場合の注意点

市販のジャムには、果実と砂糖だけで作った高級ジャムもありますが、販売されているジャムの多くはペクチンが入っている製品が多く、なかには水あめが入っている商品もあります。そのため、作るお菓子によっては期待した味に仕上がらないこともありますので、内容成分をよく確かめることと品質の良い製品を選ぶことが大事です。

ブルーベリーソースは、ヨーグルト、アイスクリーム、チーズとの相性が良く、使い方によっては素材を引き立てる役割をする重宝なものです。しかし、市販の製品は品質がさまざまですので、おいしくいただくためには、品質をよく確認して購入する必要があります。

ソースは生果実でも冷凍果実でも作れますので、果実の出回り時期に作り置きしておくと常時使えます。また、簡単な方法として、砂糖をふりかけて電子レンジで約二分間加熱すれば作れますので、試してみてください。

Q 100 これからのブルーベリー産業をどう考えたらよいのでしょうか

●日本での発展はこれから

ブルーベリーが日本に導入されて五〇年以上になりますが、他の果実に比べて栽培の歴史が浅いため、栽培技術の確立や産地での適品種の選択は手探りの状況が続きました。しかし、最近になって日本各地での栽培が増えたこともあり、日本に合った栽培技術や適品種も少しずつわかってきました。

また、消費者のブルーベリーに対する認識は、マスコミによる「眼に良い」という機能性食品としての報道の増加が追い風となり、消費者の間に徐々に浸透してきました。

消費者の中には、「初めて食べたのがジャム」という人が多いためか、ジャムに加工しないと食べられないと思っている方も多いと思います。しかし、これまでの設問でお答えしたように、ブルーベリーは、生果実でも加工してもおいしくいただけるオールラウンドプレイヤーの果実なのです。

また、家庭果樹としてのブルーベリーは贅沢《ぜいたく》な果実です。春は早い時期から可憐《かれん》な花が楽しめ、初夏には果実の成熟が待ち遠しい。果実もだんだんに成熟するため、毎朝、成熟果を見つけるのが本当に楽しくなります。そして、素晴らしいのが秋の紅葉です。

このように、ブルーベリーは生果実で食べても、加工して食べても、鑑賞用果樹としても人々の生活を豊かにする果実なのです。そしてブルーベリーは、国民の健康維持の一翼を担う機能性食品として価値ある果実でもあります。

日本でも、このブルーベリーの良さが浸透してきていますので、日本でのブルーベリーはこれからも伸びる果樹といえます。

●日本の食への定着

欧米では、ブルーベリーなどの小果樹を使ったお菓子を多く見かけます。この状況から「日本でもブルーベリーの商品が売れるのでは」と感じられた方も多いのではないでしょうか。

しかし、これまでにさまざまな果実や加工品が欧米並み消費をめざして振興に取り組んできましたが、定着するまでにはかなり時間を要した経緯があります。この定着の壁は、欧米と日本の食文化の違いにあります。とくに日本の果実消費は、生果実での消費が多いことや、果実を箱に入れて贈答にする文化が受け継がれてきたこともあり、大玉で見栄えがする果実の生産と販売が主体となってきました。

このような状況から、果実を加工して消費することは、果実一個の単価が高かったこともあって、食文化の中での定着率は欧米に比べて低いものがありました。しかし、最近は食生活の多様化から果実の消費形態も変わってきましたので、ブルーベリーのようにバリエーションのある果実が日本の食生活の中に定着しはじめているのです。

●機能性食品として

ブルーベリーの機能性は「眼に良い」という他の食品が持たない機能性を持ち、しかも最近の健康維持に大事な「生活習慣病」を予防する「抗酸化機能」にも優れているという大きな特長を持っていることがわかってきました。そのため、眼が弱く、しかも生活習慣病が増えてきた日本人には格好の食品なのです。

この機能性については、欧米では臨床試験も数多くありますが、日本でもようやく取り組みが始まった状況ですので、今後の成果発表が待たれます。

●ブルーベリーによる地域振興

過疎化や高齢化が進む農山村にとって新たな産業創設による地域振興は大きな課題です。働き場所を提供する産業が育たないため、若者を中心とした労働力は地域から流失し、歯止めがかからない状況が続いています。

また一方では、自然回帰の願望から農業に取り組みたいとする人たちも増えてきました。

このような状況の中で、新たな地域産品としてブルーベリーの生果実や加工品の販売に取り組んでみてください。果樹の高さが低いことや果実が軽いことは女性や高齢者には取り組みやすい果樹です。

また、消費者にも注目されている果実ですので、地域振興の有力品目として、取り組み体制や方法によっては大きな可能性があるのがブルーベリーです。

●ブルーベリー振興の視点

ブルーベリーは機能性食品として注目されていますが、あくまでも食品ですので、生果実でも加工品でもおいしいものの供給が基本です。

消費者に長く愛していただく果実になるためには、高品質果実の適正価格での供給が基本です。供給不足をよいことに高い価格での販売や、未熟果の出荷は厳に慎まなくてはなりません。

また、これからブルーベリーに取り組んでみようという方は、植栽後に禍根を残さないためにも初期投資を怠たってはなりません。しっかりした経営計画により取り組みを始めてください。

ブルーベリーによる地域振興のポイントは、中心になる農家の存在と周囲の援助体制です。過大な皮算用は慎み、地域の地理的・人的な立地条件をよく理解し、しっかりした生産・販売計画をたてて取り組んでみてください。

ブルーベリーの振興には、携わる人すべてが営業マンとなり、一人でも多くの人にブルーベリーの良さを知ってもらう取り組みこそが大事です。

地頭農園
〒689－3319　鳥取県西伯郡大山町赤松1518　☎0859－53－8359
木實農園
〒861－3933　熊本県阿蘇郡蘇陽町高辻258　☎0967－85－0450

ブルーベリー苗木・肥料等（生産・販売、●は肥料等）

㈱天香園
〒999－3742　山形県東根市中島通り1－34　☎0237－48－1231
㈲大関ナーセリー
〒300－0001　茨城県土浦市今泉307－2　☎0298－31－0394
㈱外塚農園
〒315－0055　茨城県新治郡千代田町稲吉南3－6－8　☎0298－32－8784
●イワタニアグリグリーン㈱
〒111－0051　東京都台東区蔵前3－12－8　☎03－5687－0751
㈶ふれあいの里公社　モデル農場
〒928－0334　石川県鳳至郡柳田村字当目201－4　☎0768－76－0014
ニッポン緑産㈱
〒390－1131　長野県松本市大字今井2534　☎0263－59－2246
㈲小町園
〒399－3802　長野県上伊那郡中川村片桐6626－2　☎0265－88－2628
㈲ブルーベリーオガサ
〒437－1514　静岡県小笠郡小笠町下平川667－2　☎0537－73－6050
●晃栄化学工業㈱
〒460－0003　愛知県名古屋市中区錦1－3－31　☎052－211－4451
㈲アルビック
〒619－0223　京都府相楽郡木津町相楽台2－9－15　☎0774－72－8728
●㈲農業生産法人神原エーデルファーム
〒694－0051　島根県大田市久手町波根西474　☎08548－5－7088
㈱山陽農園
〒709－0831　岡山県赤磐郡山陽町五日市215　☎08695－5－3681
内山園芸
〒839－1214　福岡県浮羽郡田主丸町大字地徳2282　☎09437－3－0320
㈱大栄資材
〒329－0112　栃木県下都賀郡野木町南赤塚218　☎0280－57－1027
㈱小林ナーセリー
〒334－0059　埼玉県川口市安行944
☎048－296－3598
㈲高橋ピートモス工業
〒272－0034　千葉県市川市市川1－14－11　☎047－324－7687
望月編織工業㈱
〒400－0505　山梨県南巨摩郡増穂町長沢422　☎0556－22－3266
オーシャン貿易㈱
〒615－0022　京都市右京区西院平町25　京都東芝ビル2F
☎075－314－8733
エザワフルーツランド
〒292－0201　千葉県木更津市真里谷3832　☎0438－53－5160

小尾能敏
〒408－0021　山梨県北巨摩郡長坂町長坂上条1385　☎0551－32－3977
小尾恒夫
〒408－0021　山梨県北巨摩郡長坂町長坂上条1303　☎0551－32－3994
信州ブルーベリー㈱
〒381－2233　長野市川中島町上氷鉋1423　☎0262－84－1915
伊藤ブルーベリー農園
〒389－1312　長野県上水内郡信濃町大字富濃4131　☎0262－55－2480
佐藤一男
〒389－1305　長野県上水内郡信濃町大字柏原475－8　☎0262－55－5538
ゆめ大国
〒509－7603　岐阜県恵那郡山岡町上手向1460　☎0573－56－3895
㈲ブルーベリーオガサ
〒437－1514　静岡県小笠郡小笠町下平川667－2　☎0537－73－6050
橋村さだえ
〒437－1511　静岡県小笠郡小笠町目木292　☎0537－73－3208
山本ちせ
〒437－1511　静岡県小笠郡小笠町目木223　☎0537－73－3209
ブルーベリーフィールズ紀伊國屋
〒520－0362　滋賀県大津市伊香立上竜華町673　☎0775－98－2623
波多野農場
〒669－2153　兵庫県篠山市今田町今田新田142－1　☎0795－97－2794
地頭　巌
〒689－3319　鳥取県西伯郡大山町赤松1518　☎0859－53－8359
㈳横田町農業公社
〒699－1832　島根県仁多郡横田町大字横田1091　☎0854－52－0105
㈲神原エーデルファーム
〒694－0051　島根県大田市久手町波根西474　☎08548－5－7088
西岡照幸
〒701－1205　岡山市佐山2107－10　☎0862－84－5650
上里貴文
〒729－6332　広島県三次市上志和地町37　☎08246－8－2614
農事組合法人神峰園
〒725－0302　広島県豊田郡大崎町原田363　☎08466－4－3911
森松美幸
〒834－0201　福岡県八女郡星野村14941　☎0943－52－2537
そよ風パーク
〒861－3913　熊本県阿蘇郡蘇陽町大字今297　☎0967－83－0880
興梠ブルーベリー園
〒861－3912　熊本県阿蘇郡蘇陽町大字米迫804　☎0967－83－0554
㈲富士商事
〒879－5413　大分県大分郡庄内町大字大龍2125－4　☎0975－82－0034
十曽グリーンファーム
〒895－2631　鹿児島県大口市小木原954－3　☎09952－2－7878
つくばブリーベリー園
〒300－4204　茨城県つくば市作谷1728－2　☎0298－69－0526
つくばブリーベリー小野村農園
〒300－2631　茨城県つくば市大字沼崎1310　☎0298－47－2868
ベリーコテージ(関塚直子)
〒198－0024　東京都青梅市新町2－11－5　☎0428－31－3810
長坂ブルーベリー組合
〒408－0000　山梨県北巨摩郡長坂町長坂　FAX0551－32－4567
霞ヶ浦ブルーベリーつみ取り園
(円城寺英男)
〒300－0121　茨城県新治郡霞ヶ浦町宍倉2706　☎0298－97－0663
やさとブルーベリーファーム
(杉中孝介)
〒315－0103　茨城県新治郡八郷町中戸103－3　☎0299－44－3088

〒023－0402　岩手県胆沢郡胆沢町小山字菅谷地131－1　☎0197－47－0031
田中範昭
〒023－0402　岩手県胆沢郡胆沢町小山上一ノ台6　☎0197－47－0087
ジョイファーム
〒989－5502　宮城県栗原郡若柳町川南下大目前517　☎0228－32－3196
本荘市農業協同組合
〒015－0001　秋田県本荘市出戸町小人町101－1　☎0184－22－2127
月山高原鈴木ブルーベリー農園
〒997－0142　山形県東田川郡羽黒町大字上野新田字上台80
☎0235－62－4042
庄内たがわ農業協同組合 羽黒支所
〒997－0141　山形県東田川郡羽黒町大字荒川各地堰9－5
☎0235－62－2141
福田農園
〒961－8071　福島県西白河郡西郷村真船字蒲日向234　☎0248－25－1712
大塚　憲
〒979－1453　福島県双葉郡双葉町寺沢字唐沢338　☎0240－33－2541
斉藤直偉
〒321－2114　栃木県宇都宮市下金井町491－3　☎0286－65－5173
日光農業協同組合
〒321－2335　栃木県今市市森友926
☎0288－22－1178
福田農園
〒321－2335 栃木県今市市森友918－1
☎3284－62－0012
津久井ファーム
〒326－0141　栃木県足利市小俣町421
☎0284－62－0012
ブルーベリー春園
〒311－4306　茨城県東茨城郡常北町春園709　☎0292－88－4487
つくばルーラル吉瀬
〒305－0022　茨城県つくば市吉瀬1679－1　☎0298－57－3355
鈴木ブルーベリー農園
〒300－2638　茨城県つくば市百家476
☎0298－47－3247
根本園芸（根本保夫）
〒311－1526　茨城県鹿島郡鉾田町大字半原386　☎0291－33－2350
宮田果樹園
〒378－0103　群馬県利根郡川場村大字中野132　☎0278－52－2700
富沢有機農園
〒377－0812　群馬県吾妻郡吾妻町厚田1986－22　☎0279－67－3170
ブルーベリー園　岩佐
〒274－0062　千葉県船橋市坪井町111
☎0474－57－0623
エザワフルーツランド
〒292－0201　千葉県木更津市真里谷3832　☎0438－53－5160
木更津市農業協同組合
〒292－0054　千葉県木更津市長須賀382　☎0438－23－0501
㈱マザー牧場
〒299－1731　千葉県富津市田倉940－3　☎0439－37－3211
島村ブルーベリー農園
〒187－0003　東京都小平市花小金井南町1－16－13　☎0424－61－7824
榎戸園芸
〒185－0001　東京都国分寺市北町3－8－3　☎0423－24－5334
横山文雄
〒245－0016　神奈川県横浜市泉区和泉町7290－3　☎045－804－3765
名香園
〒949－2113　新潟県中頚城郡妙高高原町杉野澤　☎0255－86－2000
柳田食産㈱
〒928－0312　石川県鳳至郡柳田村字上町イ部46－6　☎0768－76－8100
河口湖自然生活館
〒401－0305　山梨県南都留郡河口湖町大石2585　☎0555－76－8230

2－20－3　☎03－3463－2111

ナチュラルウエイ㈱
〒150－0021　東京都渋谷区恵比寿西1－16－4　長谷戸ビル
☎03－3462－6135

㈱ワールドプロジェクト
〒150－0021　東京都渋谷区恵比寿西1－10－7　YUKIビル
☎03－3462－7451

㈱ファンケル
〒244－0842　神奈川県横浜市栄区飯島町53　☎0120－600－210（フリーダイヤル）

明治製菓㈱
〒210－0913　神奈川県川崎市幸区堀川町580　ソリットスクエア西館
☎044－548－0401

㈱ブルボン
〒945－0011　新潟県柏崎市松波4－2－14　☎0257－23－2333

大協薬品工業㈱
〒939－3521　富山市水橋畠等173－3
☎0764－78－1122

㈱日健　総本社
〒501－6255　岐阜県羽島市福寿町浅平1－32　☎058－393－0500

名糖産業㈱
〒451－0077　愛知県名古屋市西区笹塚町2－41　☎052－521－7111

㈱中京医薬品
〒475－0027　愛知県半田市亀崎北浦町2－15－1　☎0569－29－0202

江崎グリコ㈱
〒555－0021　大阪市西淀川区歌島4－6－5　☎06－477－8351

中西産業㈱
〒558－0043　大阪市住吉区墨江3－5－9　☎06－672－6421

アーツ㈱
〒631－0041　奈良市学園大和町2－81　奈良西ビル　☎0742－41－2311

新生薬品販売㈱
〒634－0135　奈良県高市郡明日香村桧前55－21　☎0744－54－3384

㈱物産クリエイティブ
〒101－0054　東京都千代田区神田錦町3－17廣瀬ビル　☎0120－321－418（フリーダイヤル）

㈱デーライン
〒150－0001　東京都渋谷区神宮前3－22－10　斉藤ビル　☎03－5410－4098

八幡物産㈱
〒689－3541　鳥取県米子市二本木508
☎0120－313－136（フリーダイヤル）

㈱ふくれん
〒838－0026　福岡県甘木市大字柿原223　☎0946－22－9900

ブルーベリー生果（生産・販売）

アリスファーム
〒046－0511　北海道余市郡赤井川村字日の出253　☎0135－34－7007

斉藤園
〒048－2411　北海道余市郡仁木町東町13－49　☎0135－32－2357

山田園
〒048－2411　北海道余市郡仁木町東町12－38　☎0135－32－2131

仲野園芸農場
〒069－1317　北海道夕張郡長沼町東6線北14番　☎01238－9－2200

中里町産業課
〒037－0305　青森県北津軽郡中里町大字中里字亀山　☎0173－57－2111

坂田ブルーベリー農園
〒037－0306　青森県北津軽郡中里町大字宮川色吉42　☎0173－57－3866

松本農園
〒020－0402　岩手県盛岡市黒川5－27－2　☎0196－96－3301

岩手中央農業協同組合
〒020－0853　岩手県盛岡市下飯岡21－180　☎0196－38－3219

胆沢町農業協同組合

胆沢町農業協同組合
〒023－0402　岩手県胆沢郡胆沢町小山字菅谷地131－1　☎0197－47－0031
［製品名］ブルーベリードリンク果汁50％

庄内たがわ農業協同組合　羽黒加工所
〒997－0141　山形県東田川郡羽黒町大字荒川谷地堰9－5
☎0235－62－2141
［製品名］月山高原青葡萄果汁50％

月山高原鈴木ブルーベリー農園
〒997－0142　山形県東田川郡羽黒町大字上野新田字上台80
☎0235－62－4042
［製品名］月山高原ブルーベリー果汁100％

中野農産加工㈲
〒378－0103　群馬県利根郡川場村大字中野85－1　☎0278－52－3353
［製品名］かわば村のブルーベリー果汁30％

㈱マザー牧場
〒299－1731　千葉県富津市田倉940－3　☎0439－37－3211
［製品名］ブルーベリージュース

信州ブルーベリー㈱
〒381－2233　長野市川中島町上氷鉋1423　☎0262－84－1915
［製品名］ブルーベリー50ブーベの恋人果汁50％

㈲ブルーベリーオガサ
〒437－1514　静岡県小笠郡小笠町下平川667－2　☎0537－73－6050
［製品名］ブルーベリージュース

農事組合法人神峰園
〒725－0302　広島県豊田郡大崎町原田363　☎08466－4－3911
［製品名］瀬戸内のブルーベリージュース

そよ風パーク
〒861－3913　熊本県阿蘇郡蘇陽町大字今297　☎0967－83－0880
［製品名］ブルーベリーサワー濃厚４倍

㈲富士商事
〒879－5413　大分県大分郡庄内町大字大龍2125－4　☎0975－82－0034
［製品名］ブルーベリー伝説果汁30％

ブルーベリー健康食品・健康飲料・菓子類（製造・販売）

サーナ㈱
〒285－0803　千葉県佐倉市神門205
☎043－498－0104

㈱常磐植物化学研究所
〒285－0801　千葉県佐倉市木野子158
☎043－498－0007

日本ヘキスト・マリオン・ルセール㈱
〒101－0025　東京都千代田区神田佐久間町3－2　☎03－3864－8019

長瀬産業㈱
〒103－0024　東京都中央区日本橋小舟町5－1　☎03－3665－3622

宝幸水産㈱
〒104－0045　東京都中央区築地1－2－4　☎03－3542－5411

森永乳業㈱
〒108－0014　東京都港区芝5－33－1
☎03－3798－0111

カンロ㈱
〒161－0033　東京都新宿区下落合2－3－18　☎03－3950－8811

新日本通商㈱
〒160－0023　東京都新宿区西新宿1－25－1　☎03－5322－5221

㈱ロッテ
〒160－0023　東京都新宿区西新宿3－20－1　☎03－3375－1211

アサヒビール㈱
〒130－0001　東京都墨田区吾妻橋1－23－1　☎03－5608－5112

日本コカ・コーラ㈱
〒150－0002　東京都渋谷区渋谷2－11－8　☎03－5466－6632

カルピス食品工業㈱
〒150－0021　東京都渋谷区恵比寿西

★㈱沢屋
〒389－0103　長野県北佐久郡軽井沢町塩沢702　☎0267－46－2400
★清水食品㈱
〒424－0942　静岡県清水市入船町12－1　☎0543－52－1141
㈲ブルーベリーオガサ
〒437－1514　静岡県小笠郡小笠町下平川667－2　☎0537－73－6050
★大洋食品工業㈱
〒455－0804　愛知県名古屋市港区当知2－1106　☎052－383－1662
★小島食品製造㈱
〒476－0002　愛知県東海市名和町一番割中25　☎052－603－3511
ブルーベリーフィールズ紀伊國屋
〒520－0362　滋賀県大津市伊香立上竜華町673　☎0775－98－2623
★花太刀食品㈱
〒557－0011　大阪市西成区天下茶屋東2－14－31　☎06－651－6001
★㈱明治屋　食品工場
〒567－0023　大阪府茨木市西河原3－1－13　☎0726－24－2321
★㈱田中食品興業所
〒590－0002　大阪府堺市砂道町3－5－2　☎0722－38－0281
★兵庫興農㈱
〒651－1311　兵庫県神戸市北区有野町二郎305　☎078－981－5185
★クマモト食品工業㈱
〒665－0844　兵庫県宝塚市武庫川町3－20　☎0797－86－4561
★加藤産業㈱　上郡工場
〒678－1274　兵庫県赤穂郡上郡町柏野　☎0791－52－0520
★奈良県経済農協連
〒630－8131　奈良市大森町57－3
☎0742－27－4098
★チドー㈱
〒630－8014　奈良市四条大路5－1－60　☎0742－34－7441
★大和食品工業㈱
〒632－0044　奈良県天理市兵庫町230
☎0743－66－0035
㈳横田町農業公社
〒699－1832　島根県仁多郡横田町大字横田1091　☎0854－52－0105
★アヲハタ㈱
〒729－2311　広島県竹原市忠海町4395　☎08462－6－0111
農事組合法人神峰園
〒725－0302　広島県豊田郡大崎町原田363　☎08466－4－3911
★讃岐缶詰㈱
〒769－0401　香川県三豊郡財田町財田上6285　☎0875－67－3121
★伊予園芸農業協同組合
〒799－3111　愛媛県伊予市下吾川1334　☎0899－82－0235
★タカ食品工業㈱
〒835－0023　福岡県山門郡瀬高町小川1189－1　☎0944－62－2161
そよ風パーク
〒861－3913　熊本県阿蘇郡蘇陽町大字今297　☎0967－83－0880
㈲富士商事
〒879－5413　大分県大分郡庄内町大字大龍2125－4　☎0975－82－0034
十曽グリーンファーム
〒895－2631　鹿児島県大口市小木原954－3　☎09952－2－78788

ブルーベリー飲料（果汁）（製造元）

中里町ブルーベリー生産組合（坂田真一）
〒037－0306　青森県北津軽郡中里町大字宮川字色吉42　☎0173－57－3866
［製品名］奥津軽ブルーベリー天然果汁100％
岩手缶詰㈱　岩手工場
〒028－4211　岩手県岩手郡岩手町川口4－12－3　☎0195－65－2221
［製品名］ブルーベリー天然果汁100％

〒023－0402　岩手県胆沢郡胆沢町小山字菅谷地131－1　☎0197－47－0031

ジョイファーム
〒989－5502　宮城県栗原郡若柳町川南下大目前517　☎0228－32－3196

★宮城農産工業㈱
〒981－4211　宮城県加美郡中新田町上狼塚字東北原12－127
☎0229－63－3570

月山高原鈴木ブルーベリー農園
〒997－0142　山形県東田川郡羽黒町大字上野新田字上台80
☎0235－62－4042

★㈱たかはたファーム
〒992－0324　山形県東置賜郡高畠町大字入生田字川南100
☎0238－57－4401

★三弘製薬㈱　食品部山形工場
〒992－0262　山形県東置賜郡高畠町大字元和田2771　☎0238－56－3331

中野農産加工㈲
〒378－0103　群馬県利根郡川場村大字中野85－1　☎0278－52－3353

富沢有機農園
〒377－0812　群馬県吾妻郡吾妻町厚田1986－22　☎0279－67－3170

ブルーベリー園　岩佐
〒274－0062　千葉県船橋市坪井町111
☎0474－57－0623

㈱マザー牧場
〒299－1731　千葉県富津市田倉940－3　☎0439－37－3211

★デーリーフーズ㈱
〒101－0021　東京都千代田区外神田5－2－5　セントラルコアビル
☎03－3831－2100

★ソントン食品工業㈱
〒103－0025　東京都中央区日本橋茅場町2－9－4　☎03－3669－7371

★㈱両角ジャム製造所
〒108－0072　東京都港区白金5－7－15　☎03－3441－2254

★㈱スドージャム
〒153－0065　東京都目黒区中町2－8－7　☎03－3711－7446

★カセイ食品㈱
〒146－0095　東京都大田区多摩川2－19－10　☎03－3759－6211

★寿食品工業㈱
〒116－0011　東京都荒川区西尾久7－44－2　☎03－3894－4501

★アルプス食品工業㈱
〒116－0013　東京都荒川区西日暮里4－15－11　☎03－3821－3783

★小出ジャム製造㈱
〒173－0026　東京都板橋区中丸町17－12　☎03－3955－6195

★㈱新宿高野　狛江工場
〒201－0004　東京都狛江市岩戸北3－1－1　☎03－3489－5512

柳田食産㈱
〒928－0312　石川県鳳至郡柳田村字上町イ部46－6
☎0768－76－8100

河口湖自然生活館（ブルーベリー館）
〒401－0305　山梨県南都留郡河口湖町大石2585　☎0555－76－8230

信州ブルーベリー㈱
〒381－2233　長野市川中島町上氷鉋1423　☎0262－84－1915

伊藤ブルーベリー農園
〒389－1312　長野県上水内郡信濃町大字富濃4131　☎0262－55－2480

★㈱斑尾高原農場
〒389－1201　長野県上水内郡三水村大字芋川1260　☎0262－53－7002

★不二家三興食品㈱
〒382－0800　長野県上高井郡高山村大字高井字鞍掛6465－1
☎0262－45－0783

★森食品工業㈱
〒387－0005　長野県更埴市大字森2543　☎0262－72－0121

★寿高原食品㈱
〒389－0804　長野県埴科郡戸倉町戸倉1465－1　☎0262－75－0032

ブルーベリー関連団体・企業一覧

（2002年５月現在）

ブルーベリーワイン
（◆は製品名）

◆銀山ブルーベリーワイン
［販売］銀山農業協同組合　〒048－2335　北海道余市郡仁木町銀山2－479　☎0135－33－5211

◆ほっかいどう砂原町ブルーベリーワイン
［販売］㈱はこだてわいん　〒041－1104　北海道亀田郡七飯町上藤城11　☎0138－65－8115

◆サファイアの輝き
［企画］岩手中央農業協同組合　〒020－08 53　岩手県盛岡市下飯岡21－180　☎0196－38－3219

◆シュプールワイン
［販売・製造］岩手缶詰㈱　〒028－4211　岩手県岩手郡岩手町大字川口4－12－3　☎0195－65－2221

◆妖精の雫
［販売］胆沢町農業協同組合　〒023－0402　岩手県胆沢郡胆沢町小山字菅谷地131－1　☎0197－47－0031

◆ブルーベリーワイン沢田の味
［販売・製造］沢田農業協同組合
〒377－0542　群馬県吾妻郡中之条町下沢渡18　☎0279－75－2305

◆ブルーベリーワイン
［販売］㈱マザー牧場　〒299－1731　千葉県富津市田倉940－3
☎0439－37－3211

◆ブルーベリーワイン
［販売］柳田食産㈱　〒928－0312　石川県鳳至郡柳田村字上町イ部46－6
☎0768－76－8100

◆ブルーベリー
［販売・製造］安曇野ワイン㈱
〒399－8103　長野県南安曇郡三郷村小倉6687－51　☎0263－77－6019

◆ブルーベリー和飲
［販売］㈲ブルーベリーオガサ
〒437－1514　静岡県小笠郡小笠町下平川667－2　☎0537－73－6050

◆ブルーベリーワイン
［販売・製造］㈱巨峰ワイン　〒839－1213　福岡県浮羽郡田主丸町大字益生田246－1　☎09437－2－2382

◆阿蘇高原ブルーベリーワイン
［販売］そよ風パーク　〒861－3913　熊本県阿蘇郡蘇陽町大字今297
☎0967－83－0880

ブルーベリージャム
（★は日本ジャム工業組合組合員）

★㈲共済農場
〒076－0162　北海道富良野市東麓郷3
☎0167－29－2233

仁木町農業協同組合
〒048－2405　北海道余市郡仁木町北町3－4　☎0135－32－2525

アリスファーム
〒046－0511　北海道余市郡赤井川村字日の出253　☎0135－34－7007

砂原町農業協同組合
〒049－2206　北海道茅部郡砂原町字度杭崎43－4　☎01374－8－3111

★㈱青森県果工
〒036－8043　青森県弘前市大字東和徳町19－1　☎0172－32－6381

中里町ブルーベリー生産組合
〒037－0306　青森県北津軽郡中里町大字宮川字色吉42　☎0173－57－3866

★㈲大鰐食品加工場
〒038－0204　青森県南津軽郡大鰐町大字唐牛字戸井頭168－8
☎0172－48－3265

★㈱中央バター商会
〒020－0021　岩手県盛岡市中央通2－8－15　☎0196－24－4350

岩手缶詰㈱
〒028－4211　岩手県岩手郡岩手町大字川口4－12－3　☎0195－65－2221

胆沢町農業協同組合

森社．東京．
日本ブルーベリー協会．1998．第2回ブルーベリー果実の機能性シンポジウム　要旨．日本ブルーベリー協会．東京．
日本ブルーベリー協会．1999．ブルーベリークッキング．pp. 143．創森社．東京．
日本ブルーベリー協会．2000．家庭果樹ブルーベリー　育て方・楽しみ方．pp. 143．創森社．東京．
日本ブルーベリー協会．2001．第3回ブルーベリー果実の機能性シンポジウム要旨．日本ブルーベリー協会．東京．
日本ブルーベリー協会．2001．ブルーベリー導入五十年の歩み．pp. 127．日本ブルーベリー協会．東京．
日本果樹種苗協会．2001．特産のくだもの　ブルーベリー．pp. 106．日本果樹　種苗協会．東京．
日本食品衛生協会．1997．乾燥ブルーベリーの成分．
Pritts, M. P. and J. M. Hancock (eds.). 1992. Highbush blueberry production Guide. pp. 194. Northeast Regional Agricultural Engineering Service, Cooperative Extension. Ithaca, N. Y.
志村　勲・小林幹夫・石川駿二．1986．ブルーベリー果実の発育特性とその品種間差異について．園学雑．55：46-49.
志村　勲編著．1993．平成4年度　種苗特性分類調査報告書（ブルーベリー）．pp. 57．東京農工大学農学部園芸学研究室．東京．
Shutak, V. G. & E. P. Christopher. 1952. Sawdust mulch for blueberries. Agri. Exper. Sta., Univ. of Rhode Island. Kingston, R. I. Bull. 312.
Spiers, J. M. 1996. Established 'Tifblue' rabbiteye blueberries respond to irrigation and fertilization. HortScience 31:1167-1168.
Strik, B. (eds.). 1993. Highbush blueberry production. p. 14-17. Pacific Northwest Extension Publication (PNW) 215. Oregon. Washington. Idaho.
玉田孝人．1996～1999．ブルーベリー生産の基礎［1～37］．農業および園芸．美賢堂．東京．［1］概説．71：825-829．［2-4］分類．71：932-936, 1031-1036, 1127-1131．［5］形態．71：1239-1244,［6-8］種類・品種とその特性．71：1337-1340, 72：62-68, 325-330．［9-10］立地条件．72: 422-426, 529-534．［11］苗木の養成．72：628-634．［12］開園・植え付け．72：728-734．［13-14］土壌管理，雑草防除および灌水．72：827-833, 928-934．［15-18］栄養特性．72：1032-1034, 1141-1146, 1239-1243, 1329-1334．［19-20］花芽分化，受粉および結実．73：78-84, 315-320．［21-23］果実の発育および成熟．72：423-430, 507-514, 623-629．［24-26］果実の品質，収穫および収穫後の取り扱い．72：708-714, 835-840, 931-936．［27-30］病害虫および鳥害防止．73：1038-1044, 1127-1132, 1231-1236, 1322-1326．［31-32］整枝・せん定．74：66-73, 310-315．［33-34］ブルーベリー園の経営．74：419-426, 523-529.［35］果実の成分と機能性．74：616-622.［36-37］世界のブルーベリー栽培事情．74：706-712, 829-835.
玉田孝人編・ささめや ゆき絵．2001．ブルーベリーの絵本．pp. 36．農文協．東京．
Vander Kloet, S. P. 1988. The Genus *Vaccinium* in North America. pp. 201. Research Branch, Agriculture Canada Rubl. 1988. Ottawa, Canada.
USDA human nutrition information service. 1982. Composition of foods, fruit juices, row processed prepared. Agriculture handbook, No.8-9: 65-68.
Williamson J.. & P. Lyrene. 1995. Commercial blueberry production in Florida. Bulletin. SP-97pp. 40. Cooperative Extension Service. Univ. of Florida. Gainesville, Fla..

主な参考文献一覧

Austin, M. E. 1994. Rabbiteye blueberries. pp. 160. Agscience, Inc.. Auburndale, Fla.

Ballinger, W. E., & Goldston E. F. 1967. Nutritional survey of Wolcott and Murphy blueberries (*Vaccinium corymbosum* L.) in Eastern North Carolina. Tech. Bul. No. 178.

Ballinger, W. E. & L. J. Kushman. 1970. Relationship of stage of ripeness to composition and keeping quality of highbush blueberries. J. Amer. Soc. Hort. Sci. 95: 239-242.

Caruso, F. L. & D. C. Ramsdell. 1995. Compendium of blueberry and cranberry diseases. pp.1-87. APS Press, American Phytopathological Society. Minn.

千葉県．1994．主要農作物等施肥基準．pp. 253．千葉県農林部農産課．千葉．

Cultivated blueberry group. 1991．資料，The cultivated blueberry. USA.

Eck. P. & N. F. Childers. 1966. Blueberry culture. pp. 378. Rutgers Univ. Press. New Brunswick, N.J.

Eck. P. 1988. Blueberry science. pp. 284. Rutgers Univ. Press. New Brunswick, N. J.

Fall Creek Farm & Nursery. 2002. Blueberry nursery stock. Commercial growers catalog & price list. pp. 24. Fall Creek Farm & Nursery, Inc. Lowell, OR..

Galletta, G. J. & D. G. Himelric (eds.). 1990. Small fruit crop manage ment. Prentice Hall. Englewood clifts, N. J..

Gough, R. E. 1994. The highbush blueberry and its management. pp. 272. Food Products Press. Binghamton, N. Y.

Himelrick, D, G., & G. J. Galletta. 1990. Factors that influence small fruit production. In Galletta, J. G., & D. G. Himelrick. (eds.). Small fruit crop management. p.14-66. Prentice Hall. Englewood Cliffs, N. J.

Hudson, D. H., & W. H. Tietjen. 1981. Effect of cooling rate on shelf life and decay of highbush blueberries. HortScience 16: 656-657.

伊藤操子．1993．雑草学総論．p. 20-43．養賢堂．東京．

伊藤三郎編．1994．果実の科学．p. 125-129．朝倉書店．東京．

伊藤三郎．1996．眼に速く効くブルーベリー．pp. 47．ハート出版．東京．

岩垣駛夫・石川駿二編著．1984．ブルーベリーの栽培．pp. 239．誠文堂新光社．東京．

Johnston, R. E., J. Hull & J. Moultin. 1976. Hints of growing blueberries. Dept. of Hort. Michigan State Univ. Extension Bull. 564.

科学技術庁資源調査会．1997．５訂日本食品標準成分表－新規食品編－．p. 72-73．大蔵省印刷局．

香川芳子監修．2001．五訂食品成分表．pp. 464．女子栄養大学出版部．東京．

Kalt, W. & D. Dufour. 1997. Health functinality of blueberries. HortTecnology. 7(3): 216-221.

国立天文台編．2000．理科年表．p. 191-417．丸善．東京．

Lyrene, P. 1997. Blueberry. The Brooks and Olmo, Register of fruits & nut varieties (third edition). p. 174-188. ASHS Press. Alexandria, VA.

Miller, W. R., R. E. McDonald, & T. E. Crocker. 1993. Quality of two Florida blueberry cultivars after packaging and storage. HortScience 28: 144-147.

日本ブルーベリー協会提供．1995.（財）日本食品分析センター分析資料．

日本ブルーベリー協会．1996．第１回ブルーベリー果実の機能性シンポジウム要旨．日本ブルーベリー協会．東京．

日本ブルーベリー協会．1997．ブルーベリー，－栽培から利用加工まで－．pp. 191．創

編　纂

池ヶ谷良夫　日本ブルーベリー協会理事
玉 田 孝 人　日本ブルーベリー協会副会長

執筆者

池ヶ谷良夫　1948年、静岡県生まれ　静岡大学農学部卒
日本園芸農業協同組合連合会勤務
日本ブルーベリー協会理事　農産物流通技術研究会運営委員
著書＝『ブルーベリー〜栽培から利用加工まで〜』（共同執筆・創森社）、『特産のくだもの・ブルーベリー』（共著・日本果樹種苗協会）、『なんでも分かる農産物流通』（共著・養賢堂）、『果実の鮮度保持マニュアル』（共著・流通システム研究センター）

玉 田 孝 人　1940年、岩手県生まれ　東京農工大学農学部大学院卒
日本ブルーベリー協会副会長
著書＝『ブルーベリーの栽培』（共同執筆・誠文堂新光社）、『農業技術大系果樹編 第7巻 特産果樹ブルーベリー』（共同執筆・農文協）、『ブルーベリー〜栽培から利用加工まで〜』（共同執筆・創森社）、『特産のくだもの・ブルーベリー』（共著・日本果樹種苗協会）、『ブルーベリーの絵本』（農文協）、『ブルーベリー栽培標準技術体系』（共同執筆・千葉県農林部）、連載＝「ブルーベリー生産の基礎」（「農業および園芸」1966〜99年37回連載・養賢堂）

竹 内 鐸 也　1931年、東京都生まれ　東京農工大学農学部卒
日本ブルーベリー協会事務局長
食品相談室代表
著書＝『ブルーベリークッキング』（共同執筆・創森社）

福 田　　俊　1947年、東京都生まれ　東京農工大学農学部卒
協和種苗株式会社勤務
日本ブルーベリー協会理事
著書＝『ブルーベリークッキング』（共同執筆・創森社）、『家庭果樹ブルーベリー〜育て方・楽しみ方〜』（共同執筆・創森社）

日本ブルーベリー協会以外の役職は2002年５月現在

編者プロフィール

●日本ブルーベリー協会

(Japan Blueberry Association)

1994年、「ブルーベリーインダストリー」(ブルーベリー産業)の確立を目指し、ブルーベリー生産者はもとより都道府県・市町村などの指導者、JAなどの生産者団体役職員、大学・試験場などの学者・研究者、流通・利用加工などに取り組む関係者の総意によって設立。ブルーベリーの栽培・育種・生産、流通・加工・販売・消費、食文化、栄養・機能性および医療・医薬品などの分野に関し、学術、技術の両面から研究開発をすすめている。

機関誌『ブルーベリーニュース』を年3回発行。また、テキストとして『ブルーベリー全書～品種・栽培・利用加工～』『ブルーベリークッキング』『家庭果樹ブルーベリー～育て方・楽しみ方～』(いずれも創森社)を編纂し、発刊。全国ネットワーク組織として各種研修会、シンポジウム、産地視察、ブルーベリー料理試食会、イベントなどを開催。会長は石川駿二、会員は約1000名。

［日本ブルーベリー協会］連絡先

〒105－0022

東京都港区海岸1-6-1 イトーピア浜離宮1104

TEL 03-3436-6121 FAX 03-3436-5708

http://japanblueberry.com/

E-mail : jbba@theia.ocn.ne.jp

ブルーベリー百科《ひゃっか》 Q&A

2002年6月18日 第1刷発行

2010年2月16日 第5刷発行

編　者――日本《にほん》ブルーベリー協会《きょうかい》

発行者――相場博也

発行所――株式会社 創森社

〒162-0805 東京都新宿区矢来町96-4

TEL 03-5228-2270 FAX 03-5228-2410

http://www.soshinsha-pub.com

振替 00160-7-770406

組　版――有限会社 天龍社

印刷製本――モリモト印刷株式会社

ISBN978-4-88340-135-2 C0061